기독교 세계관으로 조명한

유아 교육하기

임희옥 · 유혜숙 · 서광일 · 김정준

창지사

머리말

많은 기독교 신자들은 왜 신앙이 내 직업의 영역에서 무기력할 수밖에 없는지 고민하고 있습니다. 때론 그래서 직업을 포기하고 사역자가 되는 길을 택하기도 하지만 자신의 직업과 신앙을 분리해버리고 교회에서 봉사하거나 자신의 직업과 유사한 분야에서 달란트를 찾아 헌신하며 정신적 위안을 찾기도 합니다. 기독인 유아교사들의 고민도 마찬가지입니다. 국가주도의 교육과정에서 가끔 복음과 위배되는 지식을 가르치거나 활동을 실시해야 할 때는 구체적인 고민을 하게 됩니다. 교과서의 내용은 과학적 방법으로 확인된 학문적 사실로 간주되고, 나의 믿음은 비과학적인 신념으로 치부해버리기 때문입니다.

스스로에게 종종 묻습니다. 내가 가르치는 것은 가치중립적인 교육내용이어야 하고 복음은 별개로 전달되어야 하는가? 내가 기독교사로서 이 학교에서 할 수 있는 일은 어디까지인가? 사회와 학교는 어디까지 내 신조와 신앙을 받아들여 줄 것인가? 하지만 목숨을 담보해야 할 만큼 심각한 결단이 필요한 사안은 아니기에 더욱 어떤 방법을 선택하는 것이 명료하지 않습니다. 신앙과 직업 사이의 괴리를 느끼기는 하지만 분명한 해법을 들려주는 선배도 많지 않습니다. 그래서 어떤 교사들은 이 고민이 신학교를 가면 해결되는지 궁금해 하기도 합니다.

"기독교는 인간의 정규적인 예술과 학문의 자리를 대신 차지하려 들지 않습니다. 오히려 예술과 학문이 기독교의 뜻에 따르기만 한다면 그 모든 것에 새로운 생명을 공급하는 에너지의 원천이자 그 모든 것에 올바른 임무를 부여하는 관리자가 되어줍니다."는 C. S. 루이스의 말처럼 우리는 여러 해 동안 실제를 개발하는 과정에서 결국 말씀에 기초하고 말씀으로 돌아가는 것만이 가장 기독교적인 교육이 되는 지름길이라는 결론에 도달하였습니다. 하나님께서 우리들로 하여금 유아교육의 길로 들어서게 하신 것은 "이 때를 위함"이 아닐까 물으시던 은사님이신 이은화 교수님의 말씀에 용기를 내어 조심스럽게 시작한 작업이 이제 부족하나마 마무리 되었습니다. 제자훈련을 통해 도전하게 하신 이광재 목사님과 세계관 교육을 통해 용기를 주신 총신대학원의 신국원 교수님은 하나님께서 만나게 해주신 스승입니다. 우리 각자가 속한 교회 공동체는 늘 소진되는 우리의 삶에 생명수로 채워주시는 하나님의 선물입니다.

여러 가지 두려움이 있었지만 같은 고민을 하고 있던 많은 기독인 교사들이 격려해 주었고 기대해 주었고 그래서 용기를 내었습니다. 가능한 한 예비 교사들이 쉽게 읽을 수 있도록 노력하였지만 종종 이것 저것 아는 정보를 권위 있게 쓰고 싶은 유혹을 이기기가 쉽지 않았습니다. 부디 바라기는 우리의 미흡한 이 작업의 결과로 용기를 얻어 더 유능한 분들의 더 큰 노력의 결실로 더 훌륭한 교재가 나오게 되는 계기가 되기를 소망합니다.

맡은 바 소명이 무엇이든 신앙의 길은 동일한 고민과 애씀이 필요하다는 것을 확인시켜준 창지사와 YWCA 연합회에 무엇보다 감사드립니다. 그리고 적극적으로 이 작업을 지원해 주신 YWCA 연합회의 복지사업위원회 위원들과 실무진을 비롯하여 전국 31개 YWCA 부속 어린이집 교사들과 어린이들, 특히 원장선생님의 뜨거운 열정에 기꺼이 동참해 준 그림유치원 교사들과 어린이들께 감사드립니다. 〈가족〉, 〈사라진 동물〉, 〈길〉, 〈줄〉 등의 개발된 생활주제를 모두 소개하지 못함을 애석하게 생각합니다만 또 다시 기회가 있으리라 고대합니다.

연구 초기에 현장조사를 도와 전국의 부속 어린이집을 방문했던 후배 이경선과 교정까지 맡아 끝까지 애써준 이현주 선생님의 수고를 기억합니다. 하나님께서 우리에게 선물로 주신 믿고 격려해 준 가족과 우리 모두의 유아교육의 모태가 된 이화여자대학교와 늘 은혜로 충만케 해주시는 우리들의 교회 공동체 모두에게 감사합니다.

우리의 연합이 하나님 앞에서 더욱 귀한 결실들로 나타나게 되기를 기도합니다.

2010년 3월

저자 일동

차 례

1부 이론적 배경

1부

이론적 배경

"역설적으로 정치운동, 사회문제 등을 비롯하여 서로 다른 기독교적 해답이 주장되어 혼란을 일으켰으며, 한 번도 단일한 기독교적 해답을 가져온 적이 없다는 것을 상기하는 것이 우리에게 도움이 된다."(파커 팔머, 1998)

들어가면서 - 유아교육과 세계관

"새 사람을 입었으니 이는 자기를 창조하신 자의 형상을 쫓아 지식에까지 새롭게 하심을 받는 자니라" (골로새서 3 : 10)

경록이의 혼돈

10여 년 전, 지금 살고 있는 분당으로 이사를 와서 교회를 정한 후 나는 곧 주일학교의 유치부교사를 자원하였다. 내가 배운 유아교육의 다양한 기술과 정보를 주의 일에 헌신하는 데 사용하고 싶었다. 전체 교육내용과 교사교육, 여름성경학교의 프로그램 등을 결정하는 데 적용해 보기 시작하였다. 전통적인 주일학교의 교수방법으로 봉사하는 다른 교사들이 거북해 하지 않도록 매우 조심스러운 태도를 유지하려고 노력하였다. 10년이 넘도록 유치부에서만 사역하였는 데 유치부 부장으로 있는 것보다는 학급을 맡아 아이들을 직접 대하는 경험이 더 자주 나를 감동시키곤 하였다.

경록이를 만난 것은 몇 년쯤 지난 후였는데 제 나이에 비해 의젓하고 책 읽기를 아주 좋아하는 아이였다. 예배시간엔 심각한 표정으로 몰두하여 전도사님을 바라보고 귀를 기울였으며 다른 아이들처럼 옆 친구와 장난치는 일도 거의 없었다.

종종 주일 공과시간에 질문하는 것을 보면 지난 주간에 그 아이가 어떤 종류의 책을 읽었는지 알 수 있었다.

"선생님, 개미는 자기 몸무게의 몇 배나 되는 짐을 질 수 있는지 아세요?" 등등. 내가 유아교사 경험이 없었더라면 아마도 교회에서는 그런 질문을 하지 말아야 한다거나 답을 몰라서 당황하기도 했겠지만 나는 늘 그 아이와 이야기 나누는 것이 흥미로웠다. 이미 대학의 부속기관에서 3, 4세 유아들의 교사를 3년간 해본 경험이 있었고 성장한 두 아이가 있었으며 대학 유아교육과에서 과학교육, 음악교육, 유아교육론 등을 강의하던 중이었다.

언젠가는 '성령님의 인도(引導) 따라 복음의 빛 밝혀가는...' 하는 여름성경학교 주제가를 따라 부르던 경록이가 내 곁으로 옮겨 앉더니 물었다.

"선생님, 인도가 무슨 말인지 아세요?"

나는 이 아이가 이 단어를 정말로 아나 싶어서 "글쎄, 경록이는 인도가 무슨 말인지 알고 있니? 알면 선생님한테 얘기해 줄래?" 하고 되물었다.

"인도(人道)는요, 사람이 다니는 길이에요"하고 그 예쁜 입을 모았다.

아는 것이 아무리 많고 늘 심각한 표정으로 앉아 있어서 교사들이 꼬마철학자라고 불러도 아이는 아이구나 하고 나는 웃었다.

언젠가는 이런 질문을 던졌다.

"선생님, 우주가 어떻게 해서 생겼는지 아세요?"

나는 물어보나 마나 이 아이가 지난 주에 우주대폭발이라는 책을 읽었구나 싶었다. 하지만 짐짓 나는 "성경책에 무어라고 써 있었지?" 하고 물었다.

순간 경록이는 당황하며 망설이다 이렇게 대답했다.

"하나님이 말씀으로 만드셨어요." 그렇게 대답하는 경록이의 눈빛이 흔들렸다.

그리곤 곧 다시 경록이는 큰 발견을 한 것처럼 눈빛을 빛내며 말을 이었다.

"선생님, 그런데요. 우주가 만들어지는 다른 방법도 있어요." 하며 곧 우주대폭발에 대한 아이다운 설명을 시작하였다.

나는 실재에 대한 근원을 묻는 아이의 철학적 질문에 학교와 교회, 성경과 과학교과서가 혼돈을 주고 있다는 것을 알았다. 나는 끝까지 아이의 설명을 경청한 후에 이야기를 시작하였다.

"경록아, 대폭발 때문에 우주가 생겼다고 책에 써놓은 그 과학자는 대폭발을 보았을까? 그 과학자는 오래 연구하고 잘 생각해 보고 판단한 거겠지? 아마 하나님이 천지를 창조하실 때 대폭발이 있었는지도 모르지. 선생님도 보지 못해서 추측할 뿐이야. 하지만 성경말씀에 하나님께서 말씀으로 창조하셨다고 하셨으니까 맞는 거야. 우리 다음에 천국에 가면 하나님께 물어보자, 응?"

나의 설명과 제안이 과학적 의문에 대한 적절한 대답인지 나는 아직도 잘 모른다. 하지만 이 사건으로 학교의 교육과 교회의 교육이 개인을 갈등하게 만들고, 갈등을 해결할 방법이 없는 개인들은 자신의 의식구조에 적당하게 절충하여 지식을 저장하거나 이원론적 사고를 하게 만든다는 것을 (아주 어린아이도) 확실하게 알 수 있었다.

우리는 우리가 너무나 사랑하는 〈하나님〉과 우연이든 필연이든 선택한 분야인 〈유아교육〉 사이에서 어떤 것을 버리고 선택할지를 고민 한 적은 없다. 예수님께서 아이들을 사랑하셨고 아이와 같은 자라야 천국에 이른다고 말씀하셨는데 유아교육영역이 하나님의 뜻인지 고민할 필요는 없지 않겠는가?

하지만 우리가 유아에게 가르치는 내용 중에는 분명 고민하고 갈등해야 할 필요가 있는 내용이 있었다. 어떻게 가르쳐야 하는가, 어떤 내용을 어떻게 바꾸어야 하는가, 종종 의문이 생겼지만 제자훈련과 기독교 세계관 공부를 하기 전까지 우리는 누군가 우리에게 이 답을 주게 될 것이라고 오랫동안 기다리고 있었다.

이 과제가 우리의 책임이라는 생각이 들기까지 많은 사람들과 많은 책들이 우리에게 영향을 미쳤다.

이 책에서 우리는 유아교육을 전공하는 학생들이 이미 배우고 있는 다양한 철학과 심리학적 배경, 혹은 학자들의 이론을 다시 설명할 계획은 없다. 단지 성경말씀을 통해 유아 교육하기의 전반적 과정에 접근해 보고 싶었다. 그리고 이 과정을 통해 유아교육자로서 하나님의 말씀을 믿고 따르는 일이 얼마나 감동적인 일인지 경험한 것을 기쁘게 나누고 싶을 뿐이다.

1장

기독교 교육과 기독교 학교

정은이 어머니는 첫 아이를 학교에 보내고 여러 가지 걱정이 많았다. 몸이 유난히 약하고 성격이 예민한 아이가 학교의 경쟁적인 분위기에서 이겨낼 수 있을지 마음이 놓이지 않았기 때문이다.

마침 지역 교회가 기독초등학교와 유치원을 세운다는 소식을 듣고 아이를 보내려고 마음을 정하였다. 그 교회에 다니는 교인들에게 우선권을 준다는 정보를 듣고 교회를 옮기기까지 하였다.

현재 아이가 학교를 행복하게 다니는 모습을 보면서 정은이 어머니는 좋은 선택을 했다고 자부하고 있다. 부모들도 교육을 자주 받아야 하고 리포트를 내야할 때도 있어서 번거롭기는 하지만 아이의 교육을 위해 기꺼이 감내하고 있다.

다만 초등학교를 마치고 나서 중학교까지 기독교학교를 보낼지는 결정하지 못했다. 대학입시를 준비하는 데 어려움이 있지 않을까 염려되기 때문이다.

01 기독교 교육의 정체성

정은이 어머니처럼 기독교 학교를 보내는 부모들은 예를 들어 '행복감' 이라는 일반학교에서 얻기 힘든 정서적 안정감을 제공받을 것이라는 기대를 가진다. 학생을 행복하게 하는 요인이 교육과정 때문인지, 교사 때문인지 학교와 가정의 공동작업 때문인지 분명하게 인식하지 못하더라도 말이다.

기독교 교육은 구체적으로 어떤 교육인가? 교회에서 이루어지는 교육이 기독교 교육인가? 교회 주일학교에서 이루어지는 교육내용을 학교에서 가르쳐야 기독교 교육인가?

일반적으로 교회의 교육은 특별계시인 성경과 함께 기독교 전통과 교의, 교리를 가르치는 것, 학교의 교육은 일반계시, 즉 자연세계의 관찰과 연구를 통해 발견한 과학을 가르치는 것이라고 구분한다. 하지만 우리의 이러한 이분법적 사고가 무력한 기독교를 만들고 있다고 생각한다. 교회 안에서만 하나님의 뜻이 이루어지 것이 아니기 때문이다.

기독교 교육에 대한 정의를 내리려면 먼저 '교육' 의 정의와 함께 '기독교' 의 정체성이 무엇인지 규명하여야 한다. 그 후에 기독교 교육이란 기독교에 관한 종교적 전통을 가르치는 교육인지, 일반 학문과 함께 신앙을 육성하는 교육인지, 기독교적 안목으로 모든 학문의 영역을 재구성하여 가르치는 교육인지 규명하여야 기독교 학교라고 불리는 학교의 정체성이 분명하게 드러나게 될 것이다.

1) 기독교와 성경

브리태니커 백과사전은 기독교를 "A.D. 1세기에 활동한 나자렛 예수(그리스도)의 생애와 가르침, 죽음에서 유래한 세계의 주요 종교"로 소개하고, 위키백과는 아래와 같이 소개하고 있다.

"기독교(基督敎, Christianity) 또는 그리스도교는 나사렛 예수의 가르침을 중심으로 한 유일신(唯一神) 종교이다. 기독교는 예수를 구세주로 고백하는, 그리스도를 믿는 종교의 교파를 통틀어 일컫는 말이다. 기독교도들은 예수가 구약성서에 예언된 구세주, 곧 메시아이자 하나님의 현현(顯現)[1]이라고 믿는다. 기독교의 교리를 담은 경전으로는 성서(=성경)가 있다."

두 사전을 정리하여 우리의 복음주의적 신앙고백에 따라 정의하면 다음과 같다. 기독교는 〈성경〉을 통하여 세 가지 큰 사건을 기록하고 있는데, 하나님이 세상을 창조하셨고(창조), 인간은 그 하나님을 거역하므로 죽음에 이르게 되었으며(타락), 사랑의 하나님께서 인간을 구원하시기 위해 세우신 언약, 즉 독생자 예수를 인간의 몸으로 보내어 긍휼한 마음으로 인생을 직접 체험하시고 인간의 모든 죄 짐을 지시고 십자가에 못 박혀 돌아가신 섭리(구속)에 대해 기술하고 있으며 이를 믿는 종교를 가리킨다.

성경은 예수님 탄생 이전의 '구약성경'과 약속의 예언에 따라 탄생한 예수그리스도와 그의 십자가 구속, 부활과 재림의 약속을 서술한 '신약성경' 두 권으로 구성되었다.

기독교는 하나님과 예수님과 성령님을 한 분 하나님으로 믿는 종교이다. 즉 기독교 신자는 세상을 창조하신 하나님께서 타락한 인간을 구원하기 위하여 직접 인간의 몸을 입고 태어나 인간을 위해 십자가에 못 박혀 돌아가셨으며 사흘만에 다시 살아나 인간을 죽음에서 구해내신 것을 진리라고 믿는다.

너무나 당연한 기독교의 근본을 서술하는 이유는 이 책에서 앞으로 엮어나갈 『기독교 세계관으로 조명한 유아 교육하기』가 이 신조를 전제로 하기 때문이다.

성경은 구약 39권과 신약 27권으로 총 66권 1,189장으로 구성된 인간과 하나님의 관계를 서술한 역사책이다. 두 책을 구분하는 사건은 예수 그리스도의 탄생 전과 탄생 후의 기록이다. 구약과 신약의 언어적 의미는 오래 된 언약(Old Testament)과 새로운 언약(New Testament)이라는 뜻이다.

---

1) 밝게 드러나 나타나다. 즉, 예수님은 인간이 볼 수 있도록 하나님을 드러내 나타나신 분이시다.

성경의 저자는 40여 명의 각기 다른 직업과 삶을 가진 기록자들이지만, 복음주의 기독교 신자는 이 모든 성경이 약 1,600년간에 걸쳐 하나님의 감동으로 기록된 것이라고 믿고 고백한다.

하나님은 세상을 창조하시고, 경작할 사람이 없어서 땅이 아직 안개만 자욱할 때에 과실이 풍부한 아름다운 에덴 동산을 특별히 만들어 사람을 거하게 하셨다. 다만 먹는 날에는 반드시 죽게 되는 선악과 하나만을 금하시는 인격적인 약속을 하셨다(창조). 하지만 인간은 하나님의 약속과 명령을 거부하고 대항하였다(타락) .

공의의 하나님은 인간을 에덴에서 축출하시되 구원의 길을 열어 놓으셨다. 이스라엘 백성을 선택하시고 하나님 구원의 사역을 예증하셨으며 이스라엘 백성의 역사를 통하여 그의 섭리를 보여주셨다. 하나님은 여전히 선지자들을 통해 말씀하시고 경고하셨지만, 하나님과의 관계를 깨트린 이스라엘 백성은 결국 멸망할 수밖에 없었다.

하나님의 역사는 이제 전 인류의 구원을 독생자 예수의 구속 사업으로 이루어 주시기로 결정하셨다. 구약성경의 마지막 책인 예언서 말라기가 끝나고 약 400년의 침묵 후에 모든 구약의 예언에 따라 베들레헴 말구유에서 예수가 동정녀 마리아에 의해 탄생함으로써 이 약속은 이루어졌다. 30세에 공생애를 시작한 예수는 33세에 강도들이나 당하는 십자가형에 의해 죽었으며 사흘 후에 부활하여 약 40일을 그의 제자들과 함께 지내다가 재림을 약속하며 승천하였다(구속). 그리고 요한계시록을 통하여 예수의 재림과 함께 인류의 심판이 있음을 예고하였다(재림).

따라서 창조, 타락, 구속의 세 가지 초점에서 세계를 바라보아야 성경적 세계관으로 삶의 태도를 결정하는 기독교인으로 살아갈 수 있다.

기독교 세계관 혹은 성경적 세계관은 3장에서 다시 소개할 것이다.

2) 기독교와 교육

교육의 목적을 정의할 때 흔히 개인 행동의 변화를 위한 노력이라고 정의하기도 하고 또는 한 개인을 그가 속한 사회 구성원으로 키워내는 것이라고 정의하기도 한다. 즉, '행동의 변화를 유도하기 위한 의도적인 계획과 실천' 이 교육이라고 주장하는 개인 차원의 입장과 '어린 세대를 대상으로 하는 체계적인 사회화' 를 가리킨다고 주장하는 사회 차원의 입장이 있다.

하지만 성경적 안목인 기독교 세계관으로 보는 교육이란 전혀 다른 방향을 가리킨다. 죄악된 사회가 지향하는 바를 가르쳐서도 안 되며, 마찬가지로 가치론적인 정확한 방향이 없는 행동의 변화란 체계적인 사회화라고 해서 달라질 것이 없다고 본다.

기독교 교육은 단순히 성경의 내용과 기독교 전통을 가르치거나 예배와 교육을 병행하는 교육이 아니다. 기독교가 지향하는 교육이란 한 개인의 행동을 변화시키되 자신을 창조하신 하나님을 인식하고 그 분의 뜻에 따라 살기 위한 청지기의 삶을 준비시키는 과정이라고 보아야 한다. 또한 사회의 건전한 구성원으로 양성하되 사회의 방향이 옳은 방향으로 진행되는지 분별하는 안목을 가진 자로 교육하여 변화시킬 수 있는 일꾼을 양성하는 것이다.

'기독교인' 이라 함은 단순히 '교회를 다니는 사람' 이 아니다. 그리고 기독교인은 예배행위를 통해 구원받는 것이 아니다. 구원받은 은혜에 감사하고 삶을 통해 영광을 돌리겠다는 다짐의 표현이 예배를 통해 드러나는 것이다. 즉, 기독교인이란 예수 그리스도가 자신을 위해 십자가에 대신 못 박혀 죽으심으로 속죄함을 받아 거룩한 하나님의 나라에 영원히 거하리라는 믿음으로 인해 예수의 제자로서 삶을 살겠다는 약속의 백성임을 드러내는 이름이다. 그 기쁨과 감사함을 예배를 통해 표현하며 가정과 직장과 지역사회와 국가와 지구 안에서 구체적 삶을 통해 드러내는 것이 기독교인이다.

피터스 R. S. Peters(1966)의 정의를 빌려와 기독교 교육이 무엇인지 정의해 보면, 기독교 교육이란 하나님의 뜻(성경)에 비추어 가치 있는 것을 전달하는 것이며, 이는 가치 있는 것에 대한 지식을 갖거나 이해하는 것에서 더 나아가 피교육자에게 지적 안목(기독교 세계관)을 길러주어 자신의 삶에서 능력 있는 사람으로 양육되는 결국 성경의 안목으로 자기 의식에 따라 자발적으로 하나님과 피조세계를 위해 헌신하는 청지기가 되는 것이다.

02 기독교 학교의 정체성

1) 기독교 학교의 설립 주체

누구나 교회 주일학교에서 가르치는 것은 당연히 기독교 교육일 것이라고 믿는다. 피교육자에게 기독교의 경전인 성경을 가르치고 교육방법은 하나님께 드리는 예배를 중심으로 하며 성경이 제시하는 소명을 대상에게 요청하고자 하는 교육기관이기 때문이다. 교회 주일학교 교육과 일반학교 교육은 구별된다. 교회학교의 기독교 교육이 특별히 하나님의 말씀에 대한 직접적인 교육이라면 학교의 기독교 교육은 피조세계에 가득한 하나님의 섭리를 찾아 가르치는 간접적인 교육이다.

사람들은 기독교 학교인지 확인하려면 설립주체를 알아본다. 설립재단이나 설립자가 기독교인인 기독교 학교에서는 그들의 정체성을 드러내기 위해 일과의 일정시간을 예배와 성경공부로 할당하곤 한다. 전통적으로 기독교 학교에서 기독교 교육이란 구체적으로 '무엇을 가르치는 것인가' 라는 의문을 던지지 않았다. 기독교 학교가 일반 학교와 전혀 다른 것을 가르쳐야 한다고 아무도 생각하지 않았기 때문이다.

기독교 학교의 교육목표가 선교를 할 수 있는 인재를 양성하기 위한 것이든 개인으로 하여금 각 분야에서 사회변혁의 사명을 감당하기 위한 것이든 설립주체의 특성만으로는 충분하지 않다. 즉, 기독교 재단이 기독교 학교를 위해 필요하긴 하지만 충분조건은 되지 못한다. 그들에게는 설립주체의 교육목적과 동일한 목표를 지향하는 기독교사들이 우선적으로 필요하다.

2) 기독교인 교사

기독교 재단은 준비된 기독교사를 채용하여야 할 것이다. 흔히 기독교 학교가 교사들을 채용할 때 세례교인 여부를 확인하거나 담임목회자의 추천서를 제출하도록 요구하며, 종종 개인적인 신앙고백을 요청하기도 한다. 하지만 이는 교사가 기독교인이면 기독교 교육을 시킬 것이라는 전제가 있을 때 유효하다. 하지만 기독교인 교사가 가르치면 기독교 학교에서는 기독교 교육이 절로 이루어진다고 믿는 것은 무리가 있다.

물론 기독교 교육을 실천하려면 당연히 기독교인 교사가 필요하다. 하지만 기독교인 교사가 모두 기독교 교육을 실시하는 것은 아니다. 정희영(2000)은 기독교 유아교육이란 '기독교적인 세계관을 가진 교사'가 유아를 대상으로 실시하는 교육이라고 정의하였다. 하지만 자신의 신앙적 세계관을 학문영역에 적용하는 것은 교사 혼자의 힘으로 일순간에 이루어지는 것이 아니다.

3장에서 좀 더 자세하게 다루겠지만 기독교 세계관을 가진다는 것은 곧 성경말씀을 기초로 하여 세상을 바라보고 자신의 학문영역을 조명한다는 것이다. 생물학, 화학, 언어학, 교육학을 기독교 세계관에 기초해 새롭게 해석하고 교수내용과 방법에 적용하는 것이다. 따라서 기독교사는 세례교인인 것만으로는 충분하지 않다.

모든 기독교인의 생각과 삶은 동일하지 않다. 단순히 교회에 다니는 것이 바람직한 일로 여겨져서 교회에 등록한 사람, 예수가 자신을 위해 십자가를 지신 하나님의 독생자임을 믿는 사람, 그리고 예수를 믿는 것이 가정과 직장 등의 자신의 삶에 구체적으로 적용되는 사람까지 다양하다.

일반 기독교인처럼 기독교사들도 개인차가 있다. 기독교사 중에는 자신이 가르칠 학교의 교육과정과 신앙이 별개라고 생각하는 교사도 있다. 교사의 신앙고백이 개인생활이나 교회생활에 국한되는 경향도 있다. 의심 없이 학교의 교육과정을 문자 그대로 가르치는 기독교인 교사들도 많다. 게다가 종교적 가치관을 가르치는 것을 제한하는 공교육기관에 근무하는 기독교사는 교육과정 내용이 자신의 신앙과 상충된다고 판단해도 그대로 실행할 수밖에 없다고 생각하기도 한다.

따라서 기독교 교육의 바른 방향을 확립하려면 교육과정을 결정하는 단계에서 재단과 교사가 동일한 세계관과 교육관을 공유해야 일관성 있는 교육을 할 수 있을 것이다. 기독교 학교라 해도 학교가 이러한 도움을 주지 않는다면 개인 교사들은 도움을 줄 수 있는 연구회, 학회나 협회 같은 공동체를 찾아야 한다.

3) 기독교 학교의 교육과정

교육과정이란 교육의 목적, 구체적 목표, 교수내용, 교수방법, 평가를 포함한다. 기독교 교육과정에서 기독교인 교사들은 국가수준의 교육목적을 그대로 적용하는가? 기독교사들은 그 목적을 달성하기 위하여 다른 구체적 목표가 필요하다고 생각하는가? 그 목적과 목표에 다다르기 위해 차별되는 내용이 있다고 생각하는가? 만약 목적과 목표가 다르다면 교수방법과 교수내용, 이에 따른 평가가 달라야 하지 않는가?

기독교사들은 자신이 기독교적인 교수방법을 안다고 생각하는 경향이 있다. 수업 시작 전에 기도로 준비하거나 예수님의 사랑으로 유아들을 사랑하는 마음으로 한다면 그것이 기독교적인 교수방법이라고 판단한다. 그렇지만 내가 가르치는 내용이 기독교적이지 않다면 어떻게 그 내용을 기독교적으로 바꾸어야 하는지 혹은 바꾸는 것은 가능한지에 대해서는 확신이 없다. 그래서 자신들의 학문영역에서 다루는 지식이 과연 성경적인지 분석하고 연구할 필요가 있다고 느끼고 있다.

그러나 기독교인이라 해도 최소한 자신의 전문적인 학문영역만큼 성경을 연구하고 이해하는 훈련된 교사가 되기란 쉽지 않다. 더욱이 중등교육기관의 교사는 자신의 전공학문영역에서만 적용하면 되지만 통합교육의 성격을 띤 유아교육의 특성상 유아교사들이 모든 학문영역의 지식이 기독교적인 내용인지 점검해야 하는 것은 큰 부담이며 쉽지 않은 작업이다.

기독교사들은 자신의 신앙이 실제의 교사로서의 삶과 괴리되는 것을 불편해하고 있다. 종종 그들은 안전하게 신앙과 직업을 병행하기 위해서는 기독교 학교에 취업하는 길을 선택하는 것이 옳다고 주장한다. 하지만 이 생각은 너무 소극적이다. 하나님 나라의 역사가 교회와 기독교 학교 안에서만 이루어진다면 "너희는 세상의 빛과 소금이 되라"는 소명을 수행하기 어렵기 때문이다.

> "누구든지 등불을 켜서 그릇으로 덮거나 평상 아래 두지 아니하고 등경 위에 두나니 이는 들어가는 자들로 그 빛을 보게 하려 함이라" (누가복음 8 : 16)
>
> "너희는 세상의 소금이니 소금이 만일 그 맛을 잃으면 무엇으로 짜게 하리요 후에는 아무 쓸데없어 다만 밖에 버리워 사람에게 밟힐 뿐이니라" (마태복음 5 : 13)

하지만 진정한 기독교 교육은 기독교 세계관으로 모든 지식을 재구성하기 위해 성경을 묵상하고 지식을 점검할 줄 아는 교사에 의해 이루어져야 하며 이를 통해 하나님의 나라가 이 땅(학교)에 이루어질 것이다. 이를 위해 기독교 학교뿐 아니라 일반학교에서도 기독교사들에게는 기독교 교육이란 구체적으로 어떤 것을 가리키는지 적용한 사례, 연구결과와 확신을 제시해 줄 자료를 필요로 한다.

전체 교육과정과 분리해서 종교교육이라는 교과를 통해 별도로 신앙을 가르치는 방식으로 두 개의 분리된 가치관을 가르칠 수는 없다. 예를 들어 하나님께서 특별한 목적을 가지고 인간을 창조하셨다는 천지창조를 종교시간에 가르치고 난 후, 사회시간에 어떤 종교를 가지든 구원에 이르는 길이 다를 뿐이라고 가르치는 것은 모순이라는 것이다.

지식에 대한 공립학교의 입장이 공정하거나 공평하다고 믿게 된 현대사회에서 기독교 학교마저 교육의 내용에 있어서 성경적 입장을 취할 수 없다면 교육

분야에서 '세상의 빛과 소금의 역할' 을 한다는 것은 매우 어려운 과제가 될 것이다. 공립학교가 취하고 있는 도덕적 · 종교적 중립이라는 입장은 엄밀한 의미에서 가치중립적이라고 볼 수 없다. 세속적인 세계관도 분명 하나의 입장이므로 성경적 입장과 그렇지 않은 입장들을 같은 무게를 가진 지식으로 가르치고 학생들이 선택하도록 해야 명료하게 중립적인 교육이라고 볼 수 있을 것이다. 예를 들어 우주의 생성에 대해 가르치는 교사는 '창조주가 특별한 목적으로 창조하였다는 창조론' 과 함께 '우연히 발생하고 생성되었다는 우주관' 을 동시에 가르치고 학생이 선택하게 하여야 진정으로 중립적인 교수가 될 것이다.

그러나 어떤 내용을 가르쳐야 기독교적인지 알 수 있다 해도 기독교 학교가 아닌 곳에서도 그런 내용을 가르친다는 것은 문제를 일으킬 소지가 있다고 교사들은 막연하게 두려워하고 있다. 이를 위해 이들이 세상을 향해 나아가는 선교적 사명을 일깨우고 교사로서의 자질을 훈련시키는 교사 양성기관이 필요하다.

4) 기독교사 양성기관

기독교 교육은 성경을 통해 모든 교과를 재조명하여 기독교 가치관과 연관시켜서 재구성하는 작업이 반드시 필요하다. 이러한 안목이 없으면 세상의 학문이 끊임없이 연구하고 내어놓는 것을 뒤좇아 가다가 세속적인 세계관에 물들게 되거나 이원론적인 사고에 빠져들게 된다.

교사를 양성하는 기독교 학교는 교육과정 안에 개별학생의 행동을 변화시켜서 선교의 사명을 감당할 뿐 아니라, 신앙공동체를 통한 훈련을 실시하고, 성경적인 믿음을 선포하며, 학생들 개인의 영적인 성장을 추구할 수 있는 기독교 학교의 교육특성을 내포하고 있어야 한다.

하지만 모든 기독교 교사 양성기관이 특별한 훈련을 실시할 인력이나 교재가 충분히 준비되어 있지 않다. 기독교 계통 대학 안에 유아교육학과 혹은 보육학과가 개설되어 있지만 종교교육 정책상 모든 교육과정이 기독교 유아교육론, 기독교 유아교육과정, 기독교 교육철학으로 되어 있는 것은 아니다. 대학은 각 과목을 강의하는 교수들이 기독교인이라면 기독교 교육이 이루어진다고 간주하고 기독교인 교수들을 채용하는데, 기독교인 유아교육 전문가들의 거룩한 책임감이 필요하다. 기독교인 교사를 양성하려면 기독교 세계관으로 자신의 학문영역을 재조명하고 교수하는 교과목의 내용을 점검하여 세속적 철학과 방법과 목표를 걸러내어 가르칠 전문인력이 훈련되고 준비되어야 한다.

03 기독교 학교의 분류

다음은 현재 우리나라에서 기독교 학교의 개념으로 사용되는 유사한 용어에 대해 설립목적에 따라 분류하고 사례를 들어 소개해 보기로 한다.

1) 미션스쿨(Mission school)

기독교 학교라 함은 제일 먼저 미션스쿨이라고 부르는 형태, 즉 선교를 목적으로 설립한 학교를 연상하게 된다. 미션스쿨은 복음전파를 목적으로 하는 학교이다. 우리나라의 기독교 교육은 연세대학교와 이화여자대학교처럼 일본강점기 때 외국인 선교사들의 학원선교의 소명에 힘입어 출발하였으므로 당연히 교육의 대상은 기독교인에 국한된 것은 아니었다. 1883년 미국의 루신다 볼드윈 여사가 조선의 여성교육을 위해 써 달라고 미국 감리교회에 88달러를 지원한 것이 이화여대의 시발점이 되었다. 1885년 최초로 이 땅에 세워진 신식학교 배제학당 역시 감리교 선교사들이 세웠으며 같은 해 최초의 서양 의료원인 광혜원 역시 북장로교 선교사들의 의료선교의 결실이었으며 세브란스의 전신이며 연세대학교의 시작이었다.

특히 초창기 유아교육계는 기독교 유치원이 주류를 이루었다. 1921년까지 유치원이 전국에 32개소가 설립되었는 데 교육과정도 성경 · 영어 · 율동 유희 · 유창 · 유치원 교수법 · 인지교육 · 수공 · 아동심리 · 체조 · 교육실습 등이었다.

1929년에는 기독교계 유치원이 59개에 달했다. 특히 현재까지 유아교사 양성기관으로 자리 잡은 이화여대 사범대학 유아교육과의 전신인 '이화유치원' 은 1914년 미국 선교사 브라운 리 Charlotte Brownlee에 의해 미션스쿨의 특성을 가지고 설립되었다.

1974년부터 우리나라의 중등학교는 고교평준화 정책으로 미션스쿨에도 학생 본인의 의지와 상관없이 추첨을 통해 입학하게 되어 있다. 미션스쿨은 불신 학생들을 위한 전도의 기회가 되는 긍정적인 측면도 있지만 현재 학생 선발권과 교육과정 편성권이 없는 사학의 특성상 효율적인 선교전략을 마련하기가 쉽지 않을 것이다. 얼마 전 유서 깊은 기독교 고등학교에 재학 중인 학생이 종교의 자유를 보장하라며 학교의 예배참석을 거부한 사건이 매스컴에 알려지게 되었다. 학교의 종교교육과 학생의 학업 선택권을 동시에 고려한 학교 측은 학생에게 전학을 권고하였으나 그 학생은 권고를 무시하였고 결국 퇴학처분을 받았던 사건이 있었다. 이후 그는 학교를 상대로 퇴학처분 무효소송과 가처분 신청을 내고 국가인권위원회에 진정서를 내었다. 단식투쟁까지 불사했던 학생은 퇴학 무효 소송이 승소함에 따라 대학입학과 그 후의 진퇴와 상관없이 유명인사가 되었다.

'학생 개인의 종교적 예배행위를 선택할 자율권' 과 특별한 의지를 가지고 사유재산을 출자하여 기독교 학교를 설립한 '학교 설립자의 자율권' 이 한 학교기관 안에서 동시에 보장될 수는 없다. 따라서 미션스쿨의 학생 선발권과 학생의 학교 선택권이 동시에 보장될 수 있어야 한다. 즉, 학교가 학생 선발권을 가지고 기독교 학교를 표방했음에도 불구하고 지원한 학생을 대상으로 학교교육의 특징을 안내하고 그들이 스스로 선택하게 한 후에 하나님의 살아계심과 우리를 사랑하심을 가르치기 위해 기독교적인 내용과 방법을 선택할 수 있다면 더할 나위 없이 훌륭한 미션스쿨의 정체성을 찾게 될 것이다.

2) 기독교 학교, 기독교인이 세운 학교(Christian School)

1916년 3.1 독립만세 운동을 주도하였던 33인 중의 한 사람이며 중앙교회의 장로인 박희도(朴熙道)에 의해 설립된 '중앙유치원' 은 중앙교회와 성도들이 설립한 유치원으로 이화유치원과 설립목적의 방향이 약간 다르다. 일본에 의해 통치되는 국가의 미래를 위해 일하는 인재를 양성하려는 목적으로 세워진 유치원이다. 기독교 정신으로 학교를 세우긴 하였으나 교육의 목적이 선교가 아니라 일차적으로 국가를 위한 인재양성이라는 점에서 일반학교와 다르지 않다.

중앙유치원은 기독교 정신과 민족주의 정신을 바탕으로 「장래의 조선을 위하여 일 잘하고 잘 싸울 용사를 양성하는 기관을 세워 국민의 앞길을 열어주는 것을 목적으로 하여 '취미 있는 방법' '쉬운 교육과정', '부드러운 사랑' 으로 원아들을 가르치며, 규칙적인 유치원 생활을 통해 원아들을 건실한 사회인으로 양성하는 것을」 유치원의 창학정신으로 밝히고 있다. 그리고 현재 유치원의 구체적 교육목표에도 아래에서 보는 바와 같이 하나님의 뜻과 사명을 위해 교육한다는 내용을 드러내고 있지는 않다.

① 신체의 조화로운 발달을 이루도록 돕는다.
② 창의적으로 생각하고 표현할 수 있는 능력을 가지도록 돕는다.
③ 보다 즐겁고 행복하게, 긍정적인 삶을 살도록 돕는다.
④ 주변 세계에 대한 이해, 경험, 지식을 확장하도록 돕는다.
⑤ 어린이 개개인에게 의미 있는 학습이 이루어지도록 돕는다.
⑥ 사회적 규범, 도덕적 가치에 대해 인식하도록 돕는다.
⑦ 자신이 속한 사회에 적극 참여하여 책임 있는 구성원이 되도록 돕는다.

최근 우리나라의 종교교육 정책상 해결할 수 없는 이런 문제들을 위해 기독교 학교설립에 비전을 가지고 있는 교단이나 교회가 있다. 성경적 세계관과 가치관을 가지고 세상에 나아가 선교적 삶을 영위할 수 있는 인재를 양성하기 위해서는 현재의 학교체제로는 어렵다는 판단이 섰기 때문이다. 즉, 교육의 일차적 목적이 비신자들을 선교하기 위해서도 아니고, 기독교적인 정신으로 세상이 필요로 하는 인재를 양성하는 것도 아닌 개개인의 영적 성장을 통해 하나님의 인재를 양성함을 목적으로 한다는 것이다. 우리나라의 근대적 개념의 학교교육 역사에 기독교인이 세운 학교가 차지하는 비율은 매우 크다. 하지만 하나님의 이름을 빌어 교육을 시작하였지만 하나님의 마음에 합한 교육을 실시하는 것은 쉽지 않은 일이다.

3) 기독교 대안학교

우리나라는 초중등교육법 제60조의 3(대안학교)에 대안학교 교육의 대상을 '학업을 중단하거나 개인적 특성에 맞는 교육을 받고자 하는 학생' 으로 규정하였다. 대안학교란 이를 위해 전통적인 학교에서 부족하다고 판단되는 현장실습 등 체험위주의 교육, 인성위주의 교육 또는 개인의 소질 · 적성 개발위주의 교육 등 다양한 교육을 실시하는 학교로 정의할 수 있다. 특히 대안학교는 초등학교 · 중학교 · 고등학교의 과정을 통합하여 운영할 수 있다.

박상진(2006)은 이 시대의 왜곡된 교육의 특성으로 획일주의, 경쟁주의, 지식주의, 개인주의, 기술 공학주의, 현세주의, 권위주의, 형식주의, 문자주의, 재생산주의를 열거하였다. 그리고 이에 대한 대안으로써의 교육을 기독교 대안학교교육으로 보고 다음과 같은 교육을 제안하였다.

① 다양성을 추구하는 교육
② 협동교육의 강조
③ 지 · 정 · 의를 통합하는 통전적 교육(holistic education)의 회복
④ 공동체 교육의 강조
⑤ 쌍방적인 커뮤니케이션을 추구하는 참여적 교육의 실현
⑥ 비형식적 생활의 전 과정에 교육적 의미를 지니도록 돕는 잠재적 교육과정
⑦ 이미지를 갖게 하고 상상을 불러일으키는 교육
⑧ 타인을 돌보고 봉사하는 '섬김의 지도력' 을 가르치는 교육

⑨ 창조질서 안에서 청지기 사명을 감당하는 창조교육과 초월하신 하나님의 임재하심을 경험할 수 있는 영성교육

그는 대안학교란 공교육을 보완하기 위해서 존재하는 것이 아니라 공교육이 취해야 할 길을 앞서가는 학교이어야 한다고 제안하였다. 그의 대안은 기독교 교육내용의 대안이라기보다는 기독교 학교의 교수 · 학습 방법의 대안을 규명한다고 볼 수 있다.

기독교 대안학교는 기독교 학교면서 대안교육의 성격을 지니는 학교이다. 기독교 교육의 특성을 지니지만 동시에 일반학교가 지닌 문제점과 한계성을 극복하는 교육의 추구라는 대안학교의 특징을 가진다는 것이다. 즉, 기독교 대안학교는 현 시대의 학교가 가진 문제점들을 개선할 수 있는 역량을 준비하여야 한다. 따라서 한국의 기독교 대안학교는 외국의 기독교 대안학교의 교육과정을 그대로 대입할 수는 없다는 박상진의 주장이 옳다. 한국의 기독교 대안학교는 학교교육의 문제를 한국인의 관점을 가지고 인식하고 현재 한국 사회 속에서 기독교적 변혁을 일으킬 수 있어야 한다는 것이다.

분당샘물교회가 설립한 샘물 기독교 초등학교와 유치원은 교회의 양적 성장 추구를 지양하고, 질적 성장의 요인인 '각 개인의 영적 성장을 도모하기 위한 학교'의 필요성에 의해 설립되었다. 기독교 학교를 세우기 위해서는 공동의 목적을 추구하는 부모들의 협력이 필수적이라고 보고, 샘물교회는 신앙적으로 교육하고 양육하며 말씀으로 훈련하는 부모를 먼저 세우는 것이 필요하다고 판단하였다. 이를 위해 먼저 기독교 교육과 학교에 관심이 있는 명사들을 초빙하여 세미나를 개최하고 학교설립을 추진하였다.

샘물 기독학교는 선교를 목적으로 하는 미션스쿨이 아니다. 더우기 대안학교 형태를 빌었으나 공립학교의 교육에 대안을 제시하는 것이 아니라 성숙한 기독교인의 양성이라는 목적을 가지고 세워진 학교라는 엄밀한 의미에서 국가의 정책적인 대안학교의 범주에 포함할 수 없다. 샘물 기독학교에 관해서는 8장에서

좀 더 자세히 다룰 것이다.

1장을 마치며

기독교 학교의 교육이 진정으로 기독교적이려면 일반계시를 다루는 교육내용을 일반학교와 다른 관점에서 다루어야 한다. 이는 특별계시의 관점으로 일반계시를 재조명하는 작업이 필요하다는 뜻이다. 진정한 기독교 학교란 기독교 세계관으로 무장된 제자도를 실천하려는 기독인 교사에 의해, 성령의 도움을 받아 학문의 영역을 재조명하고 재구성하여, 이 땅에 하나님의 뜻을 세우려고 애쓰는 인재를 양성하기 위해 교육이라는 영역에서 하나님과 동역하는 곳이다.

동시에 한 가지 더 생각해 보아야 할 일이 있다. 바람직한 기독교 교육이 위와 같은 조건이 필요한 것이라면 기독교 학교가 아닌 일반학교 교육에서 하나님의 나라는 세워질 수 없는가? 예배를 드리는 시간이 아니면 그들과 구별되지 않는가? 만약 기독교인 교사가 일반학교에 임용되어 피조세계를 통해 드러나는 지식, 즉 일반계시를 기독교 세계관으로 해석하여 가르친다는 것이 가능하다면 당신은 가르칠 준비가 되어 있는가?

하나님의 뜻에 맞는 지식이란 무엇이며 이는 일반교육에서는 어떻게 이루어질 수 있을까? 신앙이 지식의 방향을 결정하던 시대에서 벗어나 계몽주의 사상이 나타난 후 지식에 대한 관점은 어떻게 달라졌는지 다음 장에서 알아보기로 하자.

읽기를 권하는 책

- 기독교 학교연구회(1999). 우리가 꿈꾸는 기독교 학교. 예영 커뮤니케이션.
- 박상진(2006). 기독교 학교교육론. 예영 커뮤니케이션.

2장

계몽주의 사상과 교육

교육방송에 한 교사가 나와 유아들과 함께 모델수업을 하였다.

전형적으로 차려입고 사려깊고 조심스러운 태도로 유아들의 주의를 집중시킨 교사는 『강아지똥』이라는 동화를 들려주었다. 교사는 능숙하게 음성의 고저장단을 살리고 주인공들의 대사 내용에 적절한 어투와 어조로 구분하여 유아들이 집중해서 동화를 들을 수 있도록 잘 연출하였다.

동화를 마친 교사는 여러 가지 동화내용을 확인하는 질문 끝에 유아들에게 마지막 질문을 던졌다.

"얘들아 너희는 꽃이 되고 싶니? 똥이 되고 싶니?"

유아들은 목소리를 합하여 대답하였다.

"꽃이요!"

그 대답을 들은 교사는 웃으며 동화의 마무리를 해주었다.

"그래요, 여러분은 모두 꽃이 되세요!"

교사는 동화를 선택할 때 이 동화의 작가가 무엇을 말하려는지 생각해 보았을까?

화가가 왜 강아지 똥이 민들레의 뿌리 밑 흙 속으로 녹아져 들어가는 모습을 오색찬란한 색종이 조각처럼 표현하였는지 생각해 보았을까? 물론 아닐 것이다.

희생과 헌신의 아름다움을 이야기하려던 작가와 화가의 가치관은 동화를 재미있게 기술적으로 들려주려던 그 교사의 준비과정에는 아무런 의미도 없었던 것이다.

교사가 학생들에게 전달하는 지식은 진정 가치관과 무관한 내용일까?

01 계몽주의 사상의 출현

근세 이후 등장한 새로운 지식관의 뿌리는 토마스 아퀴나스 Thomas Aquinas(1225-1274)로부터 시작된다. 기독교는 인간을 전적으로 타락한 존재로 보는데, 그는 '인간의 의지(will)는 타락하였지만 지성(mind)은 타락하지 않았다는 부분 타락' 을 주장하였다. 그 당시 토마스 아퀴나스의 사상은 매우 획기적인 것이었다. 이 새로운 지식관은 사고방식과 교육에 지대한 영향을 미치게 되었다. 아퀴나스의 주장이 등장함에 따라 르네상스의 인본주의적 요소들이 탄생하게 되었고 이 관점은 마치 이 책의 서두에 소개한 경록이의 우주대폭발에 대한 관점처럼 학문과 종교를 구분하는 이원론적인 사고로 연결되었다. 타락한 인간의 모든 영역은 전부 타락하였다는 관점에서 적어도 인간의 지성은 타락하지 않았다는 생각으로 바뀌게 됨으로써 사람들은 인간의 지혜를 신뢰할 수 있게 된 것이다.

즉, 인간의 지혜를 신뢰한다는 것은 인간의 지성에 자율성을 부여하는 것이다. 아퀴나스의 자율 개념이 인간의 자율성에 신뢰를 부여하여 르네상스로 가는 길을 열어준 셈이다. 르네상스를 거치며 모든 문학과 예술의 분야는 하나님을 벗어나 자율을 가지게 된 것이다. 경계가 없는 인간의 상상력은 문학 분야는 말할 것도 없고 신학에서조차 성경과는 관계없이 자율적으로 추구될 수 있는 자연신학[2]이 나타나게 되었다. 철학 역시 계시를 통한 지혜는 신앙의 영역으로 제외시키고 계시로부터 자유를 얻어 분리하게 되었다. 우주와 인간에 대한 인식, 선과 악의 기준에 대한 판단 등 철학의 제 분야에서 영향력을 끼친 이 사상은 곧 모든 학문과 교육 전반에도 침투하게 되었다.

피조세계[3] 곧 자연의 의미가 자율을 얻자 피조세계를 붙들고 계시는 하나님

2) 신의 존재 및 그 진리의 근거를 초자연적인 계시나 기적에서 구하지 아니하고, 인간의 이성이 인식할 수 있는 자연적인 것에서 구하는 신학. 초자연의 특정한 교리에 의지하는 신학과 대응하는 것으로, 이신론이 그 전형이라 할 수 있다.

3) '자연' 은 하나님의 입장에서 바라보면 창조세계이며 인간의 관점에서 보면 피조세계이다. 이 책에서는 성경에는 단 한 번도 서술된 적이 없는 '자연' 이라는 용어를 인간의 입장에서 종종 피조세계라는 용어로 설명하고자 한다.

의 은총은 논의에서 제외되기 시작하였다. 르네상스를 통하여 자연은 점차 완전한 자율을 가지게 되었고 인본주의자들은 더욱 자유롭게 사고하기 시작하였다. 르네상스가 절정에 달할 즈음에는 자연은 스스로 시스템을 작동하는 영원한 대상으로 격상하고 말았다. 요즘 새삼스럽게 생태학에서 자연의 파괴가 기독교의 정복관 때문이라고 비판하는 주장이 기독교 안팎에서 소리를 내고 있지만 엄밀하게 말하면 서구의 인본주의 사상과 과학주의에 그 원인이 있다고 보는 것이 더 타당하다.

기독교는 통렬한 자책인 종교개혁을 통해 뒤늦게 성경적인 올바른 가치관을 제시하기는 하였으나 이미 자유로운 인간 사고의 질주를 통제하고 변환시키기에는 역부족이었고 기독교인들조차 자신 삶의 양태를 전환시키기엔 무기력하였다. '자연' 이라는 단어의 의미는 더 이상 삶의 비정신적 측면이라는 중세적 의미를 갖지 않게 되었다. 대신 '자연' 은 하나님이 목적을 가지고 창조하신 피조물이 아니라 인간을 제외한 세상이며 인간 외부의 대상이고 '이용할 수 있는 자원' 이라는 의미로 규정되었다. 자연을 인간과 분리해서 자유로운 인간성의 개발을 위해 사용되는 대상으로 간주하게 되었고 그뿐 아니라 자연 현상을 완전히 지배함으로써 인간의 주권을 드러낼 수 있는 무한한 가능성의 장으로 오해하게 되었다.

자연에 대한 지배는 처음에는 과학영역에서 그 형태를 취하기 시작했으며 인간이 자연을 정복하고 탐구한다는 새로운 시각은 과학혁명에 크게 기여하였다. 초기 과학자들은 그들의 작업이 기독교 신앙을 위협할 것이라고 생각하지 않았다. 그들의 탐구작업을 지지하고 있는 믿음은 단지 전지전능하신 하나님에 의해 통제되는 '피조 세계 안에 있는 법칙과 과정의 규칙성' 에 대한 관심과 확신이었다. 이러한 과학혁명은 처음엔 우리 주변 세상을 이성적으로 연구하는 것에서 시작되었지만 종국에는 그들의 관점마저 이성주의 세계관으로 전환시켜버렸다.

이성주의 세계관은 기독교 신앙을 절대적 진리가 아닌 일반적인 개념으로 축소시켜버렸고, 성경적 계시에 대한 믿음은 비과학적인 생각이라고 간주하여 신앙의 범주 안에서만 의미가 있다고 믿도록 중립화시켜 버리는 결과를 가져왔다. 그들의 조상이 믿었던 것이 대부분 주관적인 신념일 뿐이며 이성주의 세계관을 통해서 이해되는 것만이 신뢰할 만한 사실이라고 믿게 되었다. 이렇게 계몽주의 개념은 18세기 중순까지 서구의 보편적인 의식이 되어 갔다. 과학혁명의 표준에서 볼 때 과학은 경험적으로 측정될 수 있는 것만을 다룰 수 있기 때문에 삶의 영적인 영역은 점점 더 의심스러운 것이 되었다. 계몽주의 의식의 중요한 요소이지만 기독교적 안목에서 볼 때 가장 비극적인 인식은 '사실은 가치중립적이거나 가치로부터 자유로운 것' 이라는 개념이다.

02 과학주의의 출현

과학혁명의 아버지인 프란시스 베이컨 Fransis Bacon(1562-1626)은 진정한 과학자란 철학을 배우지도 않고 철학에 오염되지도 않고 오직 실험으로만 모든 것을 증명해 내어야 한다고 주장하였다. 그는 과학자라면 사물의 존재목적 같은 것은 잊어버리라고 충고하였다. 그리고 과학의 유일한 목표는 인간에게 새로운 발명과 물질적 부를 제공하는 것이라고 주장하였다. 사실을 가치로부터 분리시킴에 따라 진리의 개념은 왜곡되고, 진리의 여부는 오직 과학적인 사실에 의존하고 있으므로 더 이상 절대적일 수 없게 되었다. 새로운 발명과 발견에 의해 만들어진 과학적 사실이란 오늘 진리인 것이 내일은 더 이상 진리가 될 수 없게 되는 일이 많기 때문이다. 그렇다. 과학적 사실은 절대 진리가 있을 수 없다. 인간에 의해 발견되고 규명되는 사실이라는 것은 창조주의 피조세계를 알아가는 과정에 불과하기 때문이며 인간이 알아내는 것은 언제나 실재의 일부이거나 완전하지 못한 사실이다.

현대는 과학주의 시대라고 불리고 있다. 우리의 사고는 과학적인 정보에 의해 크게 좌우되고 있다. 이를 과학주의라고까지 부르는 이유는 자연과 인간 세계에 대한 모든 지식을 과학적 방법으로 제공할 수 있다고 믿는 깊은 종교적 신념처럼 확장되었기 때문이다. 예를 들어 로봇공학의 발달과 유전공학의 발달을 바라보는 사람들은 과학이 인간을 더욱 진보하게 할 것이며 생명과 인체에 대한 그들의 생각은 과학이 종교와 도덕에 대한 대안을 제공하는 존재라고 믿게 되었다.

제임스 사이어(1994)는 과학기술 속에 숨어있는 철학을 다음과 같이 열거하였다.

① 시간과 돈의 관점에서 효율적이라 평가된 과학기술은 이미 가치관을 포함하고 있다.
② 과학기술은 사회의 모습을 결정한다. 자동차, 텔레비전, 자동세탁기, 전화, 신용카드 등이 사회적 접촉에 의존해야 할 필요성을 줄이고 사회적으로 고립시키는 장치들의 도움을 받아 전례 없이 은둔적인 삶을 살 수 있게 하였다.
③ 과학기술이 만든 물건들은 사용자에게 그것의 사용방식에 따른 행동의 변화를 초래한다.
④ 그러나 과학기술의 결과는 완전히 알려져 있지 않다. 그의 위기는 오랜 뒤에 아무런 잘못도 없고 악의도 없는 결정들이 모여 들이닥치기도 한다.
⑤ 과학기술은 우리 자신에 대해 생각하는 방식을 바꾼다. 컴퓨터는 우리가 누구인가에 대해 아리스토텔레스가 말한 이성적 동물에서 감각이 있는 기계로 바꾸고 있다.
⑥ 과학기술은 과학지상주의－과학기술을 믿는 종교－로 향하는 경향이 있다. 과학기술의 발전은 사회혼란, 대기오염, 올바른 기능을 다하지 못하는 가정, 불안한 사람들을 만들어낸다.
⑦ 과학기술은 힘과 지배권을 가지고 현재 인간의 영역과 경계를 확장시키고자 하는 인간의 자연스러운 충동을 조장한다.

이에 따라 그는 과학기술에 대해 책임 있는 기독교적인 접근을 강조하였다. 그는 기독교적인 과학기술에 접근하기 위해서는 다음과 같은 태도가 필요하다고 주장하였다.

첫째, 서로에게 어떻게 행동해야 하는지 어떤 성품을 개발해야 하는지 성경이 무엇이라 말하는지 알아야 한다.

둘째, 우리의 문제들이 기술에만 의지해서는 해결되지 않는다는 것을 인식해야 한다.

셋째, 우리가 관심 있는 문제의 배경을 이해해야 한다.

넷째, 같은 문제에 관심이 있는 그리스도인들이 무엇을 생각하고 있는지 알아야 한다.

다섯째, 우리는 가르치는 자가 되거나 행동주의자가 되기 전에 겸손하게 연구하는 자들이 되어야 한다.

여섯째, 우리가 연구한 대로 생활양식과 원리들을 행동으로 옮기고자 할 때에는 다른 모든 사람들을 하나님의 형상대로 지음 받은 존재로서 존중해야 한다고 하였다.

흔히 우리는 과학은 객관적이고 합리적인 지식이고 신앙은 주관적이고 비합리적인 것이라고 간주하는 경향이 있다. 그러므로 과학적이란 용어는 신뢰할만한 자료를 가리킬 때 사용한다. 그러나 과연 과학이란 우리의 믿음처럼 객관적이고 합리적인 지식의 원천인가? 과학이 객관적이고 합리적이라면 왜 과학의 패러다임은 자꾸 바뀌는가? 굉장히 많은 어제의 사실이 오늘은 허위가 되었으며 어제의 진리가 오늘은 오류로 밝혀짐에도 불구하고 과학적 사실을 신앙처럼 믿고 있다.

시카고 대학 출판부가 발간한 학술서 가운데 가장 널리 읽힌 책이었고, 24개 국어로 번역되어 모두 100만 부 이상 팔린 토마스 쿤 Thomas Samuel Kuhn(2002)의 『과학혁명의 구조』는 과학의 발전이 진리를 향한 누적적으로 축적된 것이 아니라는 것을 증명하였다.

쿤에 의하면 과학적 지식도 주기적으로 개념적 혁명을 겪는데, 이는 과학 혁명을 전후해서 과거의 과학과 새로운 과학 사이에는 늘 서로 공존할 수 없는 '공약 불가능성'이 존재한다는 것이다. 과학자들은 증거를 합리적으로 평가해서가 아니라, 마치 종교적 개종과 같은 심리적, 미적 이유 때문에 새로운 패러다임을 선택한다는 것이다. 쿤은 우리의 믿음과 달리 과학이라는 인간의 활동이 객관적이거나 합리적이지 않다고 하였다. 이 책은 과학사, 과학 철학 분야를 넘어서 과학 일반, 철학, 역사, 인류학, 사회과학, 페미니즘, 국가 정책에까지 그 영향을 미쳤다.

그는 단지 자연에 존재하는 진리를 발견할 뿐인 과학의 실증주의적 사고의 한계를 지적하였다. 결국 과학자들의 연구를 결정하는 패러다임은 과학자 공동체가 만들어낸 것이지 자연에 실재하는 것이 아니라는 것이다.

쿤의 『과학혁명의 구조』는 '과학은 절대 진리를 향해서 한 발씩 접근하는 인간의 활동'이라는 믿음의 근간을 뒤흔들었다. 정상과학은 과학자 공동체가 공유한 패러다임에 의해서 그 의미가 결정되며, 서로 다른 패러다임 사이에는 과학적 소통이 잘 되지 않으며, 과학 활동도 예술이나 종교와 같은 인간의 다른 활동과 흡사한 점이 있다고 주장하였다. 이상욱(2007)은 과학을 보는 관점은 쿤 이전과 쿤 이후가 혁명적이라 할 만큼의 거대한 패러다임의 변환이 있었다고 주장하였다.

03 계몽주의 사상이 교육에 미친 영향

계몽주의의 영향으로 인간이 이 땅에 유토피아를 건설할 수 있다는 인간 이성의 능력에 대한 확신을 갖게 되었고 과학이 지속적으로 인간의 삶을 향상시킬 것이라고 믿게 되었다. 이제 삶의 공적인 영역은 과학적으로 다루어야 하며 따라서 목적, 가치, 도덕성, 윤리 등의 애매한 영역은 개인적인 문제로 분리되어 다루어야 한다고 생각하게 되었다. 바로 이러한 의식이 종교를 공적인 영역에서 밀어내고 개인적인 영역으로 제한시켜 버리게 된 것이다.

하나님의 은총으로만 갈 수 있는 천국에 대한 소망은 현재의 삶을 향상시킬 계몽주의에 대한 확신으로 대치되어 버렸다. 하나님과 같이 되려던 하와의 생각(창세기 3 : 5)과 '땅에 충만하라'는 하나님의 뜻에 도전하려던 바벨탑을 쌓는 자들의 목적(창세기 11 : 4)은 여전히 인간의 열망으로 자리 잡고 있다. 19세기 중반에 다윈에 의해 소개된 진화론은 계몽주의 진보 개념과 완벽하게 맞아떨어져 현대의 기초적인 진리로써 확립되었다.

이러한 계몽주의의 등장은 결과적으로 교육에도 깊은 영향을 미치게 되었다.

첫째, 인간의 이성적 사고의 진보가 이 땅에 유토피아를 제공할 것이라는 확신 때문에 죽음 이후의 삶에 대한 관심이 사라져가고 현실적인 삶에 관심이 집중되자 학교도 그러한 신조에 편승하였다. 성공한 삶의 잣대란 인간의 눈으로 확인할 수 있고 양적으로 측정할 수 있는 성취 결과, 즉 세속적인 성공이라고 가르치게 되었다. 학교는 학생들에게 연봉이 더 높거나 타인을 지배할 권력이 생기는 직업이 훌륭하고 좋은 직업이라는 생각을 심어주게 되었다. 이 같은 생각으로 교육을 받고 세상에 나온 인재들은 자신의 직업이 다른 사람에게 봉사하기 위한 직업이라는 생각을 가질 수 없다. 교사나 의사, 법조인 같은 윤리선언이 있는 전문직업인 마저 그 의미를 잊어버렸다.

둘째, 인간의 세계를 공적인 영역과 사적인 영역으로 분리함에 따라 사적인 영역에 속하는 종교에 대한 언급이 학교에서 점점 더 제한받게 되었고 과학적인 방법으로 증명되지 않은 지식은 의심의 눈초리로 바라보게 됨에 따라 학교에서 영적인 문제에 대해 언급하는 것이 비상식적인 일로 여겨지게 되었다. 이에 따라 수량으로 측정할 수는 없지만 인생에서 가장 핵심적인 것들, 즉 사랑, 소망, 평안, 은혜, 믿음 등의 중요한 개념이 교육의 내용에서 제외된 것은 현대의 지식관의 약점이라고 보아야 한다.

셋째, '진리는 가치중립적이며 가치를 배제해야 한다.'고 믿는 과학주의 관점이 교육에 미친 영향으로 가장 심각한 것은 무엇이 옳고 그른지 아름답고 추한 것이 무엇인지 가르쳐야 하는 교육현장에서 이를 규명할 수 없게 된 가치관의 혼돈이다. 교사들조차 자신의 가치관을 배제하고 피교육자에게 접근하는 가치중립적인 교육이 정당한 것이라는 생각을 하게 만들었다. 즉, 가치와 의미를 뺀 것만이 객관적으로 온전한 지식이며 이러한 지식만을 전하는 것이 교사의 올바른 태도라고 인식하게 된 것이다.

가치중립적이라는 전제에는 피교육자가 스스로 선택하게 하는 것이 공정하다는 생각이 깔렸다. 기독교사들조차 자신의 신앙에 기초하여 세운 가치관에 입각하여 무엇이 옳고 그른지 구별하여 가르치는 행위가 객관적이지 못하다고 생각하게 되었다. 비록 그 가르침이 종교적인 전통이 아닌 일반적인 삶에 대한 가르침임에도 불구하고 말이다.

가치가 배제된 교육, 가치중립적인 교육은 과연 존재하는가?

엄밀하게 말해서 가치중립적인 교육이란 존재할 수 없다. 가치관을 배제해야 한다는 생각 자체가 하나의 강력한 가치관이기 때문이다. 교사의 가치관을 유아에게 나타내면 안 된다고 생각하는 교사들조차도 자신의 가치관을 배제하고 가르치는 것이 가능하지 않기 때문이다. 교육관, 아동관, 인간관이 없이 교육을 한다는 것은 불가능하며 교사의 교육관이나 아동관, 인간관 등은 어떤 과정에서든 드러나게 마련이다. 영 교육과정[4]이나 잠재적 교육과정[5]처럼 교사는 무의식적이든 무의도적이든 어떤 내용을 교육과정에서 삭제하거나 소홀히 다룸으로써 혹은 깊이 다루거나 의미를 강조하여 교실의 교수 · 학습 과정이나 행동을 통해 자신의 가치관을 유아들에게 드러내기 마련이다.

또한 여러 가지 교육과정 중에서 한 교육과정을 선택하는 것도 결국 교사 자신의 가치관을 반영하는 일이다. 교사는 자신의 가치관과 부합하는 교육과정을 선정하고 가치관에 따라 교육계획을 수립하고 교수활동을 하고 유아들을 대하

4) 영 교육과정(null curriculum)이란 학교에서 소홀히 다루거나 의도적으로 배제하여 학생들에게 배울 기회를 놓치게 하는 교육과정을 의미한다.

5) 잠재적 교육과정(latent curriculum)이란 외형적, 형식적으로 드러내는 교육과정에서 의도 계획하지 않았으나 수업이나 관행, 교사의 가치관과 태도로 인해 학생들이 경험하는 교육과정이다.

게 된다. 따라서 어떤 교사가 교육은 가치중립적이어야 한다고 생각한다면 그 교사는 자신도 모르는 사이에 이율배반적인 가치관을 가지고 있는 것이다. 즉, 가치를 배제해야 한다고 생각하면서 자신의 가치판단에 의해 내용을 선택하고 주제를 선정하며 교수방법을 선택하는 등의 과정을 밟고 있기 때문이다.

특히 유아는 발달특성상 무엇이 옳고 그른지 분별하는 능력이 부족하여 그들의 선택에 맡긴다는 것은 유아의 안전과 성장에 해로울 수 있다. 결국 유아는 주변 누군가의 가치관과 세계관에 따라 그들의 관점을 결정하게 될 것이라는 것은 너무나 자명하다.

가치중립적이라고 생각하는 교사들이 또 다른 가치를 전달하듯 기독교사로서 정체성을 확고히 하고 그리스도의 제자로서의 소명과 의지를 가진 교사라면 기독교 세계관에 기초한 가치교육을 할 수 있다. 비록 그것이 표면적이고 형식적인 교육과정이 아니어도 말이다.

2장을 마치며

기독교사가 성경을 직접 이야기하지 않고 예수의 이름을 거명하지 않고도 기독교적인 교육을 실시할 수도 있다는 것인가? 물론 불완전한 지식이기는 하지만 가능하다. 대속주이신 예수를 바로 전할 수 없을 뿐, 하나님의 창조세계를 그 분의 창조원칙에 따라 가르칠 수 있다. 하나님의 창조원칙, 피조세계를 만드신 그 분의 목적에 따라 가르치기 위해서는 그 분의 뜻을 이해해야 하며 이것이 다음 3장에서 다루게 되는 특별계시인 성경 전체를 통해 드러내시는 성경적 세계관 곧 기독교 세계관이다.

읽기를 권하는 책

- 페터 크뢰닝(2005). 과학자들은 싫어할 오류와 우연의 과학사. (이동준 역). 이마고.
- 마이클 필립스(2008). 지식, 철학의 법정에 서다. (홍선영 역). 갤리온.

3장 기독교 세계관 혹은 성경적 세계관

최근 안경을 쓰고도 책을 읽는데 불편을 겪는 김교사는 안경점을 찾아가 시력검사를 하였다. 그런데 의외로 양안 시력은 0.7, 0.8로 오히려 높아진 것이다. 시력이 좋아질 수도 있느냐는 질문에 안경사가 덤덤하게 대답을 하였다.

"노안이 오신 겁니다."

예전에 아버님이 쓰시던 작은 네모가 안경 아래 붙어있던 돋보기 겸용 안경을 떠올린 김교사는 어린 아이들 앞에서 그런 안경을 쓰고 서 있는 자신의 모습이 떠올라 마음이 불편했다.

그러나 곧 다촛점 렌즈라는 렌즈가 개발되어서 눈에 띄지 않고 돋보기를 쓸 수 있다는 것을 알고 마음이 놓였다.

근시용 렌즈, 난시용 렌즈, 원시용 렌즈 그리고 그 모든 기능을 합친 다촛점 렌즈 등의 다양한 렌즈가 있다는 사실이 놀라웠다.

"안경을 만들 줄도 모르고 안경의 원리도 모르지만 안경사 선생님 제안에 따라 안경을 쓰고 보아야 할 것을 제대로 볼 수 있다니 정말 다행입니다. 그런데 어떻게 사는 것이 제대로 사는 것인지 혼돈스러운 이 세상을 겁내지 말고 제대로 볼 수 있는 안경도 있다면 참 좋겠습니다."

이번 장에서는 기독교인 교사가 자신이 가르치게 될 지식, 즉 교육과정을 재조명하고 바로 이해하여 가르치도록 돕는 안목에 대해 알아보도록 한다. 앞의 장에서 계몽주의 사상이 하나님의 창조세계를 오해하게 만들었다면 기독교사들은 기존의 교육과정에서 무엇을 수정하고 무엇을 삭제하거나 혹은 추가하여야 할 것인지를 결정할 명확한 기준이 있어야 한다.

본 장에서는 분명한 기준이 되는 성경을 통한 안목, 즉 기독교 세계관이란 무엇인지 알아보고자 한다.

01 교사의 세계관

최기준(2003)은 기독교 교육이란 하나님으로부터 본래 부여받은 잠재력과 가능성을 지니고 있는 피교육자에게 성령님의 역사로 인해 교사와 학생이 신앙과 복음진리로 인격 대 인격으로의 만남이 이루어지는 교육현장이라고 정의하였다. 유아교사가 만나는 학생은 더욱 그들 인성의 기초가 이루어지는 중요한 시기에 있는 존재이다. 그들의 일생에 가장 중요한 시기이고 다양한 발달의 기초가 마련되는 '결정적 시기'이며 그럼에도 불구하고 그들이 소유한 가능성과 잠재력을 발견하기가 쉽지 않은 발달특징을 가진 피교육자이므로 기독교 유아교사의 임무는 특별히 더 중요하고 그래서 소명의식이 필수적이다.

학교에서 기독교 세계관으로 가르치는 과업은 목회자가 하는 일이 아니며, 더욱 신학자가 하는 일도 아니다. 루이스 C. S. Louis의 말처럼 '교육 분야에 기독교적 원칙을 적용한다는 것'은 '그리스도인 교사들이 해야 할 일'이다. 기독교사들이 세계관을 이해하는 중요한 이유가 여기에 있다. 우리의 목사님은 교육현장에 우리 대신 들어가 어떤 활동을 어떤 목적으로 어떻게 구성하여 실천할 것인지 고민하고 결정해 주실 수 없기 때문이다. 그렇다면 세계관이란 무엇이고 기독교 세계관은 어떻게 다른가?

02 세계관의 정의

세계관은 "사건이나 상황, 자신을 포함한 주변 세계에 대한 인식 또한 판단의 기본이 되는 전제의 틀"이다.

흔히 세계관은 안경 혹은 콘택트렌즈로 비유한다. 안경이나 세계관은 둘 다 세계를 보는 관점에 영향을 미친다. 우리는 안경에 대해 과학적 정보를 많이 알지 못하거나 안경을 썼다는 의식을 굳이 하지 않아도 안경을 착용하면 비뚤어지거나 흐릿한 세상을 시각적으로 선명하고 바르게 볼 수 있다. 하지만 안경에 대해 아무리 많은 정보와 지식을 가지고 있는 사람이라도 안경을 쓰지 않고는 세상을 바로 볼 수가 없다. 이처럼 세계관도 모든 세계를 정신적으로 인식하는 데 영향을 미친다. 렌즈의 특성에 따라 보이는 대상의 모습과 색깔이 달라지듯이 우리가 가지고 있는 세계관에 따라 같은 대상이라 할지라도 다르게 인식할 수 있음을 인정해야 한다. 또한 세계관은 지금 내가 속한 세상을 이해하는 데 도움을 주기도 하지만 동시에 어떤 세상을 세울지 결정하고 꿈을 꿀 수 있는 비전을 제시하기도 한다.

어느 누구도 세계관을 통하지 않고서 세상을 보거나 생각하거나 얘기할 수 없다. 구체적이고 실제적인 사건에 부딪치면 각자가 가진 기본적 신념은 드러나기 마련이다. 일관성 없는 세계관을 가지고 사는 사람들조차도 자신이 일관성이 없다는 사실을 인정하고 싶어 하지 않는다. 세계관은 위기에 이른 결혼에 대한 판단 혹은 이로 인한 이혼에 대한 태도, 원하지 않는 임신과 낙태, 동성연애, 대리모 문제, 혼외 성관계, 존엄사, 기업의 구조조정과 대처방법, 복제인간 등과 같은 심각한 사건에 대해 오랜 숙고와 분석을 거쳐 판단에 이르는 과정에 유용하다. 하지만 때로는 동료나 가족과 사소한 갈등이 생겨서 이를 해결하기 위해 고민할 때, 불의한 이익을 취할 수 있는 상황에 처했을 때, 시험시간에 친구답지를 훔쳐보고 싶을 때도 필요하다.

제임스 사이어(1994)는 기본적인 세계관을 확인하기 위한 질문으로 다음의 여섯 가지를 들고 있다.

첫째, 진정으로 참된 최고의 실재는 무엇인가?

둘째, 외부의 실재, 즉 우리를 둘러싸고 있는 세계의 본질은 무엇인가?

셋째, 인간이란 무엇인가?

넷째, 인간이 죽을 때 무슨 일이 일어나는가?

다섯째, 무언가를 아는 것이 어떻게 해서 가능한가?

여섯째, 우리는 무엇이 옳고 그른지를 어떻게 아는가?

일곱째, 인간 역사의 의미는 무엇인가?

위 질문에 대한 우리의 답은 아래와 같다.

첫째, '관념 사유를 초월하여 독립한 최고의 실재는 창조주 하나님' 이다. 우리가 실재라고 보는 세계의 본질은 "태초에 하나님이 세상을 창조하시니라" (창세기 1 : 1), "나는 만물을 지은 여호와라 나와 함께 한 자 없이 홀로 하늘을 폈으며 땅을 베풀었고" (이사야 44 : 24)라는 성경말씀에 따라 하나님이 우주를 창조하신 분이시며 지금도 지구를 우주 공간을 떠받치고 있는 분이라는 것을 믿는다.

둘째, 우리를 둘러싸고 있는 세계는 하나님께서 말씀으로 창조하신 피조물로서 하나님의 창조섭리를 가르쳐 주는 성경 외의 또 다른 교과서로 이해해야 한다.

셋째, 인간이란 하나님의 피조물(창세기 2 : 27) 중에 유일하게 하나님의 형상을 따라 지음 받은 존재이며 하나님으로부터 우주의 관리를 위탁받은 존재(창세기 2 : 28)이다. 인간은 신체와 정신뿐 아니라 영을 소유한 영적인 존재이다.

넷째 인간은 죽으면 육체는 다시 흙으로 돌아가지만 그 영혼은 하나님 앞에서 심판을 받게 될 것이다. "한번 죽는 것은 사람에게 정하신 것이요 그 후에는 심판이 있으리니" (히브리서 9 : 27)

다섯째, 하나님의 주시는 지혜의 말씀에 따라 옳고 그른지를 판단해야 한다. "깊도다 하나님의 지혜와 지식의 부요함이여, 그의 판단은 측량치 못할 것이며 그의 길은 찾지 못할 것이로다" (로마서 11 : 33) 인간의 이성은 불완전해서 자신의 경험을 통해 아는 것도 그것을 해석하는 것도 정확하게 알 수 있는 근원이 아니다.

여섯째, 사람이 자기 소견에 옳은 대로 판단하는 것은 정답이 될 수 없다. 하나님의 말씀에 비추어야만 진실로 옳고 그른 것을 분별할 수 있다.

일곱째, 인간의 역사란 지식이 끊임없이 진보하는 과정이 아니다. 사랑이 많으신 하나님이 당신과의 언약을 통해 지켜나가시는 인간과의 관계와 관련된 이야기로 종결이 있다.

03 기독교 세계관의 세 렌즈

기독교 세계관이란 용어를 처음으로 사용한 사람은 아브라함 카이퍼이며 그는 '세계관'이란 용어가 세계에 대한 하나의 견해 또는 관점에 불과하다는 의미가 강하여서 '삶과 세계에 대한 관점(life-and-world view)'이라는 표현을 사용하였다. 카이퍼의 견해는 칼빈, 어거스틴의 저술과 신구약 성경에 차례로 그 근거를 두고 있다. 이는 네덜란드 자유대학의 헤르만 도예베르트 Herman Dooyeweerd가 서구문화를 4지류[6]로 분류하면서 그 중 하나를 창조/ 타락/ 구속의 성경적 동인이라고 제시한 것에서 비롯된다. 따라서 기독교 세계관이란 성경의 큰 맥을 **창조-타락-구속**이라고 보고 이 세 개의 렌즈를 통해 세상을 바라보는 안목이라고 하였다.

1) 창조

성경에서 창조의 독특성은 첫째, 성경의 창조는 무(無)로부터의 창조라는 점이다. 그리고 창조의 도구는 하나님의 말씀이었다. 둘째, 고대 중동의 모든 신화들이 다신론(多神論) 내지 범신론(汎神論)적인 것에 비해 구약의 창조기록은 유일신론(唯一神論)적이다. 따라서 자연 속에 혹은 그 자연 자체가 신이었던 고대

6) 4지류는 각각 다른 문화 동인으로 상이한 종교기반을 가진 특징적 세계관으로 형상/질료의 그리스적 동인, 자연/은총의 스콜라적 동인, 자연/자유의 인본주의 동인, 창조·타락·구속의 성경적 동인을 말한다.

종교의 신들은 사람의 의지와 욕심에 따라 그 특성이 부여되었지만 구약의 하나님은 무소부재하시며 인간의 생사화복을 주관하고 절대권한을 가지고 있는 전지전능하신 분이시다. 셋째, 하나님의 창조는 완전하다. 하나님은 당신이 하루에 한 가지씩 창조하실 때마다 보시기에 좋았다[7]고 하셨다.

따라서 창조주와 피조물은 본질적으로 다르며, 모든 피조물은 창조주에 전적으로 의존할 수밖에 없다. 창조에는 창조주가 의도하시는 목적이 있으며, 그 목적에 따라 인간에게 문화명령을 통해 피조세계를 다스리도록(to work it and take care of it) 임명하셨다(창세기 1 : 27-28, 2 : 15). 하나님이 보시기에 좋았던 창조세계를 여전히 보존하고 관리하는 청지기의 사명을 피조물 중에서 인간이 부여 받았다.

2) 타락

인간의 타락은 하나님과 인간, 인간과 인간, 인간과 피조 세계 간의 관계에 지대한 영향을 끼쳤다. 하와가 선악과를 딴 것은 그저 금지된 열매 하나를 먹은 행동이 아니다.

기독교가 말하는 타락은 하나님의 명령 내용을 과장하거나(선악과를 만지지도 말라고 하셨다) 축소하고(반드시 죽는 것이 아니라 죽을까 한다고 하셨다) 하나님의 권위를 탐하여(하나님처럼 될까하여) 그 명령을 거역한 것이다(창세기 3 : 1-6). 그 결과로 인간은 하나님을 두려워하며 숨었으며(3 : 8), 하나님께 책임을 전가(하나님이 내게 주셔서 나와 함께 하신 그 여자)(3 : 12)하며 의존적인 관계를 거절하고 인간 자신이 자기의 주인임을 선언한 행위였다.

타락의 결과는 아담과 하와에게만 영향을 미친 것은 아니었다. 인간의 타락으로 인해 저주받은 땅은 가시와 엉겅퀴를 내었으며 다시 인간은 수고하고 땀을

7) '보시기에 좋았다' (God saw that it was good.)는 한 가지의 창조를 마칠 때마다 하신 하나님의 말씀이다. 다만 마지막 여섯 번째 날 하나님은 31절에 '하나님이 손수 만드신 모든 것을 보시니, 보시기에 참 좋았다' (God saw all that he had made, and it was very good.)고 표현하셨다. 매일의 창조마다 좋았다고 하셨는지 살펴보라. 두 번째 날과 세 번째 날과 여섯 번째 날은 특별하다.

흘려야 식물을 얻을 수 있게 되었다(창세기 3 : 16-19). 그뿐 아니라 만물이 함께 고통을 겪는 결과를 낳았다. "피조물이 다 이제까지 함께 탄식하며 함께 고통하는 것을 우리가 아나니"(로마서 8 : 22) 결국 땅과 공중과 바다의 생물은 인간을 두려워 하게 되어(창세기 9 : 2) 피조물 간의 모든 관계도 깨어졌다.

피조세계를 다스리는 위탁명령을 받은 인간으로 인해 피조물이 모두 고통에 빠진 모습은 아직도 하나님의 영역을 넘보거나 하나님처럼 되고 싶은 인간에 의해 여전히 고통을 겪고 있는 모습 속에 남아있다.

성경은 "의인은 그 육축의 생명을 돌아보나 악인의 긍휼은 잔인이니라"(잠언 12 : 10)고 말하고 있다. 하나님은 사람에게 모든 피조물의 생명을 사랑하기를 원하신다.

3) 구속

완전하고 의로운 하나님과의 화해를 얻을 수 없었던 인간이 하나님의 은혜로 예수 그리스도의 십자가를 통하여 죄인에서 의인으로 회복됨을 의미하는 것이 구속이며, 기독교 세계관의 궁극적인 지향점이라 할 수 있다. "하나님이 세상을 이처럼 사랑하사 독생자를 주셨으니 이는 저를 믿는 자마다 멸망치 않고 영생을 얻게 하려 하심이니라"(요한복음 3 : 16)

"주 여호와의 신이 내게 임하셨으니 이는 여호와께서 내게 기름을 부으사 가난한 자에게 아름다운 소식을 전하게 하려 하심이라 나를 보내사 마음이 상한 자를 고치며 포로된 자에게 자유를, 갇힌 자에게 놓임을 전파하며 여호와의 은혜의 해와 우리 하나님의 신원의 날을 전파하여 모든 슬픈 자를 위로하되 무릇 시온에서 슬퍼하는 자에게 화관을 주어 그 재를 대신하며 희락의 기름으로 그 슬픔을 대신하며 찬송의 옷으로 그 근심을 대신하시고 그들로 의의 나무 곧 여호와의 심으신 바 그 영광을 나타낼 자라 일컬음을 얻게 하려 하심이니라"(이사야 61 : 1–3)

회복이란 먼저 원래 하나님이 인간에게 부여하셨던 하나님의 형상(창세기 1 : 26)이 온전하게 회복되는 것이다. 하나님의 최초의 문화명령처럼 인간의 청지기적 직분의 회복을 통해 피조세계를 향한 본래 의도를 이루시고, 인간과 모든 피조세계에 화목의 복음을 전하는 것이다.

삶의 현장에서 개인의 선택은 세계관에 기초하여 이루어진다. 세계관은 특정한 과제를 선택하도록 지시하고, 삶에 전반적인 목적을 부여하며, 도덕적 판단의 근거를 제공한다. 하나님의 뜻을 따라가려는 소명 있는 교사에게는 일상적인 선택과 우선순위의 결정을 위해서 성경이 인도하는 세계관이 필요하다. 곧 기독교 세계관을 가질 때 교사는 가르치면서 무엇이 더 귀중한 지식이며 무엇이 더 우선적으로 가르쳐야 할 내용인지를 바르게 판단할 수 있다.

기독교사란 이러한 기독교 세계관의 기본적인 이해를 바탕으로 유아들에게 교육활동을 실행할 때에 세상과 피교육자인 유아를 바라보고 교육내용을 선택하고 교수활동을 수행하는 청지기이다. 예를 들면, 기독교사는 유아들에게 전통풍습인 동지팥죽이나 설날 연날리기의 의미를 설명해야 하거나 다양한 가족형태를 설명해야 할 경우, 부모님께 왜 감사드려야 하는지 이유를 설명해야 할 때, 개천절의 단군신화를 설명하거나 유아들이 우주의 생성에 대해 궁금해 할 때 갈등과 함께 탐구의 시간이 필요하다.

위와 같이 전제할 때 기독교사의 가장 기본적인 과제는 성경이 말하는 세계를 파악하는 일이다. 당연히 그 일은 성경을 읽고 묵상하는 일을 통해 이루어진다. 기독교 세계관은 성경적 세계관이며 이는 성경 전체를 관통하는 기본 틀을 찾아내는 작업인 것이다. 안경에 관해 공부하는 것이 아니라 수많은 안경 중에 우리가 선택한 안경을 찾아내는 작업이며 그 안경을 착용하고 바로 보고 실천하는 행동이다.

위의 질문에 대한 기독교적인 대답이 바로 기독교 세계관이며 이는 성경을 통해 조명하게 된 세계관이므로 성경적인 세계관이라고도 부른다.

기독교 세계관이란 앞서 기독교 세계관을 확인하기 위한 제임스 사이어의 질문에 대해 그 해답을 성경에서 찾는 세계관이다. 기독교 세계관은 하나님 계시(성경)의 중심적인 진리들을 숙고함으로 체계화된 진리인 것이다. 이를 개신교의 종교개혁에서 이름을 따서 '개혁주의적 세계관' 이라고도 부른다.

3장을 마치며

- 당신은 기독교사인가?
- 당신은 단지 교회를 다니는 사람으로서 교사이기 때문에 기독교사인가?
- 당신은 예수를 구주로 믿고 교사직을 주께서 주신 소명으로 아는 기독교사인가?
- 당신은 예수를 구주로 믿고 교사직을 주께서 주신 소명으로 알아 교수의 목적이 예수님의 제자를 세우는 일이며 교수학습방법과 교수내용을 그 목적에 부합되게 설정하고자 애쓰며 이 뜻이 교직을 통해 이루어졌는지 스스로 평가하며 하나님의 도움을 구하는 기독교사인가?
- 그런데 내가 하나님이 기뻐하시는 교사인지 성경말씀은 어떻게 이야기하고 있는가?

읽기를 권하는 책

- 알버트 그린(2000). 기독교 세계관으로 가르치기. (정희영 외 역). CUP.
- 양승훈(2000). 기독교 세계관. CUP.
- 신국원(2005). 니고데모의 안경. IVP.

4장 기독교 세계관으로 바라보는 교육철학

철학과 교수로서 신실한 기독교인인 최교수는 동료 교수들에게 종종 이런 고백을 듣는다. "자네가 신실한 기독교인이라는 사실이 신앙이란 것에 대한 내 확신을 흔들고 있다네!"

최교수가 보기에 동료교수들은 철학적 사고를 하는 이성적 인간이 믿음을 가지는 것은 불가능하다고 판단하는 것 같다. 하지만 최교수는 신앙을 주제로 동료들과 논쟁을 벌이지 않는다. 논증을 통해 이론적으로 정당화 한다 해도 무신론자들을 회심시킬 수 없다면 실패한 것이기 때문이다.

그는 학문의 한계를 깨닫고 바울사도가 "이제는 우리가 거울로 보는 것 같이 희미하나" 라고 고백하였듯이 하나님 앞에 겸손한 피조물로 서야 한다고 믿고 있다. 다만 자신의 삶을 통해 동료들이 하나님의 동행하심을 느끼게 되기를 고대하고 있다.

그러나 최교수는 의도적으로 동료들에게 가끔 넌지시 고백한다.

"우주와 인생에 대해 진지하게 숙고하고서도 하나님을 알지 못한다는 것을 난 믿을 수가 없어!"

철학은 서양에서도 가장 오래된 지적 학문이다. 따라서 서양철학의 기원은 독특한 기독교적 교리나 개념으로 설명되는 것이 아니다. 오히려 서양철학의 영향과 기독교 사상의 영향을 구분할 필요가 있다. 조지 마브로데스 George I. Mavrodes(2001)는 기독교 철학이란 기독교 신앙에 충실하고자 노력하는 그리스도인에 의해 행해지는, 즉 사고되고 작성되고 표현되는 철학으로 이해한다고 하였다.

하지만 기독교 철학자들이 철학의 다른 분야에 대해 큰 관심을 가져서는 안 된다고 생각할만한 이유가 없다고 하였다. 그는 사도 바울이 아레오바고에서 '알지 못하는 신에게' 라고 새겨진 비문을 보고(사도행전 17 : 23) 그들에게 하나님을 소개한 것처럼, 기독교 철학이 상조적 태도를 지니는 것이 당연하다고 하였다. 철학의 오류에 감염되어 진리를 부인하게 되는 것을 두려워할 수 있겠지만 풍부하게 될 수도 있기 때문이다.

01 교육철학을 배우는 이유

예비 교사들과 초년 교사들은 종종 교육철학을 배우거나 적용하는 것을 힘들게 생각한다. 심지어 그 필요성에 대해 회의를 느끼곤 한다. 그리고 다양한 활동을 피교육자의 수준에 맞추어 흥미 있게 진행하는 교수방법에 더 열광하곤 한다. 하지만 자신의 교육철학이 분명하지 못한 교사의 교육은 마치 등대 없는 어두운 바다를 헤매는 나룻배와 같다. 방향이 혼돈되면 열심을 낼수록 나룻배는 더욱 등대와 멀어진다.

교육활동이 때로 교육목적과 위배되어도 무엇을 조정하여야 하는지 갈피를 못 잡고 이어서 진행되는 교육활동의 의미가 서로 상반되어도 무엇이 잘못되었는지 알 수 없게 된다. 결국 피교육자는 원칙 없는 혼돈된 가치관을 가지게 되어서 그때그때 상황에 맞는 대로 그저 대응하게 되므로 결정을 내려야 하는 순간에 이율배반적인 판단을 하거나 매우 당황하게 될 것이다.

교육자의 교육철학은 교육의 기본문제들을 보다 잘 알게 되도록 도와주며, 그

문제에 대한 대답으로 제시되는 다양한 해결책을 보다 잘 평가하도록 돕고, 삶과 교육의 목적에 대해 보다 명백하게 사색하도록 지원하며, 내적으로 일관된 견해를 가질 수 있도록 돕는다. 그리고 실제적으로 적용할 수 있는 프로그램을 개발할 수 있도록 돕는다. 따라서 기독교사가 교육철학이 무엇인지 배우는 것은 곧 기독교 교육의 철학적 배경과 비교하고 기독교 교육의 목적과 목표, 그 내용과 교수방법이 일반 교육과 다를 수밖에 없는 정당성을 확인하는 과정이 될 것이다.

철학의 문자적 의미는 지혜를 사랑하는 것이며 철학의 기술적 의미는 정신의 활동, 태도, 내용의 국면을 살펴보는 것이다. 따라서 교사의 철학학습은 '피교육자에게 전달할 가치가 있는 진리를 추구하는 지혜' 를 사랑하는 과정이다. 교사의 철학적 배경은 다양한 지식과 정보를 종합하고, 사색하며, 규정하고, 분석하는 일련의 정신적 활동을 통하여 이루어진다. 이러한 활동은 교사가 자신을 정직하게 의식하고, 자신의 사고구조를 종합하여 통찰하고, 자신의 교수활동에 융통성 있게 적용하는 정신적 태도를 만들어 다시 정신적 활동에 적용하게 된다. 교사의 철학은 이러한 태도와 활동을 통해 자신이 교수하려고 결정한 지식의 형이상학적 · 인식론적 · 가치론적 의미를 확인하는 과정에서 드러난다.

무엇이 더 중요하고 정확한 사실인지를 규명하고 교수활동에 적용하려는 의식 없이 교사용 자료에 기록된 대로 수동적으로 따라가는 교사는 궁극적으로는 부지불식간에 자신의 청지기 소명에 어긋나는 삶을 살게 될 수도 있다. 서양철학의 기원을 기독교적 교리나 개념들로 설명할 수는 없다. 예수님이 오시기 수백년 전부터 이루어진 것이기 때문이다. 현재 우리 삶의 풀리지 않는 철학적 문제가 서양적 사고에 원인이 있다고 해서 한국의 전통으로 돌아가는 것이 해결방법이라고 믿는 것도 어리석은 선택이다.

기독교적이든 서양적이든 동양적이든 철학은 모두 하나님께서 창조하시고 보존하시는 세계에 속한 것이다. 그러므로 기독교적인 해석이든 이교도의 해석이든 신중하고 비판적인 태도로 접근할 필요가 있다. 우리가 보는 것은 거울로 보는 것같이 희미하기 때문이다.

02 철학적 태도와 활동 그리고 내용

흔히 철학은 세 가지 국면, 즉 활동으로써의 철학, 태도로써의 철학 그리고 내용으로써의 철학으로 나누는 것이 일반적이다. 철학의 여러 국면을 하나의 그림으로 나타내면 좀 더 이해하기 쉬울 수 있다(그림 1 참조).

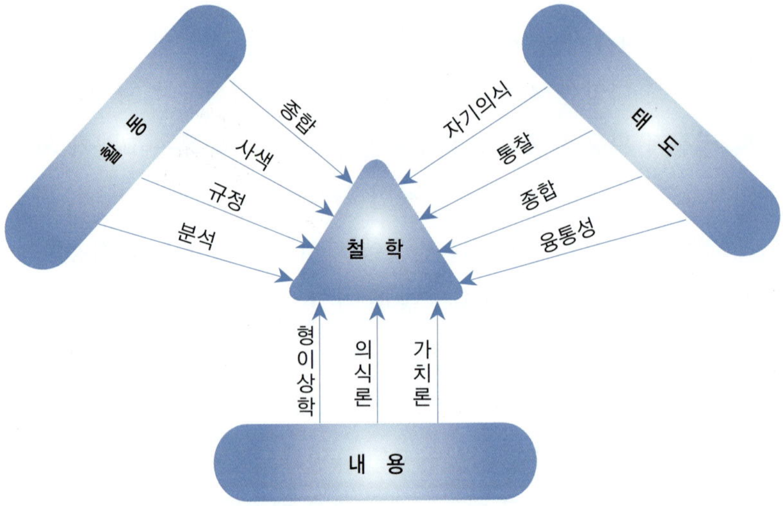

출처 : 조지 R. 나이트(1995: 25). 철학과 기독교 교육.

[그림 1] 철학의 여러 국면들

1) 철학적 태도

대부분의 사람이 인생의 문제에 부딪혔을 때와 마찬가지로 교사도 자신의 학문과 교육현장에서 일어난 상황을 종합적으로 관찰하고 깊이 생각하며 상황을 해석하여 규정하고 그 상황을 분석하는 철학적 활동을 하게 된다. 철학적 활동을 하려는 교사에게 필요한 것은 먼저 철학적 태도이다.

나이트 Knight(1985)는 철학적 태도란 자기 의식(self-awareness), 종합(comprehensiveness), 통찰(penetration), 융통성(flexibility)을 가리키며 아래와 같이 소개하였다.

첫째, 개인적인 편견이나 가정, 선입견에 대해 가능한 한 보다 정직한 입장에 서겠다는 헌신을 수반한 자기 의식(self-awareness)이 분명해야 한다.

둘째, 종합은 특정한 주제에 관계되는 자료들을 편협하지 않게 다양한 원천으로부터 가능한 한 많은 자료를 수집하려는 성향이다. 또한 현상을 부분적으로 보지 않고 전체적으로 보는 데 관심을 두는 태도가 필요하다. 그 결과 자신이 마주하고 있는 교육현장 상황의 맥락을 종합하려고 애쓰게 된다.

셋째, 통찰의 태도란 기술과 시간과 정열이 허락하는 대로 문제를 깊이 다루려는 욕구다. 사물이나 현상의 피상적인 것을 찾으려는 성향을 피하고 문제의 기본 원리, 문제 그 자체, 그리고 그 해결책 찾기를 좋아하는 태도이다.

넷째, 융통성이란 사람으로 하여금 문제를 새로운 방향에서 인식할 수 있게 해주는 민감성의 한 형태이다. 정확하게 통찰하고자 하되, 때에 따라서 융통성 있는 태도로 그 상황을 해석하고 대처할 수 있어야 한다.

2) 철학적 활동

기독교사 역시 철학적 태도로 철학적 활동을 하게 되어 있다. 활동으로써의 철학이라 함은 철학자들이 행하는 것을 가장 적절히 이해될 수 있는 종합(synthesizing), 사색(speculating), 규정(prescribing), 그리고 분석(analyzing)을 가리킨다(Knight, 1987).

종합(synthesizing)이란 세분화된 지식을 하나의 통일된 세계관으로 연합하고 종합하려는 활동이며, 사색(speculating)은 아는 것으로부터 알지 못하던 새로운 것으로 비약하게 해주며 규정되지 않은 것을 확신을 가지고 다루어볼 수 있게 해주는 것이다. 그리고 규정(prescribing)이란 무엇이 가장 가치 있고 가장 고귀한 것인지 결정짓게 해주는 원리들을 발견하고 조명하는 것이다. 마지막으로 분석(analyzing)은 인간의 언어를 살피고 우리의 이해 및 문제해결 방법을 강구함에 있어서 언어사용에 초점을 맞추는 활동이다.

3) 철학의 내용

그리스도인들이 성경적 세계관 혹은 기독교 세계관으로 철학한다고 해서 우리는 오류나 결핍이 없다고 할 수 없다. '모든 철학적 고기가 신학적 낚싯줄에 걸리는 것이 아니듯이' 성경으로 교육현장의 모든 문제에 대한 명쾌한 답을 얻지 못할 수도 있다. 그것은 성경의 오류나 결핍 때문이 아니다. 철학이라는 학문의 대상이 하나님의 창조물이지만 이미 죄로 훼손된 인간에 대한 연구이며 또한 훼손되어 결함이 있는 인간연구에 의한 결과물이기 때문이다.

나이트(1980)는 철학적 내용을 구성하는 세 가지 근본적인 범주를 (1) 형이상학 또는 실재(reality)의 본질에 관계된 질문을 다루는 공부 (2) 인식론(epistemology) 또는 진리와 지식의 본질과 이것들을 얻는 방법에 관한 연구 그리고 (3) 선과 악, 아름다움과 추함을 설명하는 가치론(axiology) 또는 가치에 관한 질문에 대한 연구로 구분하였다.

(1) 형이상학

형이상학(metaphysics)은 '물리 세계를 넘어선(beyond-physics)이라는 의미를 지닌 헬라 단어의 음역이다. 형이상학이란 본질적으로 철학의 활동 중에서 사색 활동과 종합 활동을 나타내는 말이다. 다시 말해서 형이상학이란 과학자들이 그들의 세계관을 수립하고 자신의 기본적 가정에 따라 가설을 설정할 수 있게 해주는 이론적인 준거틀이다. 형이상학은 우주와 신 그리고 인간과 존재에 대해 사색하고 종합하는 철학적 활동이다.

첫째, 국면은 우주론이다. 우주론이란 질서 정연한 우주의 기원, 본질, 그리고 그 우주의 발달에 관한 연구와 이론들로 이루어진다.

둘째, 국면은 신학적인 면이다. 신학은 하나님의 개념과 하나님 자신에 관한 것을 다루는 종교적 이론부분이다. 하나님은 존재하는가? 존재한다면 그는 한 분인가 아니면 두 분인가? 하나님의 속성은 무엇인가? 만약 하나님의 속성이 선하고 전능하다면 하나님이 창조하신 이 세상에 왜 악이 존재하는가? 인간은 이러한 질문에 대해 다양한 대답을 해왔다. 구체적으로 신이 없다고 주장하는 무신론자(atheists), 누구든 무엇이든 신이 될 수 있다고 믿는 범신론자(pantheisits), 자연 만물을 신으로 바라보는 자연신론자(deisits), 진정한 신은 하나뿐이라고 믿는 유일신론자(theists)로 분류하는데, 신이 있다는 유신론도 크게 다신론(polytheism)과 일신론(monotheism)으로 분류할 수 있다.

셋째, 국면은 인류학적 국면이다. 철학의 인류학적 국면은 다른 연구영역과 달리 인간이 연구의 주체이면서 동시에 대상이라는 점에서 독특하다. 철학의 인류학적 국면은 "마음과 몸의 관계는 무엇인가? 마음과 몸은 상호작용을 하는가? 마음이 몸보다 더 근본적인가 아니면 그 반대인가? 인간은 도덕적으로 선한 상태로 태어나는가 아니면 악한 상태로 태어나는가? 인간은 자유의지를 가지고 있는가? 아니면 그의 생각과 행동은 그의 환경과 유전적인 요소에 의해 결정되는가? 인간은 영혼을 가지고 있는가?"와 같이 인간의 정치적, 사회적, 종교적, 교육적 활동과 계획에 반영된다.

넷째, 국면은 존재론(ontology)이다. 존재론은 존재의 본질 또는 존재의 의미를 연구하는 것이다. 존재론이 다루는 중심적인 질문은 "기본적 실재는 물질이나 물리적 에너지에서 발견되는가? 그것은 한 가지 요소로 구성되어 있는가(물질 혹은 영) 아니면 둘인가(물질과 영), 아니면 다수로 구성되어 있는가? 실재는 그 자체가 질서 있고 합리적인가 아니면 인간에 의해서 질서 있게 만들어질 뿐인가? 그것은 고정되고 안정된 것인가 아니면 변화가 그 주된 모습인가? 그것은 인간을 향하여 우호적인가 적대적인가 아니면 중립적인가? 등을 질문한다.

형이상학에서 다루는 우주와 신과 인류에 대한 그리고 존재에 대한 기독교적 관점은 분명하다. 성경은 한 분 하나님, 천지를 창조하시고 아직도 창조세계를 붙들고 계시는 하나님, 무소부재하시고 전지전능하신 하나님을 가르친다. 우리가 믿고 있는 하나님은 구원에 이르는 유일한 통로로써의 유일신 하나님이다.

"다른 이로서는 구원을 얻을 수 없나니 천하 인간에 구원을 얻을 만한 다른 이름을 우리에게 주신 일이 없음이니라 하였더라" (사도행전 4 : 12)

기독교 교육의 형이상학적 기초는 바로 한 분 하나님을 인정하는 것으로 시작된다.

또한 우주란 하나님께서 말씀으로 창조하신 피조세계이며, 우연히 만들어졌거나 인간의 노력에 의해 끝없이 순환하며 지속가능한 발전을 이루는 곳이 아니라고 믿는다. 우주가 대폭발로 인해 형성된 것이든 아니든, 동물들이 종 내에서 진화를 하든 하지 않든 간에 인간과 지구의 역사는 하나님께서 붙들고 있는 동안까지만 지속 가능한 공간이다.

"예수께서 나아와 일러 가라사대 하늘과 땅의 모든 권세를 내게 주셨으니 그러므로 너희는 가서 모든 족속으로 제자를 삼아 아버지와 아들과 성령의 이름으로 세례를 주고 내가 너희에게 분부한 모든 것을 가르쳐 지키게 하라 볼찌어다 내가 세상 끝날까지 너희와 항상 함께 있으리라 하시니라" (마태복음 28 : 18-20)

인간에 대한 기독교의 형이상학적 관점은 하나님이 창조하신 피조물이되 하나님의 뜻에 따라 자유의지를 부여받은 존재이며 하나님과의 언약에 의해 관계가 지속되는 존재다. 하나님을 떠나는 것, 하나님을 대항하는 것으로 그의 자유의지를 사용하는 한 인간은 악한 존재로 간주된다. 인간은 하나님께서 흙으로 빚어 생령을 불어넣으신 존재이다. (창세기 2 : 7) 물질로 빚어졌으되 영이 있는 존재이다. 따라서 기독교 교육은 인간의 영과 함께 몸도 존중한다.

"너희 몸은 너희가 하나님께로부터 받은 바 너희 가운데 계신 성령의 전인 줄을 알지 못하느냐 너희는 너희의 것이 아니라" (고린도전서 6 : 19)

성경은 모든 존재하는 것은 하나님께서 허락하신 범위 안에서 그리고 그 체제 안에서 존재한다고 가르친다. 또한 존재는 영혼과 육체로 나뉘되 흙으로 돌아갈 육체라 해도 하나님의 성전이라는 개념으로 설명한다.

"몸은 죽여도 영혼은 능히 죽이지 못하는 자들을 두려워하지 말고 오직 몸과 영혼을 능히 지옥에 멸하시는 자를 두려워하라" (마태복음 10 : 28)

(2) 가치론

철학에서 가치론이란 사람이나 사회가 선한 것으로 또는 더 좋은 것으로 인식하는 관념들을 다루는 것이다. 이 범주에 도덕적 가치와 행위에 대해 다루는 윤리학, 아름다움, 예술의 창조 및 그것을 통제하는 원리에 대하여 연구하는 미학이 포함된다.

슈마허 E. F. Schmacher는 가치론적 관심을 다시 강조하지 않고 실시하는 교육은 건설적인 자원이라기보다 파괴적인 기관으로 드러나고 말 것이라고 경고하였다. 무엇이 옳고 그른지 아름답고 추한지에 대해 판단할 기준이 없이 교육의 방향을 어떻게 잡을 수 있을지를 생각해 보면 그의 말은 아주 분명하게 옳은 생각이다.

> "이는 우리가 다 반드시 그리스도의 심판대 앞에 드러나 각각 선악 간에 그 몸으로 행한 것을 따라 받으려 함이라" (고린도후서 5 : 10)
>
> "영혼 없는 몸이 죽은 것같이 행함이 없는 믿음은 죽은 것이니라" (야고보서 2 : 26)

가치론적 관점이 없는 교사는 그때그때 '사람의 소견에 따라 옳은 대로' 피교육자와 상황에 적당하게 적응하는 방법에 따라 결정할 것이다. 그러나 그 결정은 공동체 중심이기보다 이기적일 것이며, 자기 성찰적 태도에 의한 겸손함보다는 타인이나 주변 환경을 탓하는 오만함으로 일관할 것이다. 이는 성경 최초의 사람 아담과 하와가 타락한 이후의 행동에서 나타난 현상이며 오랜 인간의 역사가 증명해준 사실이다. 기독교 교육에서 선한 것이나 더 좋은 것이라는 개념을 다룰 때는 성경이 그것에 대해 무엇이라고 말하는지 살펴보는 것이 당연히 옳다.

> "사랑하는 자들아 나그네와 행인 같은 너희를 권하노니 영혼을 거스려 싸우는 육체의 정욕을 제어하라" (베드로전서 2 : 11)

(3) 인식론

철학에 있어서 인식론은 진리가 무엇인지, 진리를 어떻게 알 수 있는가를 묻는다. 그리고 변하지 않는 진리가 있다면 그것은 무엇인지, 그런 진리가 있는 것인지, 진리란 주관적인 것인지 객관적인 것인지를 탐구하고 인간경험과 진리의 관계를 알아보는 분야이다.

지식의 원천이 감각이나 권위, 이성의 추리나 직관에 의한 것인지를 논하고 각각 지식원의 상호보완성을 논하는 것이다. 그리고 지식이 타당한지를 검증하기 위해서는 그 지식이 현실 속에서 실용적인지를 검증하거나(실용이론), 지식이라고 결정한 것이 시간을 통해 여전히 유용한지를 검증하고(지속이론), 지식이 어떤 상황에서 적용되는지를 살펴보는 방법(상응이론)이 있다.

기독교에서는 변하지 않는 지식, 즉 진리는 하나님을 가리킨다. 하나님이 진리이며 하나님이 지식의 근본이며 하나님 말씀이 지식을 설명할 수 있는 원리이다. 진리와 지식에 대해 이야기하는 것은 교육철학과 교수 활동의 중요한 기본이 된다. 다음은 기독교가 말하는 진리 혹은 지식에 관한 정의를 내려보기로 한다.

03 기독교의 지식관

나이트(1980)는 지식의 원천으로 감각, 권위. 이성, 직관, 계시가 있다고 설명하고 있다.

다섯 가지 지식의 원천은 각각 의미와 가치가 있는 것이 사실이다. 하지만 인간의 감각은 불완전하고 믿을만한 것이 못된다. 우리의 눈으로 볼 수 있는 것은 제한되었으며, 우리의 귀로 들을 수 있는 소리 역시 한계가 있기 때문이다. 우리가 존중하는 인간의 권위란 잘못된 가치와 가정 위에 기초하고 있기가 쉬우며, 우리의 이성은 그 논리체계의 전제조건 속에서만 확실할 뿐이다. 그렇다고 직관만을 사용하는 것은 안전한 지식습득 방법이 아니다.

기독교의 계시된 지식은 초월적이고 초자연적인 실재의 전제조건을 가진다는 점에서 다른 지식의 원천과 다르다. 계시는 하나님의 뜻에 관한 하나님의 소통 방법이다. 계시된 지식은 절대적이며 인간의 경험과 무관하다. 시간과 장소에 구애됨이 없이 영원히 보편적인 절대 진리를 발견하는 것은 가장 큰 유익이며 교육의 중심이 되어야 한다.

지식탐구 작업은 베이컨 이후 사실을 가치중립적이라고 여기며 피조세계 자체나 피조세계가 나타내는 현상에 어떠한 의미도 부여하지 않으려고 한다. 하지만 기독교적 세계관으로 탐구하는 지식이란 '내재된 사실 속에 드러나는 창조주의 부여하신 의미와 진리를 찾아내는' 바른 방향으로 진행하되 다음과 같은 관점으로 회복해 가야만 한다.

1) 지식의 근본은 하나님이다

특별계시인 성경과 하나님의 피조물인 일반계시가 모두 동일한 메시지로 하나님을 계시한다. 하지만 일반계시인 피조세계는 무언의 계시이므로 해석이 필요하다. 기독교적인 이해를 위해서는 이 일반계시를 특별계시인 성경에 비추어 해석하여야 한다는 것이다. 일반계시와 특별계시는 7장에서 자세히 설명하고자 한다.

(1) 성경의 증거

기독교 지식관은 현대에 만연해 있는 비기독교 지식관과 출발부터가 전혀 다르다. 기독교에서 지식이란 하나님으로부터 시작되는 것이며 지식의 원천은 성경이다.

> "여호와를 경외하는 것이 지식의 근본이거늘 미련한 자는 지혜와 훈계를 멸시하느니라" (잠언 1 : 7)

이는 하나님 말씀이 참 되시므로 하나님께서 진리의 기초가 되신다는 것이 아니다. 하나님께서 바로 진리이시며 진리의 하나님이시므로 진리의 기초가 되신다. 성경은 계시를 통하지 않고는 결코 알 수 없는 진리를 발견할 수 있는 원천이다.

> "여호와를 경외함이 지혜의 근본이라 그의 계명을 지키는 자는 다 훌륭한 지식을 가진 자이니 여호와를 찬양함이 영원히 계속되리로다" (시편 111 : 10)

하나님께서는 우리 인간의 극히 제한된 이해력 때문에 그분의 일들을 모두 설명하려 하지는 않으신다. "하나님의 지혜에 있어서는 이 세상이 자기 지혜로 하나님을 알지 못하므로" (고전1 : 21) 또한 하나님은 우리의 호기심이 요구하는 바를 충족시키려고 성경을 주신 것이 아니다. 하나님은 우리가 알아야 하는 지식과 우리 인간의 타락 상태와 구원의 길과 관계되어 우리가 이해할 수 있는 것들을 우리에게 알려주신다. 성경은 하나님이 인간을 사랑하시어 구원을 목적으로 주신 특별한 계시이다.

(2) 피조물의 증거

또 하나의 중요한 지식의 근원은 하나님께서 창조하신 피조물들이다.

"여호와께서는 지혜로 땅에 터를 놓으셨으며 명철로 하늘을 견고히 세우셨고 그의 지식으로 깊은 바다를 갈라지게 하셨으며 공중에서 이슬이 내리게 하셨느니라" (잠언 3 : 19-20)

하지만 창조된 세계는 독자적으로 의미를 지니고 있지 않다. 또한 학자들이나 과학자들이 세계를 연구할 때 의미를 창조해 낸 것도 아니다. 과학자들은 창조된 세계의 법칙들을 발견해내는 것일 뿐이며, 시편 49의 말씀처럼 '의미의 근원이신 하나님' 이 우주에 새겨 놓으신 의미를 발견하는 것뿐이다. 지식을 탐구하는 것은 하나님이 하신 일을 알아가는 것이며 이를 통해 하나님을 알아가는 것이기 때문이다.

"믿음으로 모든 세계가 하나님의 말씀으로 지어진 줄을 우리가 아나니 보이는 것은 나타난 것으로 말미암아 된 것이 아니니라" (히브리서 11 : 3)

2) 진리는 인격적 만남이다.

"내가 곧 길이요 진리요 생명이니" (요한복음 14 : 6) 예수님께서는 자신이 곧 진리라고 선언하셨다. 진리는 객관적으로 탐구하는 대상이 아니라 인격적인 관계들을 통해 알게 된다. 예를 들어 '사랑' 이라는 진리는 사전적으로 설명할 수 있는 문장으로 전달할 수 없고 실제적인 관계를 통해 분명하게 규명되는 것과 같다. 추상적이고 원리적이고 비인격적인 것은 허망한 논조일 뿐이다.

요한복음 18 : 28-38을 읽어보자. 예수님은 재판을 받기 위해 빌라도 앞으로 끌려 오셨다. 빌라도는 당시의 사람들이 선생으로 부르는 예수님에게 진리가 무엇이냐고 물었다. 이때 예수님은 당신이 "진리에 대하여 증언하려 이 세상에 왔으며 진리에 속한 자는 내 음성을 듣느니라."고 예수님 당신을 진리라고 밝혀 말씀하셨다. 빌라도는 진리란 논의의 대상이 되는 객체라고 믿었으므로 눈앞의 예수님이 바로 진리 자체라는 사실을 이해할 수 없었다.

예수님은 당신의 인격 안에 진리를 구현하고 계신 분이다. 하나님은 우리 자신과 세계를 있는 모습 그대로 드러내시기 위해 우리 가운데로 들어오셨다. "말씀이 육신이 되어 우리 가운데 거하시매" (요한복음 1 : 14) 하나님과 멀어진 인간을 연결하시는 그 분의 존재가 바로 진리란 무엇인지를 알려주시는 성육신하신 인격체이신 예수님이시다.

예수님의 성육신을 통하여 인간은 하나님과의 분리가 극복되었고 온전하게 하나가 되었으며 사랑이 충만히 스며들게 되었다. 성육신이신 예수님은 진리는 인격적이며 인격적인 관계들을 통해 알려져야 한다는 것을 당신의 삶으로 말씀하셨다.

예수님 안에서 계시된 인격적 진리는 하나님과 우리, 예수님과 우리와의 관계에만 국한되지 않는다. 하나님의 인격적 말씀을 통해 창조된 모든 만물에 이 관계가 적용된다. 풀, 벌레, 별 등의 창조물과 인격적으로 만난다는 것은 '인격'이라는 은유를 확장하여 적용시키는 것이다. 즉, 피조물의 존재 목적이 무엇인지를 설명하는 진리와 인격적인 만남으로 인해 진리는 사랑과 책임과 헌신, 그리고 상호성으로 이어지게 된다. 벌레 하나도 그의 존재에 대한 인간의 책임과 그들을 돌보는 책임에 대한 헌신으로 바라보게 되면 벌레에 대해 탐구하는 사람에게 벌레는 더 이상 탐구해야 할 객관적인 대상이 아니라 관계를 맺는 존재가 되어 그 생명을 함부로 다룰 수 없게 된다.

이러한 관계는 당연히 교사가 유아를 만날 때에도 적용되어 그들의 행동을 객관적으로 탐구하고 통제하려는 태도에서 벗어나 인격적인 만남을 원하게 될 것이다. 심리학으로 구분된 어떤 집단의 속성을 지닌 한 유아이거나 개별적인 경험으로 구성된 연구 대상이 아니라 오늘 교실에서 나의 지도와 도움을 기다리는 존중받을 인격체로 바라보게 된다. 교사에게 교육학 이론과 준비된 교재와 교구 그리고 활동은 유아의 영혼보다 중요하지 않다.

3) 진리는 사랑이다.

알고자 하는 우리 욕구의 가장 깊은 원천은 하나님께서 창조하신 세계를 회복시키려는 사랑의 열정이어야 한다. 유아교육은 종종 유아의 호기심을 매우 존중한다. 그러나 호기심과 지배욕이 지식을 추구하는 동기가 되는 것은 왜곡된 지식관과 타락한 인간의 모습에서 나오는 것이다. 호기심은 도덕과 무관한 열정을 가지고 있고, 지배욕은 권력욕으로 부패하기 쉬운 것이다. 호기심과 지배욕으로 지식을 추구하는 것은 세상을 착취와 조작의 대상으로 여기며 인류를 사망으로 이끄는 지식을 낳는다.

그러나 사랑으로부터 시작하는 지식은 우리를 관계 속으로 안내한다. 우리는 무언가를 참으로 잘 알게 되면 그 대상을 정복할 수 있는 대상으로 느끼지 않게 된다. 오히려 그것과 자신이 내적으로 관계를 맺고 있는 느낌을 가진다. 즉, 그것을 안다는 것은 우리가 어떻게든 그것의 삶 속으로 들어갔고, 또 그것이 우리의 삶 속으로 들어왔음을 의미한다. 유아들이 지렁이에 대해 모를 때는 그것을 밟아 죽이거나 괴롭히는 경우가 많다. 그러나 지렁이에 대해 잘 알게 되면 그 지식을 통하여 지렁이와 내적으로 관계를 맺게 된다. 지렁이에 대한 바른 지식은 지렁이를 안전하게 보호해 주는 사랑으로 연결된다.

하나님은 사랑이시며 그리고 지식의 근본이시다. 그러므로 지식의 근원은 곧 사랑이다. 곧 사랑 자체가 지식이며 더 많이 사랑할수록 더 많이 알게 되며, 더 많이 알게 될수록 더 많이 사랑하게 된다. 지식과 사랑은 깊은 관련성이 있다.

"우리가 아직 죄인 되었을 때에 그리스도께서 우리를 위하여 죽으심으로 하나님께서 우리에 대한 자신의 사랑을 확증하셨느니라" (로마서 5 : 8)

4) 진리에는 책임과 헌신이 따른다.

지식을 습득한다는 것은 단지 개념이나 단편적인 정보를 습득하는 것이 아니라 그 지식을 삶에 통합하는 것이다. 지식이 성경적 의미에서의 지식이 되려면 우리 삶의 중심, 생각, 행동이 모두 주님의 뜻에 확고히 뿌리를 내리고 있어야 한다. 세속적 지식관에서는 어떤 인격적 의미도 없고 인격적 헌신도 요구하지 않는다. 단지 지식은 객체이며 대상일 뿐이다.

지식은 사랑 안에서 변화시키는 기쁨과 더불어 엄숙한 책임으로 지식의 주체와 대상을 함께 묶는다. 사랑으로부터 발원하는 지식은 자신이 아는 바를 위해 변화하고 책임지며 심지어 희생할 것을 요구한다. '안다' 라는 히브리어 'yada'는 단순히 차가운 이성적 추론에 의해 얻어진 지식이 아니라 대상에 대한 책임이나 관계성까지 포함하는 말이다.

하나님의 사랑은 아브라함이 자신의 목숨을 지키기 위해 아내 사라를 누이라고 속이는 실수를 하는 순간에도, 이삭이 같은 실수를 하는 순간에도, 야곱이 아버지를 속이고 축복을 받는 순간에도 포기하지 않으셨다.

진리이신 하나님은 예수님을 우리에게 보내주시어 그 사랑을 확증하셨다. 즉, 지식의 결과로 행함이 나오는 것이 아니라 지식 그 자체가 본질적으로 앎과 더불어 실제적인 행함이라는 불가분의 요소로 구성되어 있다. 기독교 관점에서 지식은 하나님과의 인격적인 만남과 그에 대한 인격적 책임과 헌신을 요구한다.

5) 진리는 서로를 알게 한다.

창조세계를 배우면 하나님이 우리에게 부여하신 위임명령을 기억하게 되므로 충성된 청지기의 사명을 감당하게 된다. 청지기는 주인의 필요를 잘 알아야 한다. 우리에게 맡긴 교육현장과 개별 유아에 대한 하나님의 필요는 그들을 구원하시고자 하는 당신의 사역에 우리를 동참시키시는 것이다.

> "하나님이 그 아들을 세상에 보내신 것은 세상을 심판하려 하심이 아니요 저로 말미암아 세상이 구원을 받게 하려 하심이라" (요한복음 3 : 17)

진리를 통해 서로를 알게 되려면 우리는 서로의 유익을 알고 감사한 마음을 가지며 서로의 필요에 대해 잘 반응해야 한다. 반응한다는 의미 속에는 인격적으로 만나고 사랑하고 함께 기뻐하고 헌신하고 찬양하는 등의 좀 더 풍성한 삶의 모습이 수반되는 것이다. 그래서 진리를 알아가는 만큼 우리는 더 풍성한 교제와 더 풍성한 삶을 누리게 된다. 인격적인 관계 속에서 학문을 할 때 나타나는 특징 중 하나는 우리가 조사하는 주제에 의해 오히려 우리 자신이 더 풍성하게 이해되고 재발견된다는 것이다.

유아들과 '식물'이라는 주제를 다룰 때 식물의 종류, 식물의 생김새, 식물이 하는 일 등의 객관적인 사실들만 다룬다면 이것은 진리의 반쪽만 배우는 것이다. 진리는 관계이므로 관계성이 무시된 채 객체로서만 배우는 것은 아무런 진리도 배우지 못하는 것과 같다. 하지만 식물을 다루며 이를 통해 나를 돌아보는 기회가 된다면 이것은 진리 전체를 분명히 배울 수 있게 되는 것이다. 우리는 우리 자신이 전인격을 다해 그들과 관계를 맺음으로써 유익과 필요를 알게 되고 또한 그들과의 관계 속에서 돌보아야 할 책임을 발견하고 이해하게 된다. 작은 벌레 하나와 작은 풀 하나를 대상으로 관찰하는 것에 그치는 것이 아니라 그들과 관계를 맺고 그들을 돌보는 책임을 느끼는 것은 그들의 생태를 배우는 것 이상으로 의미 있는 진리탐구이다.

6) 진리의 완성은 하나님께 있다.

성경은 우리가 하나님의 진리를 알 수 있음을 확인하고 있으나 다른 한편 우리의 앎이 타락에 의해 제한되어 있음도 가르치고 있다. 구속받은 존재로서 우리는 하나님이 진리이신 것을 고백할 수 있으며 창조세계 안에서 자신을 드러내시는 하나님을 알아갈 수 있다. 그러나 타락으로 인해 우리는 부분적으로 알 수밖에 없다.

예수님께서 다시 오시는 날에 최종적으로 세상이 새롭게 될 것이며 우리의 지식도 완전해질 것이다.

"우리가 이제는 거울로 보는 것 같이 희미하나 그때는 얼굴과 얼굴을 대하여 볼 것이요 이제는 내가 부분적으로 아나 그때에는 주께서 나를 아신 것 같이 내가 온전히 알리라" (고린도전서 13 : 12)

그러므로 우리는 우리 자신이 지식을 완성할 수 있으며 확신할 수 있다는 생각을 버려야 한다. 우리의 지식이 언제나 부분적이며 잠정적이라는 것을 받아들이고 항상 겸손한 마음을 가지고 우리의 약함과 미련함을 인정해야 하며 하나님의 은혜를 간구해야 한다.

"하나님께서 세상의 미련한 것들을 택하사 지혜있는 자들을 부끄럽게 하려 하시고 ~이는 아무 육체도 하나님 앞에서 자랑하지 못하게 하려 하심이라"
(고린도전서 1 : 27-29)

4장을 마치며

"플라톤과 아리스토텔레스로부터 러셀과 에이에 이르기까지 그리고 미래에도 계속해서 그들 모두가 하나님께 지음을 받은 인간이라는 것과 그들이 하나님의 형상을 지니고 있다는 것, 그리고 그들이 하나님께서 고안하시고 보존하시는 정신들을 갖고 있다는 것도 사실이다." (조지 마브로데스)

- 당신은 교사가 가르치는 내용을 모두 믿을 수 있는가?
- 대학 교재에 있는 내용은 모두 진리라고 확신하는가? 지난 주, 지난 학기, 지난 해에 배운 것을 정확하게 기억하는가? 당신의 기억은 신뢰할 수 있는가?

철학이 무엇인지에 대해 연구하는 것보다 철학적 태도를 가지려고 노력하는 교사가 되자.

읽기를 권하는 책

- 제임스 사이어(1999). 지성의 제자도. (정옥배 역). IVP.
- 조지 R. 나이트(1995). 철학과 기독교 교육. (박영철 역). 침례신학대학 출판부.
- 조지 마브로데스(2001). 하나님과 문화 – 6장 기독교철학이란 무엇인가? 크리스천 다이제스트. pp. 209-227.

5장
기독교 세계관으로 바라보는 심리학

박교수는 오늘 강의실에서 무척 당황스러운 사건을 경험하였다.

그는 여러 해동안 교육심리학을 강의하면서 프로이트와 스키너, 비고츠키와 피아제와 브론펜브레너 등의 심리학자들의 이론을 소개하였다. 그동안 다양한 현장 사례와 함께 적절한 사진자료를 보여주며 쉽게 설명하였던 자신의 교수방법을 만족하게 생각하고 있는 편이었다.

오늘도 강의를 마치고 스스로도 자신이 프로이트의 정신분석학을 아주 잘 설명한 것 같아 흡족한 기분이었는데 한 학생의 질문을 받자 갑자기 머리 속이 하얗게 변해버린 느낌이 들었기 때문이다.

학생의 질문은 이러하였다.

"교수님, 지난 주에는 행동주의 학자들의 이론에 따라 어린이들은 통제된 환경을 제공하고 적절한 자극을 주면 이에 따른 행동을 한다고 배웠습니다. 그런데 오늘 말씀은 프로이트는 유아들의 행동이 부모의 양육태도나 과거의 경험에서 비롯된 때문이라고 했다는 거지요? 그렇다면 제가 다음에 교사가 되면 유아의 행동을 어떻게 해석하고 어떻게 지도해야 한다는 건지요?"

순간적으로 정답을 말해야 한다는 생각에 당황한 박교수는 얼른 입을 열 수가 없었다. 자신도 그런 생각을 해본 적이 없었기 때문이었다.

"우리 한 주간동안 이 문제를 생각해 보고 다음 주에 토의해 보기로 하자. 괜찮겠지?"

박교수는 연구실에서 생각하고 있다.

'교수는 다양한 이론과 학설을 소개하고 현장에서 어떤 이론에 따라 교직을 수행해야 하는 것인지는 그들이 선택하고 결정해야 하는 것은 아닐까? 그런데 그렇게 말하면 교수의 책임을 회피하는 것이 될까?'

'유아교육현장에 갔을 때, 어떤 상황에서는 행동주의적으로 해석하고 어떤 상황에서는 정신분석학적으로 해석하고 적용해야 하는 것일까?'

'인간에 대한 신념이 이 문제를 해결할 수 있는 것 같은데, 인간은 도대체 어떤 존재일까?'

그는 동료교수를 찾아 상담하고 싶은 마음이 들었다.

'기독교인인 최교수가 가끔 엉뚱한 소리를 해서 불편했는 데 어쩐지 그는 정답을 알고 있을 것 같다. 하지만 이런 문제에 대해 그도 생각해 본적이 있을까?'

01 심리학과 기독교

심리학은 각 개인차를 연구하거나 인간행동의 일반원리를 연구하며 공통적 속성의 원인을 파악하려고 탐구하는 학문이다. 또한 심리학은 인간을 이해하기 위해 인간의 본질을 과학적인 관찰과 연구방법을 사용하여 분석하고 연구하는 학문이다.

1997년 미국 과학재단(NSF) 조사에 의하면 미국 내에서 심리학을 전공하려고 대학원에 입학한 심리학과 대학원 신입생이 다른 모든 학문분야들을 합한 것보다 10%나 더 높은 증가율을 보였다고 한다. 그들은 심리학을 전공하려는 목적이 다른 사람들을 돕기 위하여, 뇌에 대한 호기심으로, 광활한 미개척지이어서, 중요한 학문적 발견 혹은 공헌을 할 여지가 많아서라고 하였다.[8)]

최근 심리학은 인간의 심층적 이해, 인간이 당면하는 실제적인 문제들의 해결 및 심리장애 치료에 많은 기여를 하고 있다. 심리장애 치료란 환자가 자기 감정과 행동에 대한 올바른 인식을 갖게 함으로써 전반적인 인격성장을 도모하는 치료방법이다.

치료자의 역할은 일관되고 따뜻한 '무조건적이고 긍정적인 관심' 으로 '내담자' ('환자' 라는 말이 지니는 부정적인 의미를 피하는 말)를 대하며, 내담자 스스로가 관심사를 반복 또는 수정해서 말하게 함으로써 내담자가 자기 자신을 더 잘 알게 되고 치료자와 다른 사람들에 대해 솔직하게 반응하도록 돕는 것이다. 치료의 속도, 방향과 종결을 내담자 스스로 조절하며 치료자는 단순히 촉진자로

8) 한국심리학회 홈페이지에 실린 글. 미국의 많은 학생들은 자신이 전공한 법이나, 경영 등과 같은 분야에 심리학이 밀접히 관련되어 있음과, 더 나아가서 심리학이 이들 분야보다도 더 많은 다양성과 창의성의 여지와 기회를 제공하고 있음을 깨닫게 되어, 심리학 전공을 선택한다고 하였다. 창의성, 다양성, 도전을 즐겨하는 학생들이 보다 새롭고, 가변성 있고, 창의력이 필요한, 즉 자신의 능력에 의해 계속 재미를 갖고 일을 할 수 있는 분야로서 심리학을 전공으로 택한다는 것이다. 그들은 심리학을 하면, 교수, 연구, 컨설팅, 실제를 다 할 수 있고, 어느 하나나 둘을 한꺼번에 할 수 있다고 생각한다.

만 행동한다. 이러한 직접적 심리치료는 1940년대 미국의 상담 심리학자 칼 로저스에 의해 시작되었으며 이후의 심리치료 방법에 큰 영향을 주었다.

카터 J. D. Carter와 내러모어 B. Narramore는 심리학과 기독교의 관계를 탐구하기 위해 『그리스도와 문화』에 기술된 리처드 니버의 분석을 적용했다. 이들은 니버가 문화와 그리스도의 관계를 설명했던 것처럼 네 가지 관점으로 기독교와 심리학의 관계를 분류하였다.

첫째, 그리스도인은 기독교와 심리학의 통합을 반대한다. 기독교 심리학의 가장 심각한 문제점은 성경을 심리학 이론에 맞춰 왜곡하는 것이다. 기독교 심리학은 많은 경우 의도적이든 의도적이지 않든 성경말씀을 심리학 이론에 맞추기 위해 왜곡 또는 과장하게 되는 위험에 직면한다는 사실이다. 심리학 이론에 맞추어 성경을 적용하려니 당연히 성경말씀을 심리학 이론에 맞추어 왜곡할 수밖에 없다는 것이다. 부정하는 것보다 더 무서운 것은 혼합시키는 것이다.

둘째, 심리학과 기독교가 상당히 공감대가 있으므로 그리스도인이 이 공동의 자료를 연구하여 큰 유익을 얻을 수 있다는 것이다.

셋째, 심리학과 기독교가 서로 무관한 분야이며 만약 두 분야를 통합하려고 시도하면 각 분야의 온전성이 위협받는다는 것이다. 두 분야에는 비슷한 점들이 있다고 본다. 예를 들어 초자아(super ego)는 양심을 가리키는 또 다른 단어일 수도 있으며 원초아(id)는 바울이 말한 것 같은 '죄의 본성'이나 사도 요한의 '육체의 정욕'과 대략 일치한다는 것이다. 그러나 우리가 알고 있는 바와 같이 이 개념들은 연결된다는 것이지 결코 같은 의미가 아니다.

넷째, 심리학과 기독교를 철저하게 통합하는 것이다.

카터와 내러모어는 심리학과 기독교를 철저하게 통합하는 이 관점을 지지하였다. 하나님이 모든 진리의 근원이라는 신념에 토대를 두고 성경과 심리학의 연구결과를 동시에 강조한다. 그러나 기독교와 심리학이 상충되는 결과에 대해서는 만족스럽게 설명하지 못하였다.

사실 니버도 기독교와 문화에 관한 단일한 대답을 한 것은 아니었다. 커크 판스워드 Kirk Farnsworth는 심리학과 기독교 사이에 갈등이 생기더라도 성경이 최종 중재자가 될 수 없다고 하였다. 그는 두 분야에서 도출한 결론이 여전히 상충된다면 공정한 방식으로 해결하기 위해 보다 많은 연구가 필요하므로 통합론자들은 쟁점을 미결상태로 남겨두라고 충고한다.

워런 허드 Warren J. Heard, Jr.는 심리학과 기독교의 통합을 위해 종말론 지향적 심리학을 주장하였다. 존재론이 종말론 지향적이라면 심리학도 당연히 그래야 한다는 것이다. 흔히 심리치료에서는 모래치료이든 음악치료이든 대개 환자의 당면한 문제의 원인을 파악하기 위해 과거를 탐사하고 그 갈등을 해소하고 나면 문제는 절로 해결된다고 본다.

그러나 기독교적인 관점으로 보면 환자의 현재 문제는 과거에서 벗어나는 것에 그칠 것이 아니라 미래로 연결되어야 한다. 과거의 고통에 초점을 두기보다 미래로 이끄는 그리스도 중심적인 새로운 지평을 수립하는 일을 강조해야 한다는 것이다. 이는 정신과 의사나 치료사가 반복하여 강조한다고 해결되는 것이 아니라 과거의 고통스러운 경험을 극복하되 그리스도 안에서 치유되고 온전케 된 사람의 정체성을 가지고 극복해야 한다는 것이다. 이 서술과정은 심리학과 구분되는 영역이다. 이는 성령께서 심리요법 과정을 유용하게 사용하시고 하나님께서 바라보시는 대로 경험과 사건을 바라보고 용서할 수 있는 명령을 수용하는 과정이다. 심리학이 인간 간의 수평적 관계에 관심을 가지는 반면 기독교는 하나님과 맺는 또 다른 차원의 관계를 포함시킨다.

그는 기독교 공동체가 자신의 독특한 위치에 따라 다른 가치를 제대로 바라보고 심리학 이론과 효과적인 요법개발의 추종자가 되는 대신에 성경에 토대를 둔 종말론 지향적 심리학을 향해 정진하여야 한다고 주장하였다.

02 교육 심리학

교육 심리학은 교육에 관계된 심리적 현상을 탐구하는 학문으로 심리학의 응용 심리학 분야이다. 그러나 근래에 들어와서 교육 심리학은 교육에 특유한 심리적 현상을 근거로 해서 연구영역과 개념을 규정하고, 독자적인 방법으로 탐구해나가려는 경향이 뚜렷해졌다. 교육 심리학은 바로 교육의 방법에 대한 과학적 · 이론적 근거를 제공함으로써 교육실천을 지원하고자 한다.

학교교육에서 교육 심리학이 가장 먼저 관심을 갖는 것은 학습자이다. 교육목적이 학습자의 행동변화에 있고, 교육이 학습자를 중심으로 일어나기 때문이다. 발달에 관한 심리학의 연구결과들은 교육현장에서 학습자의 행동을 이해하고 효과적인 교수 · 학습 방법의 근거를 제공할 수 있다. 교사들은 특히 유아들이 사실과 현상을 어떻게 이해하고 학습하는지에 관한 일반원리에 관심을 가지고 교수학습에 활용하고자 한다.

아동발달에 관한 관점으로 이영(1988)은 크게 인간을 기계론적 관점으로 바라보는 행동주의 이론, 인간을 능동적인 유기체로 바라보는 인지발달 이론, 인간을 자연적인 본능과 사회제약이라는 두 가지 상태에서 항상 갈등하는 존재로 보는 정신분석 이론, 인간을 본질적으로 부정적이고 기계적인 관점으로 바라보는 신념에 대항하는 반응으로 나타난 인본주의 이론으로 대별하였다.

아동의 발달에 관한 가설들은 현장의 교사들로 하여금 심리학을 교육에 적용하는 방향을 결정하도록 돕는 기초가 된다. 어떻게 교재를 준비하고, 어떤 방식으로 유아에게 접근하며, 아동의 행동을 어떻게 해석할 것인지를 결정하게 한다. 그러나 박교수 사례처럼 각 이론의 강점을 소개하는 것에 그치면 학습자들은 어떤 가설을 기초로 하여 자신 학급의 아이들을 이해하고 도울 수 있을지 결정하기가 어렵다.

물론 그때그때 떠오르는 대로 적당하게 각 이론들을 모두 적용하면 된다고 대답할 수도 있다. 우리는 현장의 교사들이 그렇게 적용하기도 한다는 것을 잘 알고 있다. 그렇다. 각 이론은 모두 부분적으로 옳거나 때때로 적당한 접근이다.

이 장에서 심리학을 다루는 이유는 결코 심리학을 폄하하려는 의도가 아니다. 우리는 유능한 학자들의 오랜 연구결과와 교육적 효과를 무시할 자격이 없다. 하지만 기독교 세계관으로 바라보면 근본적으로 관점이 틀리거나 때때로 잘못된 결과를 낳을 수도 있다.

따라서 위의 분류에 따라 발달에 관한 4가지의 가설(행동주의 이론, 인지발달 이론, 정신분석 이론, 인본주의 이론)과 아울러 유아의 발달에 관한 생태주의 이론에 대해 기독교 세계관으로 간략하게 조명해 보고자 한다. 이미 많은 교재를 통해 각각의 이론에 대한 상세한 내용은 소개되었으므로 이 장에서의 과제는 이들에 대한 궁금증, 질문을 위한 기초적 기술이다.

1) 행동주의 이론

인간발달에 관한 가설주의 중의 하나인 행동주의 이론은 인간의 행동을 환경의 통제에 의해 조절할 수 있다고 믿는 전제 위에 세워진 가설이다. 훈련과 자극에 의해 의도한 대로 유아를 성장시킬 수 있다는 왓슨의 주장과 파블로프의 고전적 조건형성 이론, 존다이크의 자극반응 결합설, 스키너의 조작적 조건형성 이론, 반두라의 사회학습 이론 등이 가설의 기초로 제공된 연구들이다. 교육과 관련된 행동주의 이론의 중요한 핵심은 강화(reinforcement)와 보상(reward)이다. 즉 유기체는 보상받는 행동을 지속하며 보상받지 못하는 행동은 소멸된다는 것이다.

동물실험을 통해 얻은 결론은 교육현장에서 유아의 행동을 조절하기 위한 통제방법들을 연구하도록 격려하였으며 실제로 효과적인 결과를 얻기도 하였으며 이에 따라 교육과정이 개발되기도 하였다. 베라이터와 잉글만이 저소득층 유아를 위해 개발한 프로그램, 이후 베라이터가 캐나다로 옮겨 행동주의 심리학자인 베커와 함께 개발한 '디스타 프로그램'이 그것이다.

촘스키(2001)의 말처럼 '창의적인 사색가'[9]를 양성하는 것을 외면하고 장기적인 변화라고 확신할 수 없는 단순한 행동의 단기적인 변화만을 추구한다면 매우 효율적인 방법이 될 수 있다. 단순히 매일 저녁 이를 닦고 자게 한다거나 식사 전에 기도를 하는 습관을 키우는 것만으로 건강교육과 신앙교육을 실천했다고 만족할 수 있다면 말이다.

행동주의 이론을 공부하고 나면 당신은 이런 질문을 스스로에게 던져보아야 한다.

- 인간은 동물과 같이 통제와 훈련에 의해 조절될 수 있는 존재인가?
- 인간의 모든 행동을 완벽하게 조절할 수 있는 환경이 있다면 그 환경을 인간이 제공할 수 있는가?
- 만약 인간 행동을 통제할 수 있다면 인간은 자유의지가 없는 존재인가?
- 같은 행동에 대한 다른 보상이 동시에 주어질 때 인간은 무엇을 선택할 것인가? 이기적인 목적에 의해 선택할 것인가? 아니면 더 큰 보상이 주어지는 것을 선택할 것인가?
- 혹은 보상과 이기적 결과를 간과하고 이타적인 목적에 따라 행동할 때는 어떻게 해석할 것인가?

2) 인지발달 이론

인간발달에 대한 인지발달 이론의 가설은 인간의 행동은 초기에는 반사라는 선천적이고 생물학적인 행동으로부터 환경과의 상호작용을 통해 형성된다고 믿는다. 인간은 자신이 마주한 상황과 환경 속에서 동화와 조절이라는 기제를 통해 능동적으로 지식을 습득한다는 것이다. 동화와 조절은 교사나 성인이 간섭하는 것이 아닌 유기체 자신의 능동적인 판단과 갈등을 통해 이루어지는 과정이다. 따라서 유아는 같은 상황과 현상이라 해도 성인이나 교사가 주입식으로 전달하는 대로 지식을 습득하는 유기체가 아닌 각각 어떻게 해석하고 적용하는지

---

9) 촘스키는 '실패한 교육과 거짓말'(아침이슬, pp. 31-57)에서 도날드 마세도와의 대담을 통해 학교는 권력집단의 이익을 옹호하는 체제라고 주장하였다. 따라서 교화를 목적으로 인간에게 순종을 강요하는 학교는 진리를 가르칠 수 없으며, 지식인들조차 학교가 요구하는 서비스를 제공할 뿐이라고 신랄하게 비판하였다.

에 따라 능동적으로 지식을 습득하는 존재이다.

인간을 기계론적으로 바라보는 행동주의와 달리 인간을 능동적인 유기체로 바라보는 이 가설은 인간의 가능성을 신뢰하는 교사들에게는 매력적인 주장이다. 1960년대 피아제에 의해 주장된 이 이론은 까미와 드브리스, 와이카트 등이 개발한 프로그램으로 소개되어 적용되었다.

1980년대 비고츠키의 사회적 구성주의 이론은 피아제의 인지발달 이론을 보완하면서 사회문화적 맥락이 발달에 미치는 영향을 중시하였다. 비고츠키의 주장은 유아가 속한 사회와 문화 그리고 관습적 맥락들에 대한 이해를 통해서 유아를 바로 이해할 수 있다는 것이다. 이미 유아가 속하고 체험한 사회와 문화의 영향 때문에 각각 다른 행동을 할 수 있다는 것은 같은 상황과 현상을 각각 다르게 받아들이는 능동적인 유기체로서의 유아를 이해할 수 있도록 돕는다.

그의 이론은 초기 구성주의 이론이 교사의 개입에 대해 회의적인 것에 비해 교사의 적극적인 개입이 개인의 발달을 촉진한다는 사실을 중시함으로 교육현장에서 더욱 환영을 받았다. 교사들은 다양한 교구들과 교사의 개입을 통해 유아들이 자극받을 수 있도록 더욱 열심을 내었다.

교사가 개입을 하기 위한 '비계설정'은 건축현장에서 사용하는 용어로써 건물이 증축될 때 공사장의 인부들이 건축에 필요한 자재들을 옮기기 위해 건물 외벽을 따라 올라갈 수 있도록 세워놓은 발판을 가리킨다. 안전하고 적절한 비계설정을 하려면 '근접발달지대'라는 건축물을 따라 세워놓아야 한다. 근접발달지대란 아동이 문제해결을 하는 '실제적 발달수준'과 성인의 안내나 더 능력 있는 동료와의 협동을 통해서 문제해결을 하는 '더 높은 잠재적 발달수준' 사이의 간격을 가리킨다. 이는 학습과 발달 사이의 관계를 이해하는 데 도움이 되는 중요한 개념이다.

교사들은 환경에 의해 조절될 뿐 아니라 상호작용을 통해 능동적으로 탐구하는 인간의 가능성을 발견한 피아제를 인정하는 것이 바른 태도이다. 또한 유기체에게 영향을 미치는 사회와 문화의 힘을 발견한 비고츠키에 대한 인정 역시 필요하다. 그러나 동시에 그들의 사상적 배경이 갖는 위험에 대해서도 생각할 필요가 있다.

비고츠키는 선도적인 막스 이론가였다. 정희영(2000)은 비고츠키를 바로 이해하기 위해서는 역사의 원동력이 물질에 있으며 그 물질에 의해 사회는 구성되고 인간의 존재 역시 물질에 의해 구성된 사회에 의해 결정된다고 보는 막스주의에 대해 고찰할 필요가 있다고 하였다. 사실 비고츠키는 교육학과 심리학 분야를 막스주의 이론과 합치하는 방향으로 이끌어갈 책임을 진 소련의 학자였다.

정희영(2000)은 비고츠키의 이론을 하나님께서 자발적이고 자유의지를 가진 인간으로 창조하심에 대한 왜곡이라고 주장한다. 사회적 상호작용이 인간의 인간됨에 영향을 미치는 것은 분명하지만 지나치게 강조하면 유아를 수동적인 존재로 전락시킨다는 것이다. 그렇다면 교사들은 어떤 질문을 던질 수 있는가?

- 인간은 완벽하게 능동적 존재일 수 있는가?
- 인간은 사회문화적 배경을 극복할 수 없는 철저하게 수동적 존재인가?
- 유사한 사회문화적 배경 속에서 성장한 유아들이 서로 다른 행동을 하는 차이는 어디에서 비롯된 것일까?
- 유아는 전적으로 자기중심적일까?
- 유아의 능동적인 호기심과 탐구심으로 마침내 진리에 도달할 수 있는가?
- 비고츠키의 사회문화적 맥락의 중시는 기독교사로서 무엇에 관심을 갖게 하는가?
- 기독교 교육을 위해 유아에게 사회문화적 맥락으로 제공할 수 있는 비계설정과 근접발달지대는 어떤 내용이 될 것인가?

3) 정신분석 이론

인간발달에 대한 정신분석 이론의 가설은 인간행동이 의식뿐 아니라 무의식에 의해 지배된다고 보는 관점이다. 논리적으로 설명할 수 없거나 이해할 수 없는 인간행동일지라도 무의식이라는 정신영역에 의해 설명할 수 있다는 가설인 것이다. 어린 시기의 욕구충족과 관련된 경험이 성인이 된 후의 행동에 영향을 미친다는 그의 주장은 부모나 교사에게 유아를 양육하는 과정에서 그들의 정서적 측면을 존중해야 하는 중요성을 인식하도록 도와주었다.

이후 에릭슨에 이르러 지나친 성적 욕구를 강조하는 프로이트의 심리성적 이론은 내적 욕구와 함께 사회적 상호작용을 중시하는 초기 양육경험을 강조하게 되었다.

프로이트의 자아, 초자아, 원초아로 구분되는 인성이나 무의식, 전의식을 포함하는 의식의 세계에 대해 설명하는 것은 생략하고자 한다.

정신분석 이론은 유아의 양육과정에서 '습관형성'의 중요성과 함께 '유아의 내적 감정'을 강조하였으며 교육적인 성인의 중재라 해도 유아의 정서발달을 침해하지 않는 방법으로 제공되어야 한다는 것을 인식하게 하였다. 이로 인해 특히 유아의 부정적 감정을 인정하고 이를 해소할 수 있는 유아의 자발적 놀이의 가치를 강조하게 되어서 유아교육기관에 이러한 환경을 제공할 이론적 근거를 제공하였다. 이기숙(2000)은 현대 유아교육 프로그램 중에서 정신분석 이론을 그대로 적용하고 있는 프로그램을 찾을 수는 없으나 전통적인 유아원, 뱅크 스트리트(Bank street) 프로그램이 이 이론으로부터 이끌어낸 학습환경을 구성하여 건전한 정서발달을 지원하고 있다고 하였다.

정신분석 이론은 유아에게 기독교 교육을 실천하려는 가정과 기독교사들에게 기독교의 교의와 전통을 가르치는 것뿐 아니라 하나님과 유아의 관계에서 정서적 측면을 동시에 지원하는 교육이 되어야 함을 인식하게 한다. 프로이트 이론의 부정적인 측면을 충분히 인식하는 동안에도 인간 무의식에 대한 놀라운 발견을 부인할 필요가 없다. 다만 이 무의식이 대부분 리비도라고 하는 본능적인 성적 욕구이며 공격적인 동기라는 점에 대해서는 질문을 던져야 한다.

- 인간을 움직이는 욕구는 전적으로 성적 욕구라고 보아야 하는가?
- 인간은 과거의 경험에 의해 전적으로 제약받는 존재인가?
- 동일한 경험 특히 동일한 정서적 상처를 입은 유기체는 성인이 된 후에 동일한 문제행동을 일으키는가?
- 그들의 상처는 그들이 자신의 과거경험과 현재 행동 간의 인과관계를 이해하는 것으로 치료될 수 있는가?
- 미래에 대한 비전이 그들의 상처를 치료할 수 없는가?

4) 인본주의 이론

인본주의 이론은 역사적으로 인간을 기계적으로 바라보는 시각에 식상하거나 지나치게 부정적으로 바라보는 관점에 대한 반항으로 나타나는 가설이다. 심리학자나 정신과 의사들이 한 개인의 행동을 분류집단의 특성 안에서만 이해하려는 시각에 대한 반발이다.[10] 인본주의 심리학자들은 행동주의자들이 인간행동을 세분화하고 수량화(數量化)하는 것을 비판한다. 그리고 유아기의 경험 및 충족되지 못한 욕구가 성인기의 이상행동을 결정한다고 주장하는 정신분석학의 관점에도 반대한다. 인본주의자들은 개인이 각자 자신의 행동에 책임을 질 수 있으며 자신의 의지를 통해서 스스로 태도와 행동을 창조적으로 변화시킬 수 있다고 믿는다.

인본주의 원리들은 '인간 잠재력'을 추구하는 치료적 접근에 주로 적용되었다. 이러한 예로서는 프리츠 펄스 Fritz Pearls가 개발하여 치료목적으로 적용되는

10) 안서원(2006)은 '사이먼 & 카너먼'에서 심리학의 학계동향을 소개하며 정확하게 1964년 행동주의와 정신분석에 대한 대안으로 인본주의 심리학이 나타났다고 기술하였다.

'게슈탈트 요법' 과 에릭 번 Eric Berne(1910-70)이 개발한 교류분석으로 유아교육 현장에서는 부모교육 과정에서 알려진 기법이 있다. 사실 정신 분석학에 기초한 모래치료에서도 종종 치료자들은 내담자의 자가치료적인 능력에 감탄하곤 한다.[11]

또 하나, 흔히 유아사회교육에서 다루는 욕구위계 이론은 인본주의 심리학을 창설한 매슬로우 Abraham H. Maslow(1908-70)가 제시한 피라밋 형태의 욕구 또는 충동의 위계적 구조다. 이 구조는 생리적 욕구, 안전, 소속감과 사랑, 존중감, 자기실현으로 위계가 지어진다. 즉, 생리적인 욕구 같은 기본적인 욕구가 충족되어야 더 높은 단계의 욕구실현을 추구하게 된다고 본다.

인본주의에 기초한 임상 심리학자였던 로렌스 크랩 Lawrence J. Crabb Jr.(1997)은 인본주의 상담의 한계를 깨달았다. 그는 심리학과 기독교의 관계를 분리적 접근, 혼합적 접근, 성경 절대적 접근, 성경 통합적 접근으로 분류하였다. 기독교와 심리학의 올바른 관계는 성경 통합적 관계라고 정의하고 상담이란 성경말씀에 기초하고 내담자의 문제를 그리스도께서 해결해 주신다는 믿음을 기초하여야 한다고 주장하였다.[12]

인본주의 심리학은 인간이 자신의 문제를 스스로 해결할 수 있으며 이런 존중감을 가진 상담자가 내담자를 도울 수 있다는 시각을 가지고 있다.

기독교적 세계관으로 인본주의를 바라보고 다음의 질문들에 답해 보자.

- 인간은 자신의 문제를 모두 스스로 해결할 수 있는가?
- 인간은 과연 생물학적 욕구를 충족하고 나면 자기실현의 차원 높은 단계로 나아가게 되고 그 후에는 기본적 욕구에는 관심이 없어지는가?

---

11) 일본 모래치료학회의 카와이 교수는 모래치료란 치료자가 내담자를 고치는 것이 아니라 내담자가 모래상자를 통해 낫는다는 표현을 하는 것이 옳다고 하였다.

12) 크랩은 C.S. 루이스와 프란시스 쉐퍼의 글을 읽으며 인본주의적 상담이란 근본적 치유를 제공하는 것이 아니라는 것을 확신하였다고 한다. 그는 성경적 상담이란 예수 그리스도께 자신을 맡기고 성령의 능력과 인도하심을 의뢰하도록 이끄는 것이라고 정의하였다.

5) 인간발달에 대한 생태학적 모델

발달에 관한 생태주의 모형, 유리 브론펜브레너 Urie Bronfenbrenner의 생태주의 모형(Ecological model)은 한두 가지의 종속변인, 독립변인과의 관계를 분석하던 교육관련 연구자들에게 유아 주변의 의미 있는 모든 사람과 다양한 상황과의 상호작용을 분석해야 함을 의식하게 해주었다. 한 유기체의 발달은 그리 단순하지 않고 복잡한 변인들이 서로 영향을 미친다는 것을 인정하게 된 것이다. 생태주의 이론이란 유아의 주변을 둘러싸고 있는 다양한 환경적 맥락과 맥락들 간의 관계를 연구하는 것이다.

이 접근을 생태학적 관점(Ecological View)이라고 부르는 이유는 바로 생태학이라는 학문의 특성 때문이다. 생태학은 생물과 그들의 환경 사이의 상호관계 및 생물 상호 간의 관계를 연구하는 학문으로써 '자연의 경제학', '생태계 생물학' 등으로 다양하게 정의되어 왔다.[13] 생태학이란 용어는 독일의 동물학자 에른스트 헤켈 Ernst Haeckel[14]이 1866년 동물과 그것의 무기 및 유기 환경 사이의 관계에 외콜로기(Oekologie)라는 말을 붙여서 만들어졌다. 레오나르도 보프(1996)는 그 말의 어원은 가족, 가정 또는 생활 장소를 의미하는 그리스어 오이코스(oikos)와 성찰 또는 연구를 뜻하는 로고스(logos)를 합성한 말로써 생태학은 생물과 그것의 환경을 다루는 학문이라고 하였다. 이 용어는 1893년 영국과학발전협회 회장 샌더슨 J. S. Burdon Sanderson에 의해 생물학의 한 분야로 인정받았다고 한다.

13) 생태학이란 용어는 독일의 동물학자 에른스트 헤켈(Ernst Haeckel)이 1866년 동물과 그것의 무기 및 유기 환경 사이의 관계에 외콜로기(Oekologie)라는 말을 붙여서 만들어졌다. 레오나르도 보프(1996)는 그 말의 어원은 가족, 가정 또는 생활 장소를 의미하는 그리스어 오이코스(oikos)와 성찰 또는 연구를 뜻하는 로고스(logos)를 합성한 말로서 생태학은 생물과 그것의 환경을 다루는 학문이라고 하였다. 이 용어는 1893년 영국과학발전협회 회장 샌더슨 J. S. Burdon Sanderson에 의해 생물학의 한 분야로 인정되었다고 한다.

14) 헤켈은 진화를 모든 자연에 대한 하나의 통합된 설명으로, 그리고 철학에서의 목적인(目的因)과 교회의 목적론을 부정하는 철학적 접근의 근거로 보았다. 브리태니커사전.

브론펜브레너(2004)는 아동을 둘러 싸고 있는 5층의 맥락을 소개하였다. 유아의 가장 가까운 주변에서 일어나는 상호작용인 가족, 탁아시설, 유치원 등의 미시체계(Microsystem)와 이러한 미시체계 간의 강하고 지원적인 연결이나 상호관계를 중간체계(Mesosystem)라고 하였다. 그리고 아동 자신이 그 맥락 안에는 없지만 그들의 발달에 영향을 미치는 맥락, 즉 부모의 작업환경이나 지역사회의 변화 등을 가리키는 것을 외체계(Exosystem), 아동이 어떻게 다루어져야 하는지 아동에게 무엇을 가르쳐야 하는지 아동이 추구해야 할 목표가 무엇인지를 규정하는 광범위한 이데올로기를 가리키는 것은 거시체계(Macrosystem)라고 하였다. 마지막으로 부모의 이혼이라도 아동의 연령에 따라 미치는 영향이 다르듯이 발달이 일어나는 방향에 영향을 미친다는 점에서 시간을 가리켜 시간체계(Chronosystem)로 설명하고 있다. 데이비드 쉐퍼(2005)는 각각의 맥락 안에서 개인의 발달을 정의하려다 보면 표준적인 그림을 그려낼 수 없으므로 생태주의 이론을 가리켜 새로운 발달 이론이라기보다는 하나의 중요한 보완이라고 보았다.

크랩(1997)은 심리학과 기독교에 대한 태도는 성경 통합적 접근으로써 심리학이 발견한 인간이해와 개념들을 도구로 사용하되 성경말씀에 비추어 주의 깊게 여과한 뒤에 사용하자고 하였다. 따라서 그는 심리학을 연구하는 만큼 성경에 대한 체계적이고 깊은 연구가 필요하다고 하였다. 이것은 기독교사의 지적 책임이며 기독교사들은 심리학을 더욱 열심히 그리고 깊이 있게 연구해야 한다. 그리고 현장에 적용하기 전에 성경말씀에 비추어 숙고해 보아야 한다.

5장을 마치며

"그러므로 너희가 그리스도 예수를 주로 받았으니 그 안에서 행하되 그 안에 뿌리를 박으며 세움을 받아 교훈을 받은 대로 믿음에 굳게 서서 감사함을 넘치게 하라 누가 철학과 헛된 속임수로 너희를 사로잡을까 주의하라 이것은 사람의 전통과 세상의 초등 학문을 따름이요 그리스도를 따름이 아니니라" (골로새서 2 : 6-8)

예비 교사라 할지라도 조금만 주의를 기울여보면 각 이론들이 서로 다른 이해와 해결방법을 제안한다는 것을 눈치 챌 수 있다. 또한 각 이론들이 모든 아동의 행동을 설명할 수 없다는 것을 알 수 있고 이론 자체의 결합이나 모순도 발견할 수 있다. 즉, 각각의 이론은 분명 탁월하고 우수한 근거와 논리가 있지만 아동의 모든 행동을 설명하고 정확하게 예측할 수는 없다. 관찰 가능한 행동으로 인간의 심리를 이해한다는 것이 과연 얼마나 정확한 것일까?

읽기를 권하는 책

- 옥성호(2007). 심리학에 물든 부족한 기독교. 부흥과 개혁사.
- 워런 허드(2001). 하나님과 문화 – 5장 종말론 지향적 심리학 : 심리학과 기독교의 통합을 위한 새로운 패러다임. 크리스천 다이제스트. pp. 171-208.

6장

기독 교사론

김원장은 교회 부속 유치원을 20년째 운영하고 있는데 새 교사를 임용할 때마다 종종 갈등에 빠진다.

금년에도 실력이 뛰어나고 외모도 준수하였으며 성격도 상냥한 K양을 선발하지 못하는 고민에 빠졌다. 여러모로 마음에 드는 K양이었지만 김원장은 그녀를 선택하는 데 망설이지 않을 수 없었다. 그녀는 교회를 다니기는 하지만 예수님이 하나님의 아들로서 자신을 구원하기 위해 세상에 오신 구세주라는 사실은 믿어지지 않는다고 대답했기 때문이다.

김원장이 임용 탈락 결과를 통고하자 K양이 유치원을 찾아왔다.

"왜 제가 탈락된 건지 궁금합니다."

김원장이 자신의 교육철학과 기관의 특성을 설명하고 기독교 교육과정을 설계하고 실천할만한 기독교인 교사가 필요했다고 답하자 다시 K양이 계속해서 물었다.

"저도 기독교인인데요... 교회는 나가거든요"

"그런데 왜 특별나게 기독교 교육과정이 필요한 거지요? 국가수준 교육과정을 가르치면 되지 않나요?"

"학교에서 가르치는 내용은 이미 유능한 학자들에 의해 검증되고 고안된 내용이지 않은가요?"

"여기서도 수업 전에 교사 기도회 같은 거 있잖아요? 그거 하면 되지 않을까요?"

김원장은 유치원 임용을 고대하던 K양의 적극적 태도를 보고 그녀에게 기회를 주어야 하는지 잠시 고민에 빠졌다.

하나님의 말씀을 전체 교육과정의 기초가 되게 하는 통합교육과정에 대한 기독교인 교사들의 반응도 다양하다. A양처럼 굳이 기독교 교육과정이 별도로 필요하다는 생각을 하지 못하는 교사도 있다. 교사들의 이러한 반응은 기독교 교육과정이라야만 하는지에 대한 확신이 없기 때문이다.

그리고 아이들을 하나님의 사랑으로 사랑하며 가르치면 기독교 교육과정이 된다고 보는 순진한 생각을 하는 교사들도 있다. 더우기 기독교 교육기관이 아닌 일반학교에서 재직하는 교사들은 종교적으로 중립적 입장이어야 한다고 생각하고 종교적 색채를 띠는 것을 불편하게 생각한다.

하지만 같은 상황에서도 성경말씀에 기초한 통합교육과정을 실시하고자 열망하는 교사가 있다. 다만 어떻게 교육을 하는 것이 기독교 교육이 되는 것인지 몰라서, 자신의 교육실천과 신앙이 연결되기를 소망하지만 참고할만한 구체적 자료가 없어서, 때론 그 자료를 찾아 탐색할 시간이 없어서 망설이며 행동으로 옮기지 못하고 있다. 이제 기독교 교육을 실천하기 위한 교사에 대해 생각해 보기로 하자.

01 교사의 모범, 예수

사실 우리는 이 이름으로 예수를 부르는 것이 조심스럽다. 물론 그 분은 예수 혹은 주님, 인자라는 이름 외에도 선생이라는 의미의 Rabbi, Didascalos, Epistates, Rabboni, Kathegetes 등으로 불리셨다.

예수님은 신적 권위로서 정신적 · 영적 · 사회적 성숙함과 교육대상에 대한 이해와 함께 자신이 가르치는 내용에 대한 확신을 보이셨다. 그러나 동시에 예수님은 겸손한 태도, 가르침과 일상생활의 속에서 보여주는 일관성, 상황에 따라 질문을 던져 효과적인 가르침을 이끌어내는 즉흥성, 배우는 사람이 잘 이해하도록 단순하고 쉽게 설명하시는 명확성, 마지막 순간까지 지속되는 긴박성, 이야기의 길이와 내용의 다양성, 제자들 각자의 형편에 맞는 방법을 선택하시는 공감성, 친밀함과 민감함, 연관성을 놓치지 않는 교수방법 등을 사용하신 훌륭한 교사이셨다(헤르만 호온, 1999).

필립 메이(1992)는 교수방법으로 교사의 모범이신 예수 그리스도의 3R 정책을 소개하였다. 3R이란 어린이를 영접하고, 어린이에게 반응하며, 어린이를 존중하라는 것이다. 영접(receiving)이라 함은 교사들이 자기의 학급아이 하나하나를 가장 귀한 손님을 맞이하는 자세로 대하라는 의미이며, 반응(response)은 교사가 가르치는 내용과 방법이 올바른 것임을 확신하고, 가능한 한 가장 아름다운 것으로 둘러싸이게 해주는 것이라고 했다. 또한 한 사람도 빠짐없이 누구나 자신만의 독특한 능력을 가지고 있다는 것을 알려주어야 한다. 교사가 그것을 기대하고 있다는 것을 모든 어린이에게 알려야 하며 각각 자신의 가치를 드러낼 수 있는 기회를 제공하는 것이 존중(regard)이라고 설명하였다.

예수님은 교사로서의 모범을 보이시려고 오신 분이 아니며 교사의 역할을 하려고 오신 분도 아니다. 하지만 우리는 예수님의 가르침 현장에서 탁월한 교사로서의 자질을 발견하게 된다. 물론 예수님은 교사 역할의 모범을 보이시고자 취한 행동이 아니었으며 성경은 교육학 서적이 아니다. 그러나 인간에게 다가가시는 예수님의 다양한 방법들을 묵상 중에 깊이 생각해 보는 것은 교사로서는 감격스러운 체험이다.

02 교직과 소명

1) 교직은 내 소명일까?

참으로 불행한 일은 교직에 종사하면서 자신의 은사가 가르치는 일(동시에 배우는 일)이라는 확신이 없는 것이다. 그때 당신은 어떻게 할 것인가? 직업을 바꿀 것인가? 우리 주변엔 가끔 이 고민을 교직생활 20년이 넘도록 계속하는 교사를 만날 수 있다. 교사로서 자신의 소명을 확인하는 질문을 스스로에게 던져보라.

첫째, 당신은 하나님이 교사로서 재능을 주셨다고 믿는가?
둘째, 당신은 여전히 교직에 흥미가 있는가?
셋째, 당신은 하나님께서 어린이를 좋아하는 특별한 성격을 주셨는가?
넷째, 하나님은 당신에게 교직에 종사할 기회를 주시고 필요를 주셨는가?

앞의 세 질문에 대한 확신이 없다 해도 확인해 볼 방법이 있다. 현재 당신은 지난 몇 년간 예비교사로서 이후 교직에 헌신하여 회의에 빠진 순간에도 많은 시간과 노력과 마음을 쏟았다. 지금 예비교사의 준비과정에 참여하고 있다면 그리고 교육현장에 있다면 교직은 당신의 소명이며 당신의 과업이다. 달란트 비유처럼 작은 이 일에 헌신한다면 곧 하나님께서 당신이 꿈꾸는 직업을 주시던가 아니면 당신의 소망이 바뀌고 심지어는 당신의 소질까지 바꿔 주실 것이다. 물론 우리는 자신의 부족함을 알고 있다. 이러한 사실을 숨길 필요는 없다. 함께 더 찾아보고 더 애쓰고 그리고 하나님의 도우심을 바라고 사모할 수 있다.

그러나 교직이 아닌 내 다른 사명을 찾는 것보다 본질적으로 더 중요한 문제가 있다. 과연 하나님께서는 특정한 직업이 아니면 나를 사용하실 수 없는 분인가? 요셉은 그가 목동일 때나 노예로 팔려간 보디발 집안의 집사일 때나 심지어는 억울한 누명을 쓰고 감옥에 있을 때에 조차 하나님과 동행하였다(창세기 37-39). 그리고 그는 결국 노예로 팔려간 애굽의 총리까지 되었다(창세기 41 : 41). 요셉의 원래 직업이 정치인이 아니었던 것과 마찬가지로 그의 최종 목적이 총리가 아니었음을 기억하라. 그는 그저 단순히 하나님과 동행하였다. 그리고 하나님은 그를 총리의 자리에까지 앉게 하셨다. 이제부터 하나님이 당신을 어떻게 준비시키는지 흥미진진하게 고대하라. 잊지 말아라! 매일 아침 교실에 들어갈 때 그 교실은 당신을 통해 하나님의 나라와 의가 실현되어질 장소이다.

성대가 이상이 있는 사람이 성악가를 할 수 없는 것처럼, 교사도 가르치는 재능을 타고나는 것이 분명하다. 그러나 좋은 성대를 가진 성악가라 해도 교육, 연습, 훈련이 필요한 것처럼 교사로 타고난 사람이라 해도 최적의 학습을 보장하기 위해서는 아동의 발달, 교육과정 이론, 학급운영, 학습 유형과 교수방법에 대한 탐구가 필요하다. 즉, 교사로서의 천부적 자질은 필요조건이지만 충분조건이 아니다.

C. S. 루이스(1952)는 그리스도인들은 그리스도의 몸이며 그리스도는 이 유기체를 통해 일하시므로 이 몸의 구성원이 하나씩 더 생길 때마다 그는 더 많은 일을 하실 수 있다고 하였다. 저자와 독자라는 자리에서 우리가 공통으로 기독교 교육이라는 주제에 대한 생각을 모으는 것은 바로 그리스도께서 더 많은 일을 하시도록 그의 나라를 확장하려 애쓰는 것을 의미하며 하나님의 역사하심을 고대하는 일이다.

2) 어떤 훈련을 지속해야 하는가?

좋은 교사가 되기 위해 예비교사 교육과정을 이수하여 교사 자격증을 취득한 것으로 교직의 준비가 끝난 것은 아니다. 기독교 유아교사들은 우선적으로 기독교 세계관에 입각한 교사준비교육을 받아야 하겠지만 일반교사들처럼 교직에 입문한 이후에도 지속적인 재교육을 통해 기독교사로서의 자질을 갖추어야 한다.

이은화(1995)는 교사들에게 현직교육이 필요한 이유를 다음과 같이 소개하였다.
첫째, 일반적으로 유아교육은 응용과학이어서 순수과학과 달리 하나의 이론으로 모든 현상을 설명하지 못한다. 새롭게 나타나는 이론들에 관심을 기울이고 응용하고 적용하여야 하기 때문이다. 둘째, 유아교사가 가르치는 교육의 대상이 미래사회의 주인공이므로 교사는 첨단의 지식을 앞서 배울 필요가 있다. 셋째, 교사 자신의 자긍심과 소명감을 갖도록 돕기 때문이다.

그렇지만 기독교사들은 수많은 교사 재교육과정 중에서 영적 분별력을 가지고 옳은 것을 찾아내어 참가하여야 하고, 올바른 세계관으로 정립된 가치 있는 지식인지 분별할 수 있어야 한다. 최신의 이론이 다 훌륭한 것은 아니며 많은 사람이 좇는다고 최선의 프로그램은 아니다. 특히 교육을 담당하는 기관에 대한 평가로도 확신할 수 없는 경우가 있으므로 참가한 후에도 성경말씀에 비추어 비판적 안목으로 평가할 수 있어야 한다.

따라서 진정한 기독교사로 성장하고 싶다면 교사들은 두 가지 측면에서 자신을 되돌아 볼 필요가 있다. 첫째는 좋은 가르침의 원천인 교사 내면의 영적 성장이고 다른 하나는 교사 자신과 교직에 대해 더 잘 이해하도록 돕는 교사 공동체를 구축하고 자신이 그 안에 속해 있느냐는 것이다. 끊임없는 자아성찰과 자발적 훈련과 함께 같은 고민을 공유하는 공동체에 참여하는 것은 참으로 중요하다. 한국 기독교 유아교육학회[15]를 비롯하여 교사들을 도울 수 있는 전문가들이 연구하기 위해 자발적으로 모이는 여러 모임들이 있다.

3) 나의 교사됨은 어떻게 평가받는가?

최선을 다해 제자의 삶을 살아가려는 영적 안타까움을 가지고 있는 교사라면 학교에서 배운 모든 지식, 기술, 마음을 다하면서도 무언가 부족하다는 결핍감을 느끼게 되어 있다. 기독교 교육을 위해 좋은 윤리적 모범을 보이려고 노력하는 데 국한시키는 것으로는 충분하지 않다. 물론 윤리적으로 모범적인 교사는 아주 중요한 요인이다. 만약 신앙이 좋고 모범적인 윤리적 태도를 가진 교사가 비기독 교사와 다르지 않게 교육적 효율성에만 급급하여 교육을 시키는 데 그친다면, 신앙을 제한적 의미로만 받아들여서 스스로도 신앙과 학문 둘 중에 하나

15) 한국기독교유아교육학회는 1995년 연구모임으로 시작하였으며 성부 · 성자 · 성령 삼위일체 하나님을 믿고 예수님의 구세주 되심과 재림을 믿는 복음주의적인 기독교인 교수, 유아교육기관장, 대학원생과 교사들이 모여서 기독교 세계관으로 유아교육분야를 조명하고 연구하고 공유하는 학술단체이다. 한국 기독교 유아교육학회는 이러한 문제를 의식하는 전문가들이 자발적으로 모여 기독교 세계관으로 대학에서 강의할 수 있기 위하여 유아교육현장에서 유아들을 가르치기 위해 함께 연구하고 준비하고 실천하는 학회이다. 공동체에 가입하는 것은 언제나 행복하고 평안하기만 한 것은 분명 아니지만 서로에게 큰 힘이 되어준다. (홈페이지 : www.kacece.or.kr)

를 선택하여야 하는 것으로 간주하게 되기 쉽다.

최근 유아교육기관은 평가인증제를 통과하는 몸살을 앓고 있다. 평가인증제는 교사와 아동의 의사소통, 시설 및 환경 등 다양한 측면에서 기관을 평가하는 제도이다. 하지만 그 평가항목에서 교사가 어떤 철학적 목적을 가지고 내용을 선정하고 일관성 있게 교수하며 목적대로 이루었는지 평가하는 항목은 없다. 유아와의 적절한 의사소통을 하는지를 점검하는 문항은 있지만 '적절하다'는 기준이 무엇인지는 드러나 있지 않다. 즉, 가치관의 기준은 없다는 것이다.

하지만 교사를 올바로 평가할 수 있는 방법은 표준화된 체크리스트에 의해 점수화되는 영역만은 아니라고 믿는다. 흔히 교사의 가르침을 평가하는 가장 좋은 방법은 참관수업을 통해 평가하는 것인데 누군가 관찰한다는 사실을 인식하는 순간부터 교실은 이미 이전의 교육환경과 다르기 때문이다. 교직은 매우 개별화된 직업이다. 각자의 교실에 들어가면 대부분의 교사는 독무대를 차지한다. 그를 제어하거나 그와 공유하는 사람이 없다. 하지만 기독교사는 다르다.

기독교사들은 교실에서 하나님과 동행한다. 교실에서 유아들을 하나님과 연관시켜주는 사역자이다. "하나님이 너를 얼마나 사랑하시는지 네가 알고 있니? 그 분이 너를 사랑하시므로 나도 너를 사랑하지 않을 수 없다."는 고백이 수업방식과 내용에서 교사의 눈빛과 행동에서 드러나야 한다. 하나님과 학생 사이에서 관계를 연결하는 교사로서 서야 한다.

그리고 그분과 함께 수업하고 그분의 평가를 경청하여야 한다. 두말할 것 없이 우리 교사들의 표준은 예수 그리스도이시다.

03 기독교사의 영성

영성(spirituality)이란 용어는 정확히 성경에 기록되어 있지 않은 용어이다. 영성이란 용어는 성경이 기록된 그 이후에 사용된 용어이다. 그러나 성서적 의미의 영성이란 하나님 앞에서와 피조세계 가운데서 실존적 삶, 즉 하나님 안에서 하나님의 영을 통하여 변형되어가는 인간정신 일체를 포괄하는 것이다. 특히 신약성경에 나타난 영성은 예수님처럼 하나님의 뜻을 올바로 인식하고 하나님 나라로의 도래를 위해 자기를 내어주는 사랑으로 불의와 싸우며 정의를 수립하는 것이다. 이상이(2004)는 영성은 신적 존재와의 관계를 형성할 수 있는 능력이며 이것은 단순히 신비적인 내면의 경험이 아니라 구체적인 역사적 상황 속에서 나타난다고 하였다.

케네스 보아(2002)는 현대인들이 유독 영적인 관심을 나타내는 원인을 다음과 같이 두 가지로 들었다. 첫째, 희미하게나마 기독교 세계관에 바탕을 둔 서방세계의 일반적인 도덕적 동의가 과학적 진보와 인간의 필요에 따른 대중적 신념으로 대체되기는 하였으나 이것들이 이성의 혼돈에 대한 해답을 주지 못했기 때문이다. 둘째, 다양한 이념 중에서 하나를 쉽게 선택하도록 하는 다원주의의 등장 때문이다. 이는 많은 사람들을 분별이나 비판 없이 범신론적 영성과 뉴 에이지 철학과 기술을 받아들이도록 만들었다. 이로 인해 지성인이라 자처하는 사람들조차 점술가의 예언, 무당의 의술, 서구 유럽의 이교주의, 우주적 자각을 일깨우는 기술, 혹은 다양한 형태의 요가 등에 쉽게 접근할 수 있는 시대에 살고 있기 때문이라는 것이다.

영을 분별하는 지혜가 없으면 언제든지 악한 영의 지배 아래 놓일 수 있다. 브래들리 홀트(1996)는 영성의 이해를 위해서는 성경과 기독교 전통을 연구하는 것이 도움이 된다고 하였다. 특히 기독교 전통을 연구하는 것의 유익은 첫째, 우리 자신의 편협성을 깨닫게 해주며, 둘째, 다양한 접근을 가능하게 하며, 셋째,

앞선 선인들의 시행착오를 바탕으로 영성의 규준이나 한계를 설정할 수 있다고 보았다.

이명구(2006)는 기독교 영성은 개인적 영성의 차원에만 머물지 않고 사회적 봉사와 사랑의 열매로 나아가야 한다고 주장하였다. 김소영(2007)은 한국의 성장주의 목회가 가져온 영혼의 피로함을 회복하는 길은 무엇보다 예수님의 영성 중에서도 성육신하셔서 결핍이 있는 곳으로 찾아와 채우시고 도우시며 치유하신 예수님의 '비움(kenosis)의 영성'을 본받아야 함을 제언하였다.

위의 정의들을 살펴보면 영성은 성령의 임재와는 다르다. 성령의 임재는 온전한 하나님의 주권에 의한 은혜지만 영성이란 훈련에 의해 정립할 수 있다는 것이다. 영성에 대해 연구하고 나면 아는 것에 그치는 것이 아니라, 하나님의 말씀에 따라 우리의 행위를 변화시키려는 노력과 성령의 도우심을 바라는 기도와 묵상을 지속하여야 한다.

예수 그리스도에 대한 헌신은 교사를 성령이 충만한 상태로 인도한다. 성령 충만은 바울의 사건처럼 극적으로 일어날 수도 있지만 기도, 성경연구, 예배, 섬김을 통하여 점진적으로 일어날 수도 있다. 어느 경우든 성령 충만은 우리의 삶 속에서, 교실에서 성령의 열매를 맺게 한다. (갈라디아 5 : 22-23) 성령께서는 지혜와 책임감을 갖고 가르칠 수 있도록 우리에게 능력을 부어주신다.

기독교사들이 성령 충만으로 얻어지는 기쁨, 즉 하나님과 교통하는 기쁨을 전혀 모르고 있다면 어떻게 유아들에게 하나님과 교통하는 삶으로 인도할 수 있는가? 하나님께서는 모든 기독교사가 활력 있는 성령 충만의 삶을 살기를 원하신다. 교사의 영성은 피조세계와 사랑의 관계를 형성하도록 유아를 인도하는 과정에서 지적으로 감성적으로 영적으로 충만한 기쁨을 소유하는 사람이다.

성령의 열매 중 사랑이 가장 먼저 언급되는 것에 주목하자. 사랑은 교사들이 반드시 갖추어야 하는 인격적 특성이다. 성경적인 사랑이란 유아들을 이해하려고 노력하면서 최선을 다해 그들을 대하려고 애쓰는 것이다. 교사는 유아를 '가르침 받아야 할 대상'으로만 볼 것이 아니라 하나님의 독특한 형상이며 고유한 인격적 특성과 능력, 그리고 필요를 갖고 있는 존재로 보아야 한다.

기독교사는 그리스도의 사랑을 본받고 성령의 열매를 맺어야만 한다. 교사는 유아들의 인격을 형성하는 영향력을 갖고 있다. 사람들은 자신을 용납하고 사랑해 주는 집단의 가치와 신념을 받아들인다. 하나님의 은혜로 교사들은 성령의 열매를 맺는 본을 보임으로써 계속 긍정적인 영향을 끼쳐야 할 것이다.

하나님은 그분이 맡기신 유아들을 돌보고 제자 삼는데 자신의 은사를 사용하는 교사들을 축복하신다. 진리의 영이신 성령님을 통해 도와주시겠다고 약속하시므로 기독교사들은 진리에 합당하도록 성령님께서 함께 해 주시길 늘 간구 드리는 것이다.

"진리의 성령이 오시면 그가 너희를 모든 진리 가운데로 인도하시리니"
(요한복음 16 : 13)

04 기독교사의 지성

영성이 결여된 전문성은 인본주의로 흐르기 쉬우며 전문성이 결여된 영성은 신비주의로 변질되거나 무능한 교육으로 추락하기 쉽다. 기독교사의 지성은 말씀을 통해 하나님을 알아가고 이를 통해 자신의 한계와 자신의 소명을 아는 지혜를 길러주며 아울러 학습자인 유아에 대한 지식과 유아에게 가르칠 내용, 즉 하나님이 지으신 피조세계를 알아가게 한다.

1) 하나님을 알아가기

박은혜(2004)는 "21세기에 요구되는 유아교사의 모습은 적극적으로 학습과정에 참여하여 스스로 지식을 구성해 가는 능동적인 학습자의 모습"이라고 하였다. 즉, 교사는 가르치는 사람이기 전에 배우는 사람이며, 배우되 교수하기 위하여 배워서 그것을 "능동적으로 교실 안에서 자신만의 독특한 문화를 형성하는 주제가 되는 것이며 다양한 시각과 열린 자세를 가진 공동 학습자를 의미한다."고 하였다.

교직의 특성을 잘 설명한 것이지만 기독교사에게는 부족한 부분이 있다. 유아교육자들은 듀이의 철학을 알기 위해, 프로이트의 심리학을 이해하기 위해, 브론펜브레너의 인간 생태학적 체계를 더 잘 이해하기 위해 많은 시간과 노력을 기울여 책을 읽고 강의를 듣고 동료들과 정보를 나누며 숙고한다. 그럼에도 불구하고 듀이나 프로이트를 잘 안다고 감히 말하지 않는다.

그렇다면 성경을 단 한 번도 제대로 읽지 않고 교육을 받아보지도 않고 시험보거나 훈련받지 않고도 성경에 기초한 세계관을 가질 수 있다고 장담할 수는 없다. 우리에게 교실은 교사인 나 자신만의 문화가 아니라 하나님의 문화를 만들어가야 하는 곳이다. 하나님이 내 교실에서 만들어지기를 원하시는 문화란 무엇인지, 유아들이 어떤 사람이 되기를 원하시는지 알아야 한다.

하나님의 뜻을 이해하기 위해 더 잘 이해하기 위해 노력의 경주하기를 멈추지 말아야 한다. 이는 말씀에 대한 사모함과 탐구를 통해 그리고 인격적으로 그분을 만날 수 있는 지속적인 기도를 통해서 이루어진다.

2) 나를 알아가기

기독교의 인간관은 '죄'를 빼고 이야기할 수 없다. 기독교에서 이야기하는 죄는 하나님과 관계가 멀어진 것이다. 이 죄의 결과로 인간은 유한한 존재(다시 흙으로 돌아가는)로 저주받았으며 영원을 사모하는 존재로 남은 것이다. 진정한 자신의 실존을 파악하고 한계를 성찰하는 인간은 영생을 사모하고 하나님을 바라보지 않을 수 없다.

파스칼(1959)은 기독교적 인간이란 스스로를 벌레에 비유하면서도 비참에 빠지지 않고, 스스로를 하나님의 아들이라 말하면서도 교만하지 않는 존재라고 하였다. 그는 또 인간은 두 종류의 사람밖에 없는데 자신을 죄인이라고 생각하는 의인과 의인이라고 생각하는 죄인이라고 하였다.

교사는 교실에서 하나님의 도우심을 구해야 한다. 이는 자신의 유한성을 알기 때문이며 하나님의 전지전능하심을 믿기 때문이다. 교사는 자신의 죄인됨을 아는 의인이며, 이와 같은 자신을 발견하도록 학생들을 돕는 하나님의 동역자이다.

자기의 한계를 성찰하지 않고 학문의 발전에 미혹되는 자는 오만하게 되며 하나님에 관한 지식이 없이 자기의 한계를 직면하게 되면 절망하게 된다. 그리고 예수 그리스도에 관한 지식은 하나님의 은혜와 인간의 비참을 모두 발견하게 한다. 하나님과의 관계가 바로 세워질 때 교사는 그 사랑과 은혜를 학생들에게 그리고 피조세계를 향해 나누어줄 뿐 아니라 부족한 자기 자신에게도 사랑을 베풀 수 있다.

3) 유아를 알아가기

유아들에 대한 심리학적 정보들은 절대 부족하지 않을 만큼 무궁하다. 다양한 이론과 측정과 평가방법, 접근방법을 제안하고 있다. 교사들은 이러한 준거틀을 진지하게 연구하고 분별하여야 하고 선별할 수 있어야 한다. 교사란 학습자와 달리 상대가 있다는 상황에서만 그 역할을 성취할 수 있는 존재이다. 자신이 탁월한 존재임을 증명하는 것이 교사의 역할이 아니다. 교사의 역할에서 무엇보다 중요한 것은 교수학습의 현장에서 만나는 유아 각 개인에 대한 특별한 관심을 가지는 것이다. 애정 어린 관찰을 통해 그들의 은사를 발견하려는 의지와 안목이 있어야 할 것이다.

하지만 앞서 5장에서 교육 심리학을 다루면서 서술하였듯이 심리학은 인간이 체험하고 인간이 진단하고 인간이 치료하는 과정이다. 많은 사회 과학자들과 자연 과학자들까지 모든 학문과 모든 연구방법은 나름대로의 편향성과 한계들을 가지고 있다고 설득력 있게 주장하였다. 더우기 우리의 대상은 기계나 단순한 유기체가 아니다. 자유의지를 가진 인간은 얼마나 복잡한 존재인가!

"내가 모태에서부터 주의 붙드신 바 되었으며 내 어미 배에서 주의 취하여 내신 바 되었사오니 나는 항상 주를 찬송하리이다." (시편 71 : 6)

교사가 자신의 사명을 알아가는 과정이 필요한 것처럼 교사로서 우리는 우리들이 교실에서 만나는 유아의 사명을 알아볼 줄 알아야 한다. 지나친 지식, 정보 중심의 교육내용과 주입식 교수방법은 자칫 유아들의 결핍과 약점을 찾아내는 것을 쉽게 할 뿐이다. 우리는 다중지능 이론가처럼 아니 그 이상으로 한 명 한 명의 유아가 가진 가능성과 장점과 강점을 볼 수 있어야 한다. 한 개인의 과거역사를 현재에 중재하는 것은 심리학과 인간의 역할이겠지만 이를 통해 미지의 미래를 투사하는 것은 하나님의 도우실 영역이기 때문이다.

기독교사는 유아들이 지식과 분별력을 갖고 하나님과 이웃을 섬길 수 있도록 인도하는 일에 부름 받았다. 교사는 유아들을 진리로 인도해야 한다. 이는 교사가 가르칠 내용과 그것을 가르칠 방법을 찾기 위해 하나님의 뜻을 구해야 함을 의미한다. 만일 과학기술이 인류의 문제를 해결할 수 있는 방법이라고 가르치거나 학생들의 자아개념을 교사의 신랄한 혀로 파괴시켜 버린다면 교사는 유아를 실족케 하는 것이다. 마찬가지로 인본주의적인 교육과정에 대해 침묵하는 것 역시 유아들을 실족시키는 것이다.

4) 피조세계 알아가기

화가는 자신의 관심과 솜씨와 하고 싶은 이야기를 그림의 색, 모양, 구성을 통해 나타내듯이 하나님은 당신의 피조세계 속에 당신의 뜻을 남겨놓으셨다. 이를 인정하고 아는 기독교사는 피조세계 속에 숨어있는 이야기, 하나님의 뜻을 가르칠 수 있다. 피조세계는 하나님이 인간에게 맡기신 영역이다. 우리의 노력과 중재에도 불구하고 우리의 역량으로 부족하다는 인식, 창조주 하나님이 붙들고 계시다는 믿음이 위탁받은 우리가 알아야 할 진리이다.

하나님은 세상을 창조하시고 이를 누리게 하셨으며 이들의 특징을 알아 적절한 이름을 짓는 '문화명령' 을 내리셨으며 정복하고 관리하고 돌보게 하셨다. 하나님은 혼돈 속에서 빛을 지으시고 흙과 물을 만드시고 태양과 달과 별들을 만드시고 식물을 만드시고 그리고 하늘과 땅과 물 속에 사는 동물을 만드셨다. 하나님은 나누시고 채우시고 각자의 역할을 부여하셨다. 식물은 흙과 빛과 물을 이용하여 영양분을 만드는 생산자 역할을 하고 동물은 식물을 먹이로 삼아 번성하며 자신의 분비물과 사체를 통해 흙으로 영양을 되돌려 보내며 작은 미생물들은 그들의 생태를 통해 흙을 기름지게 하며 식물의 번성을 돕는다. 하나님이 사람을 만드신 이유는 이들을 관리하기 위함이셨다.

인간만이 자기 자신을 연구하고 자신이 이 지구 위에서 가장 혜택을 받고 사는 존재임을 알고 이기적인 자신의 생태를 반성하고 자연을 돌보고 관리하려는 의지를 실천할 수 있다. 파스칼의 말처럼 인간이 위대한 이유는 물 한 방울로도 자신을 죽일 수 있는 거대한 힘을 가진 우주에 비해 자신이 얼마나 연약한 존재인지를 생각할 수 있는 존재이기 때문이다. 자연을 정복하라는 하나님의 명령은 자연을 파괴하라는 뜻이 아니라 두려워하고 위압당하지 말라는 위로의 말씀이라고 생각된다. 그래서 인간은 자연이 두려워서가 아니라 하나님 앞에서 겸손한 자세로 자연을 사랑하고 돌볼 수 있다.

유아들도 피조세계의 놀라운 규칙과 질서를 통해 그리고 그 안에 숨겨진 하나님의 섭리를 알게 되면 진정으로 그들을 사랑하고 돌보는 마음을 갖게 될 것이다. 기독교 세계관을 가진 교사에게 지렁이에 대해 교육받은 유아들은 지렁이를 징그럽다고 피하거나 밟아 죽이는 행동을 하지 않게 될 것이다.

> "하늘이 하나님의 영광을 선포하고 궁창이 그의 손으로 하신 일을 나타내는도다."
> (시편 19 : 1)
> "창세로부터 그의 보이지 아니하는 것들, 곧 그의 영원하신 능력과 신성이 그 만드신 만물에 분명히 보여 알게 되나니 그러므로 저희가 핑계치 못할지니라."
> (로마서 1 : 20)

제임스 사이어(1994)는 기독교적 지성을 형성하기 위해서는 첫째, 지속적으로 성경을 연구해야 하며, 둘째, 기독교적 시각에서 쓴 책들을 지속적으로 읽어야 하며, 마지막으로 성경을 연구하고 기독교 서적을 읽음으로써 배운 것을 실천하면서 하나님께 끊임없이 순종하는 것이 필요하다고 하였다. 이것을 오스 기니스 Os Guinness는 '지식의 책임' 이라고 불렀다.

학문에 뛰어난 바울은 골로새서 2 : 3-8에서 지혜와 지식의 모든 보화가 그리스도 안에 감추어져 있다고 고백하였으며 사람의 유전과 세상의 초등학문을 좇는 철학과 헛된 속임수를 주의하라고 덧붙이고 있다. 그 대신 그리스도의 말씀이 우리 속에 풍성히 거하여 모든 지혜로 피차 가르치며 권면해야 한다고 골로새서 3 : 16에서 강조하고 있다.

예를 들어 오춘희, 정명자, 정희영 등(2006)은 최근 많은 기독교인들이 매료되었던 발도르프교육의 철학적 배경에 깔린 이단성에 대해 논의하였다. 기독교인들까지 인지학(人智學)[16]이나 신지학(神智學)[17]같은 지혜의 여신 소피아(Sophia)를 섬기는 학설들과 힌두교 명상 기법 등을 별 거부감 없이 받아들이고 있다는 것이다.

기독교사는 교사 자신과 유아들에게 스며드는 세속적인 사회의 영향력을 경계해야 한다. 아이들을 실족케 하는 일에 관하여 예수님께서는 엄중히 경고하셨다.

> "누구든지 나를 믿는 이 소자 중 하나를 실족케 하면 차라리 연자 맷돌을 그 목에 달리우고 깊은 바다에 빠뜨리우는 것이 나으니라" (마태복음 18 : 6)

---

16) 인지학(人智學)은 피아제의 인지(認知, cognition)와는 다른 개념이다. 인간의 지혜가 영적인 세계와 접촉능력을 가지고 있다는 전제 하에 기초한 철학으로 영학(靈學)으로도 부른다.

17) 신지학(神智學)은 신비주의에 관심을 기울이는 종교철학으로 신지학의 요소들은 이원론적인 종교, 철학, 운동의 신봉자들을 비롯하여 이슬람교, 불교, 도교에서도 찾을 수 있다.

6장을 마치며

유아들을 진리 가운데로 인도하기 위해서는 교사인 우리가 먼저 인격적으로 그리스도께 헌신해야만 한다. 그리스도 안에서 새로운 피조물이 되는 것은 교사의 관점과 삶의 목적을 변화시킨다. 우리는 가르치는 직무를 통하여 하나님과 유아들을 섬기는 데 헌신하기 위하여 죄로부터 구원받았다. 우리가 인격적으로 그리스도께 헌신하는 것이 유아들에게 하나님의 신실하심을 기뻐하는 삶을 가르치기 위한 바탕이 된다. 교사 자신이 그리스도인다운 방식으로 살고 유아들과 관계할 때 유아들은 그리스도인다운 생활방식을 효과적으로 본받을 수 있는 것이다.

기독교 교육이 과연 가능할 것인지에 대한 두려움이 생기는가? 모든 역량과 열성을 기울여 교직을 수행하자. 그러나 한편 약간의 여유를 가지고 우리 스스로에게 넉넉해지자. 나의 부족함과 연약함 때문에 의기소침할 필요가 없다는 뜻이다.

읽기를 권하는 책

- 헤르만 호온(1999). 예수님의 교육방법론. (박영호 역). 기독교 문서선교회.
- 로이 B. 주크(1995). 예수님의 티칭 스타일. (송원준 역). 도서출판 디모데.
- 필립 메이(1992). 어떤 교사가 될 것인가? (정애숙 역). IVP.

7장

기독교 교육의 내용

2007년 개정 유아교육과정을 살펴보다가 박교사는 문득 궁금해진다.

"모든 직업이 소중함을 안다고? 분명히 소중하기는 커녕 없어져야 할 직업이 있는데..."

"전통문화를 존중한다고? 분명 전통문화 중에는 선하지 않은 문화도 있었는데...?

"다양한 가족구조에 대해 알아본다고? 그 다음엔 이혼한 가족에 대해서는 어떻게 설명해야 하지?"

"다른 사람이 나의 몸을 함부로 만지지 않도록 한다고? 친구나 친척과 다정하게 안는 것과 성희롱의 차이를 어떻게 설명해야 할지?"

「지도상의 유의점」을 살펴보아도 알 길이 없다. 이제 박교사는 구체적인 할동자료집을 기다린다. 목적과 목표는 접어두기로 했다. 국가 수준 교육과정이라해도 교사의 모든 궁금증과 의문을 해결해 줄 수는 없다.

왜냐하면 목적과 목표를 설정하고 내용과 구체적 활동을 작성하는 사람이 각각 다르며 지식관과 가치관이 다르고 게다가 그들도 사람이다. 더 중요한 것은 그들은 자신의 세계관을 무의식 중에 활동 속에 담고 있으므로 기독교사는 다시 성경에 비추어 재조명해야만 한다.

01 교육내용으로서의 계시

기독교 교육은 성경을 가르치거나 기독교 전통을 배우는 것에 국한되지 않는다고 앞서 밝힌 바 있다. 하지만 유아교육에서부터 시작되는 모든 학교교육의 내용은 하나님의 계시와 깊은 관계가 있다. 계시의 원어적 의미는 '감추어져 있고 덮여 있던 것을 직접 열어 보이거나 알려주는 것' 을 말한다. 기독교에서 계시란 사람의 지혜나 지식으로는 도저히 알 수 없는 하나님 자신을 하나님께서 드러내어 알게 해 주시는 것을 의미한다.

태초에 인간은 원래 하나님과 직접적으로 교제할 수 있는 존재로 창조되었다. 그러나 인간은 죄로 인해 하나님과의 교제가 끊어지게 되었고 그 결과 하나님을 알 수 없게 되었다. 그래서 인간이 하나님을 알고 그와 교제하려면 반드시 계시가 필요하다. 하나님이 계시를 주시는 목적은 인간을 자신에게로 인도하려는 것이다. 인간이 구원을 얻기 위해서는 먼저 하나님 편에서의 주권적이고 능동적인 자기 계시가 있어야 하나님께 가까이 나아갈 수 있다. 계시의 궁극적인 목적은 인간구원에 있다. 기독교 신학은 전통적으로 하나님을 아는 지식의 두 통로를 구분해 왔는데 그것은 일반계시와 특별계시이다.

교회와 학교는 똑같이 기독교적 양육을 담당하는 기관이다. 그러나 계시의 측면에서는 각각 다른 사명을 감당하고 있다. 교회는 구원 얻은 성도들의 구별된 모임으로 하나님의 특별계시를 통해 하나님을 알아간다. 즉 교회는 성경말씀과 예수 그리스도를 통해 하나님을 알아가면 하나님께서 자신을 드러내신다. 이에 반해 학교는 하나님의 일반계시, 즉 자연과 역사 등을 통해 하나님을 알아간다.

특별계시는 하나님의 직접적인 음성을 통해(창세기 2 : 16, 출애굽기 19 : 9, 사무엘상 3 : 4), 꿈과 환상을 통해(창세기 40 : 5, 민수기 12 : 6, 사사기 7 : 13, 사무엘상 28 : 6, 다니엘 1 : 17, 요엘 2 : 28, 아모스 7 : 1, 9-10), 하나님의 사람들을 통해 나타난다. 또한 결정적으로 성자 예수님의 성육신과 그분의 사역과 생애, 십자가와 부활을 통해 특별계시는 확실하게 나타났다(요한복음 1 : 18, 14 : 7). 그리고 이러한 특별계시를 보존하고 전달하기 위해 성경을 기록하게 하셨다(요한복음 20 : 31, 디모데후서 3 : 15-17).

일반계시는 모든 시대, 모든 장소의 모든 사람들에게 일반적인 방법으로 하나님 자신을 나타내시는 것을 말한다. 하나님은 자신이 창조하신 자연(로마서 1 : 20), 역사(사도행전 17 : 22-31), 인간의 양심(로마서 1 : 22, 32)을 통해 자신을 계시하신다. 특히 학교교육에서 다루는 학문의 제 영역은 하나님이 창조하신 피조세계를 하나님의 형상으로 만들어진 창의적 인간이 관찰하고 궁리한 결과이다.

일반계시와 특별계시에 대해 알아보기로 하자.

02 일반계시-자연과 인간

1) 창조와 일반계시

일반교육과정과 기독교 교육과정은 모두 피조세계, 자연을 다루고 있다. 그러나 확연히 다른 차이점이 있다. 비기독교 교육에서는 그 주제 자체의 드러난 법칙이나 논리만을 중립적인 사실들로 다루는 반면, 기독교 교육에서는 법칙과 논리 뒤에 숨어있는 하나님의 의미를 진리로 다룬다는 것이다. 즉, 기독교 교육에서는 다루는 주제에 대한 하나님의 의미를 발견하고 교육의 주제를 하나님과의 교제의 통로로 삼는다.

비기독교 교육과 기독교 교육은 같은 주제를 다루고 있다. 비기독교 교육에서도 그들이 인지하지 못하는 가운데 결국 하나님의 창조세계, 즉 일반계시를 다루고 있는 것이다. 비기독교 교육이건 기독교 교육이건 구별하지 않고 유아교육기관에서 다루는 중요한 주제는 식물, 동물, 나, 이웃, 지역사회, 우리나라, 세계, 지구와 우주, 계절 등으로 자연에 관한 것과 인간의 개인적이며 사회적인 삶, 즉 도덕과 문화 그리고 역사로 구성되어 있다. 이 교육내용들은 매우 중요한 한 가지 공통점을 가지고 있다. 바로 이 모든 것이 하나님의 일반계시에 속하는 것이라는 사실이다. 하나님께서는 피조물을 통해서 하나님 자신을 우리에게 계시하고 계시며 창조하셨을 뿐 아니라 지금도 이것을 계속 유지하시며 붙드시고 계시는 것이다.

유아교육뿐 아니라 초, 중, 고, 대학에 이르기까지 모든 교육과정의 내용은 전적으로 일반계시에 속하는 것이다. 이 세상의 모든 학문은 결국 하나님께서 창조하신 세계를 연구하는 것이며 연구할 수 있는 인간의 창조적 잠재능력 역시 인간이 하나님의 형상을 따라 창조되었기 때문에 주어진 것이다.

교육을 한다는 것은 하나님의 창조세계를 다룬다는 것이며 무언가를 알아간다는 것은 하나님의 창조세계를 알아간다는 것이다. 창조세계는 하나님께서 자신을 드러내시는 계시의 통로이기 때문에 창조세계를 알아간다는 것은 그를 통해 하나님을 알아가게 된다는 것이다. 하나님은 일반계시를 통해 자신을 드러내셔서 인간과 교제하고 구원하고자 하신다. 그러므로 교육내용을 통해 인간은 하나님과 교제를 나눌 수 있으며 하나님의 의미를 발견하게 되는 것이다.

창세기 1 : 1은 우리가 교육해야 할 내용들의 기원을 알려주고 있다. 창세기의 말씀을 통해서 하나님께서 인간에게 자연을 정복하고 다스리라는 책임을 위임하여 주셨다. 인간인 우리가 창조세계(교육내용)와 어떤 관계여야 하는지를 확실히 알려주고 계신 것이다.

> "하나님이 자기 형상 곧 하나님의 형상대로 사람을 창조하시되 남자와 여자를 창조하시고 하나님이 그들에게 복을 주시며 하나님이 그들에게 이르시되 생육하고 번성하여 땅에 충만하라, 땅을 정복하라, 바다의 물고기와 하늘의 새와 땅에 움직이는 모든 생물을 다스리라 하시니라" (창세기 1 : 27-28)

창세기 1장의 말씀에는 중요한 의미가 들어 있다.

첫째, 하나님은 창조주이시고 나머지는 피조물이라는 사실이다. 지극히 당연한 서술이지만 기독교 세계관과 비기독교 세계관을 가르는 사고의 가장 크고 중요한 핵심이다. 피조물은 전적으로 하나님의 무한하신 지혜와 역동적인 말씀에 의해 창조되었으며 그분의 섭리의 은총으로 지금도 유지되고 있으므로 피조물은 전적으로 의존적인 특성을 갖는다.

둘째, 창조에는 목적이 있다는 사실이다. 세계와 그 가운데 있는 모든 것들은 물질의 우연적 조합이나 맹목적인 대폭발의 결과로 존재하게 된 것이 아니다. 이 세계는 창조주 하나님이 창세 전부터 세운 계획을 따라 창조하였다. 하나님의 목적은 피조물을 통해 그 분의 선하심과 영광을 나타내시는 것이다.

> "그의 신기한 능력으로 생명과 경건에 속한 모든 것을 우리에게 주셨으니 이는 자기의 영광과 덕으로써 우리를 부르신 자를 앎으로 말미암음이라." (베드로후서 1 : 3)

셋째, 창조의 의미는 피조세계에 대해 하나님께서 인간에게 주신 문화명령이다. 하나님께서는 아름답고 질서정연하게 천지만물을 만드시고 자기의 형상을 따라 지은 인간이 그 만물을 관리하도록 위임하셨다. 그러므로 창조세계는 인간의 경배와 숭배의 대상이 아니라 선용의 대상이다. 인간이 자연의 법칙을 탐구하여 자연을 선용하는 것은 하나님께서 인간에게 부여하신 특권이며 또한 임무이다.

인간은 자연에 대해서 청지기 역할을 해야 한다. 하나님이 창조하신 자연세계를 훼손하거나 파괴해서는 안 된다. 자연을 수탈과 착취의 대상으로 생각해서는 안 된다는 의미이다. 인간은 창조의 질서와 조화를 유지, 보존하며, 책임감 있는 자연의 통치자, 관리인이 되어야 한다. 청지기적 사명을 잘 감당하기 위해서는 하나님의 말씀은 물론 하나님께서 창조하신 피조세계에 제정하신 질서나 규칙을 잘 알아야 한다. 이것이 학문하는 목적인 것이다.

기독교인들이 자신의 분야에서 탁월해야 하는 이유 역시 자신의 분야에서 청지기의 사명을 잘 감당해야 하기 때문이다. 교육내용을 통해서 이러한 창조의 의미가 잘 드러나야 한다.

2) 언약과 일반계시

하나님의 창조는 창세기의 창조로 끝난 것이 아니다. 하나님께서는 말씀으로 세상을 만드셨고 같은 방식으로 지금도 세상을 유지하고 계신다. 하나님의 말씀은 '언약'을 통해 창조세계를 한순간도 놓치지 않으시고 아직까지 붙들고 계시는 것이다.

"내가 내 언약을 너희와 너희 후손과 너희와 함께 한 모든 생물 곧 너희와 함께 한 새와 가축과 땅의 모든 생물에게 세우리니" (창세기 9 : 9-10)

하나님과 인간 또는 피조세계와의 언약은 하나님이 시작하셨으며 언약 속에는 세상을 향한 하나님의 뜻과 법이 담겨 있다. 하나님은 모든 피조물에 자신의 법을 부과하시고 피조물은 그 법에 충실하고 완전히 순종한다.

또한 하나님께서는 노아와 노아의 가족과 함께 모든 생물, 땅과 언약을 세우셨다. "내가 내 무지개를 구름 속에 두었나니 이것이 나와 세상 사이의 언약의 증거니라 내가 구름으로 땅을 덮을 때에 무지개가 구름 속에 나타나면 내가 나와 너희와 및 육체를 가진 모든 생물 사이의 내 언약을 기억하리니" (창세기 9 : 13-15) 오늘도 어김없이 하나님의 신실하신 언약으로 인해 우리가 애쓰고 수고하지 않아도 낮이 지나면 밤이 오고 여름이 지나면 겨울이 온다. "땅이 있을 동안에는 심음과 거둠과 추위와 더위와 여름과 겨울과 낮과 밤이 쉬지 아니하리라" (창세기 8 : 22) 물은 높은 곳에서 낮은 곳으로 흐르고 기온이 영하로 내려가면 얼음이 얼고 100도가 넘으면 물이 끓는다. 지금 이 시간에도 지구는 자전과 공전을 거듭하고 있으며 그 속에 살고 있는 우리는 떨어지지 않고 지구에 잘 붙어있다. 이 모든 상황은 하나님께서 말씀으로 붙들고 계시지 아니하시면 지속될 수 없는 시스템이다.

하나님께서 피조물을 창조하신 후 손을 놓아버리시지 않으시고 언약을 맺으신 이유가 있다.

첫째, 하나님은 피조물을 통해서 인간과 계속적으로 관계를 맺으시려고 언약을 맺으셨다. 하나님께서는 피조물을 통해 인간에게 자신을 계시하시고 인간은 피조물을 통해 하나님께 찬양과 경배를 올려드리도록 약속을 하셨다. 예수님은 피조물을 통해 자신의 사랑을 계시하신다. "내가 주릴 때에 너희가 먹을 것을 주었고 목마를 때에 마시게 하였고 나그네 되었을 때에 영접하였고 헐벗었을 때에 옷을 입혔고 병들었을 때에 돌보았고 옥에 갇혔을 때에 와서 보았느니라" (마태복음 25 : 35-36) 믿음의 눈으로 만나는 피조물을 통하여 우리는 예수님과 교제할 수 있다는 것이다.

둘째, 하나님께서 피조물과 언약을 수립하신 이유는 관계를 맺으실 뿐 아니라 그들을 구원하시고자 함에 있다. 피조물은 인간이 하나님으로부터 독립선언을 한 이후 저주 아래 놓이게 되었다. 인간의 타락으로 인해 모든 피조물들이 고통 속에 신음하고 있다. 그러나 하나님의 말씀에는 이러한 죄로부터 피조물들을 구원할 때가 있음을 약속하셨다. 피조물을 위한 구원의 완성은 예수를 거부했던 이 세상에 예수가 영광으로 다시 오실 때 이루어질 것이라고 선언하고 계신다. 즉, 창조-타락-구속의 기독교 세계관은 하나님 언약의 완성이며 결론이다.

기독교 유아교육의 내용은 대부분 직접적인 하나님의 창조세계, 하나님의 일반계시에 속하는 것들이다. 그러므로 피조물을 바르게 알아가는 것은 하나님을 알아간다는 것이며 하나님께 찬양과 경배를 드리는 통로가 된다. 또한 창조는 타락과 구속을 거치게 되는 하나님의 언약의 성취로 이어지게 된다.

모든 자연의 법은 하나님의 법이다. 교육이란 변개치 않으시는 하나님의 언약을 배우는 것이며 창조세계를 공부함으로써 신실하신 하나님과 만날 수 있게 되는 것이다.

03 특별계시-성경

유아교육에서 교육내용을 잘 다루다 보면 그 자체로 매우 경이롭다는 것을 알 수 있고 그 내용에 대해서 겸손과 사랑의 마음을 갖게 된다. 작은 풀 한 포기에서도 작은 벌레에서도 생명의 법칙과 질서가 존재하는 신비를 보게 된다. 또한 식물과 식물이, 식물과 동물이, 그리고 미생물과 흙과 빛과 물이 서로 돕는 질서

정연한 관계는 참으로 오묘하기까지 하다. 이렇게 경이로운 질서가 스스로 생기지 않고 어떤 지혜자에 의해서 정교한 계획에 의해서 만들어졌다고 생각하기에 이른다. 인간은 일반계시를 가지고서도 절대자가 있음을 막연히 알 수 있다. 하지만 그 절대자가 하나님임을 정확하게 인식할 수는 없다.

일반계시는 하나님과 영적 세계에 대한 확실한 지식을 전달해 주지 못하고 예수 그리스도가 유일한 구원의 길임을 알려주지 못한다. 그래서 특별계시가 필요하다. 특별계시인 성경은 하나님이 어떤 분이시며 인간 세상에서 어떤 일을 행하시고 어떤 뜻을 가지고 계시는지 잘 보여주고 있다. 창조세계를 통한 무언의 계시는 언어의 계시 곧 성경으로 해석되어야 하며 진리이신 예수 그리스도가 중심이 되어야 한다.

유아교육기관에서 일반계시를 잘 다루는 것은 당연히 중요하다. 동시에 성경에서는 그 내용에 대해 어떻게 말하고 있는지를 묵상하고 성경을 통해 해석하고 하나님의 의미를 부여하는 것은 더욱 중요하다. 그러므로 기독교 교육을 실시하려는 유아교육기관에서는 성경이 꼭 필요하며 성경적 세계관을 다듬어가는 훈련이 지속되어야만 한다.

하나님께서는 성경말씀을 가르치는 사명을 일차적으로 부모에게 부여하셨다.

> "오늘 내가 네게 명하는 이 말씀을 너는 마음에 새기고 네 자녀에게 부지런히 가르치며 집에 앉았을 때에든지 길을 갈 때에든지 누워있을 때에든지 일어날 때에든지 이 말씀을 강론할 것이며 너는 또 그것을 네 손목에 매어 기호를 삼으며 네 미간에 붙여 표로 삼고 또 네 집 문설주와 바깥 문에 기록할지니라" (신명기 6 : 6-9)

그러나 유아교육현장에 오는 유아들의 가정이 모두 기독교 배경을 갖고 있지 않다. 또한 기독교 배경이라 하더라도 성경말씀을 근실히 가르치는 가정이 아니라면 유아들은 성경적인 배경을 갖지 못한 상태로 교육내용을 접하게 된다. 유아교육기관이 성경을 가르치는 일차적 기관이 아니라 하더라도 교육내용에 대한 성경적 조명은 반드시 필요하다.

교사는 자신의 교실에서 특별계시를 전할 수 있는 조건이 갖추어지기를, 그럴 만한 용기가 생기기를, 특별계시를 통해 유아들이 변화되기를 기도하며 준비하고 있어야 한다. 교사는 기쁘게 특별계시인 성경을 들려줄 기회를 얻게 되면 다음의 이야기를 경청하라.

일반계시 속에 나타난 하나님의 섭리를 가르치는 것처럼 하나님의 특별계시인 성경을 들려주는 것도 특별한 배려가 있어야 할 것이다.

성경이야기를 제비뽑기 식으로 뽑아서 동화처럼 만들어 그저 재미있게 들려주려고만 해서는 안 된다. 유아들에게 성경을 들려주려면 성경적 세계관을 분명히 하고 성경의 주제를 정확하게 파악하고 요약하여 전달하여야 한다. 다음은 유아들에게 성경을 들려주었던 유아교육현장에서 적용한 구체적인 방법이다.

1) 연대기 순으로

성경이야기를 연대기 순으로 들려주는 데는 중요한 이유가 있다. 성경을 하나의 큰 역사적인 틀에서 볼 때 성경은 창조-타락-구속으로 이어지는 이야기이다. 긴 성경의 역사를 통하여 하나님은 언약을 반드시 지키시는 신실하신 분이라는 것을 유아들이 깨닫게 된다. 하나님은 아브라함과의 약속을 지키셨고 야곱과의 약속도 지키셨다. 성경이야기를 들려줄 때 하나님의 언약을 놓치지 않고 잊지 않도록 거듭 이야기한다. 그리고 그 언약이 언제 성취될지 기대하게 한다. 언약이 성취되는 이야기를 들을 때 유아들도 성경 속의 주인공과 함께 매우 기뻐할 수 있다.

예를 들어 창세기 46 : 3-4에 야곱은 애굽으로 내려갈 때 하나님께서 함께 애굽으로 내려가고 다시 고향으로 올라오도록 인도할 것이라고 약속하신다. 이 이야기를 들려 준 후 성경이야기 시간에는 유아들이 이 약속을 잊어버리지 않도록 거듭 이야기해 주었다. 유아들은 하나님이 언제 약속을 이루시는지 기대하게 된다. 애굽에 내린 재앙과 출애굽과 십계명, 광야에서의 40년을 이야기하는 몇 주가 지나고 요단강을 건너 이스라엘 백성이 가나안 땅에 들어갔다는 이야기를 하는 날 유아들은 마치 자신이 그 주인공인 것처럼 기뻐하였다.

그 기쁨은 약속을 반드시 지키시는 하나님에 대한 신뢰감이다. 또한 그 기쁨은 하나님의 언약을 믿음으로 바라보는 자는 복을 누린다는 확신이다. 언약을 반드시 성취하시는 하나님께서는 지금 그리스도를 통한 구원을 우리에게 약속하고 계신다. 긴 성경의 역사를 통하여 신실하신 하나님을 알게 되고 하나님께서 구원해 주시겠다고 하신 약속을 믿음으로 바라보게 된다. 그리고 예수를 믿어 구주로 고백하여 구원을 받고 하나님 나라를 소망하기에 이른다. 성경을 긴 흐름으로 이해해야 하는 중요한 이유가 바로 여기에 있다.

처음부터 끝까지 성경을 하나님의 이야기로 들려줄 때 유아들은 그들도 그 성경의 이야기에 속해 있다는 정체감을 갖는다. 성경은 우리가 누구이며 우리가 어디에서 왔으며 어디로 향하는지 그리고 무엇을 위해 사는가와 같은 근본적인 문제에 답을 준다. 성경을 하나의 이야기로 접할 때 그것은 그들의 이야기가 아닌 나의 이야기가 된다. 성경 속에 많은 사람들이 그러했듯이 나도 그러한 것이다. 왜냐하면 나도 하나님의 사람이기 때문이다. 사도행전 29장이 나에 의해 쓰여지게 되기를 소망하게 된다.

성경의 방대한 이야기를 처음부터 끝까지 다 들려줄 수는 없다. 정해진 시간에 유아들에게 성경의 어느 부분을 이야기할지를 결정하는 일은 쉽지 않다. 연대기 성경책과 어린이 성경책들을 펼쳐 놓고 내용을 선정하는 것도 좋은 방법이다. 부록 2는 한 기관에서 일 년간 지속적으로 들려준 성경이야기의 전개과정이다.

2) 날마다

성경이야기는 날마다 10~20분씩 들려준다. 문자를 해독하지 못한 유아들에게 성경이야기를 들려주어야 하는 것은 마땅히 교사가 해야 할 일이다. 날마다 성경이야기를 들으며 유아들이 들은 말씀을 시시때때로 생각하고 종일 말씀에 붙들려 살 수 있도록 도와야 한다. 말씀을 듣는 것은 육체의 양식과 같아서 매일 매일 말씀을 공급받는 것이 중요하다.

성경이야기를 날마다 들려주는 것은 유아들에게 성경이야기가 얼마나 중요한지를 알게 해준다. 성경을 날마다 성실하게 들려주는 교사의 태도에서 유아들은 안정감을 갖게 된다. 이런 의미에서 유아교육기관에서는 담임이 아닌 원장 혹은 원감선생님이 성경이야기를 들려주는 것도 바람직한 방법이다. 담임교사가 성경이야기를 준비하고 들려주어야 한다면 업무 부담이 더 커지기 때문에 자칫 날마다 성경을 들려주는 데 소홀해질 수 있기 때문이다.

또 다른 이유는 담임교사가 유아들과 같은 자리에 앉아서 성경이야기를 경청하는 태도를 보고 유아들은 성경이야기가 얼마나 중요하고 달고 오묘한 말씀인지를 알게 해주기 때문이다.

성경 말씀을 날마다 듣는 훈련을 거듭함으로써 성경을 매일 접하는 습관과 동시에 성경적 세계관을 형성하게 되는 것이다. 세계관은 유아 시절부터 형성되는 것이다. 어린 시절에 무엇을 보고 듣고 무슨 생각을 하고 어디에 마음을 썼는지가 한 사람의 세계관을 형성한다.

3) 찬양과 함께

유아들은 찬양하기를 즐긴다. 찬양은 사람의 마음을 하나로 모으며 한 성령 안에 거하게 해준다. 또 하나님의 말씀을 듣기에 적합하게 마음을 열어준다. 하나님께로 집중할 수 있도록 도와준다. 성경이야기를 듣기에 앞서 찬양으로 말씀들을 준비를 하는 것은 매우 중요하다.

또한 하나님의 말씀을 들은 후에 유아들이 하나님께 반응하는 시간이 필요하다. 하나님께 감사드리고 싶은 마음, 하나님께 기쁨을 전하고 싶은 마음 등을 찬양으로 올려드린다. 하나님의 이름을 찬양하며 하나님의 영광을 찬양하며 심령으로 찬양하며 온 몸으로 찬양한다.

찬양은 곡조가 있는 하나님의 말씀이며 성경의 메시지가 함축되어 있는 일종의 시 형식이다. 찬양은 익숙해지도록 여러 날에 걸쳐 반복하여 부른다. 찬양이 익숙해지면 하나님의 말씀인 노랫말을 통하여 또 다른 은혜를 받게 된다.

유아들이라고 하여 빠르고 경쾌한 찬양만을 좋아하는 것은 아니다. 찬양을 통하여 유아들의 마음 깊은 곳을 움직이고 하나님과의 교제가 일어나기 위해서는 찬양을 인도할 때 세심한 배려가 필요하다. 찬양은 때로는 조용한 소리로, 때로는 눈을 감고, 때로는 허밍으로, 때로는 동작과 함께, 때로는 가슴에 손을 얹고, 때로는 느리게도 드린다.

유아들이 찬양할 때 찬양받으실 분은 오직 하나님 한분이심과 온 심령을 다하여 찬양 드려야 함을 꼭 주지시킨다. 유아를 위해 특별히 만들어진 찬양뿐 아니라 다양한 곡을 사용한다. 어른 찬송가, 어린이 찬송가, 복음송 등을 이야기로 들려준 말씀에 비추어 적절히 사용한다.

4) 이야기로

유아들에게 성경을 이야기로 들려줄 때 특별히 유의해야 할 점은 창조-타락-구속의 성경적 메시지를 놓치지 말아야 한다. 이를 위해 유아에게 성경을 들려주기 전에 성경 본문을 꼼꼼히 읽으며 묵상해야 한다. 많이 알려진 내용이라고 해서 교사가 그 이야기를 잘 안다고 해서 성경말씀을 잘 전할 수 있는 것은 아니다. 많이 알고 있는 부분이라도 여러 번 잘 읽고 묵상하는 과정이 반드시 필요하며 성령의 도우심을 간구해야 한다.

때로는 성경 속의 하나님 말씀이나 인간의 말 등을 외워 두었다가 그대로 전하기도 한다. 유아에게 다소 어렵지만 말씀 자체가 갖고 있는 능력을 느낄 수 있다. 평소에 듣지 못하던 생소한 언어에 유아들은 집중하며 그 전체적인 분위기로 대부분 의미를 파악한다. 필요한 경우 그 뜻을 알려주기도 한다.

교사는 성경을 읽으며 그 장면을 많이 상상해 보아야 한다. 상상은 사실에 입각해야 한다. 사실에 입각하지 않은 상상은 망상이 되기 쉽다. 상상을 잘 하려면 성경에 대한 지식기반이 풍부해야 한다. 성경 속의 지리적, 역사적, 정치적인 모든 상황들을 잘 알게 되면 상상은 더 풍성해질 것이다. 상상이 주는 풍성함을 누리면 성경은 더 생생하고 흥미진진해진다. 어마어마한 스케일의 장면으로 흥분되는가 하면 감동적인 이야기로 눈물짓게도 된다. 교사가 성경을 읽고 상상한 만큼 유아들에게 그 감동을 전할 수 있다. 상상을 통해 성경은 지루하고 진부한 이야기가 아닌 생생하게 살아 움직이는 하나님의 말씀으로 펼쳐지는 것이다.

성경이야기를 들려줄 때는 구어체를 많이 사용하게 된다. 이때 성경 인물의 상황이나 인물의 나이가 매우 중요하다. 홍해를 건넌 후 소고 치고 춤추며 하나님을 찬양한 미리암은 아가씨가 아니라 90대 노인이었다. 머리가 하얀 할머니 미리암이 소고 치며 하나님을 찬양하는 장면을 구어체로 들려줄 때 노인의 음성을 내는 것은 훨씬 더 깊은 감동과 은혜가 있다.

성경을 잘 모르면 다윗과 골리앗의 전투장면은 거대한 장성 앞에 선 어린 소년을 그리게 된다. 들에서 맹수를 맨손으로 때려잡은 청년 다윗이 아장아장 걸어가는 5~6세 소년으로 바뀌면 이스라엘의 지도자를 선택하는 하나님의 섭리는 신화가 되어버린다. 성경을 세밀히 읽으며 각 인물의 나이를 계산해 보고 목소리를 어떻게 설정할지 생각하고 연습해야만 한다.

5) 다양한 화자의 눈으로

화자의 인칭을 변화시켜 이야기하기도 한다. 이러한 방법은 성경말씀을 다양한 각도에서 조망해 보는 기회를 주며 성경을 더 깊고 풍부하게 이해하도록 한다. 주로 3인칭으로 이야기하는 데 가끔 1인칭 화법으로 바꾸어 이야기한다. 어린이들이 잘 알고 있는 내용이나 인물에 관해 들려줄 때, 혹은 여러 날에 걸쳐 들은 이야기를 다른 각도에서 정리해서 이야기할 때, 어떤 사건을 한 사람의 입장에서 더 생생히 전하고 싶을 때, 1인칭 화법을 사용한다. 1인칭 화법으로 이야기하는 것은 1인극과 같다. 주로 큰 헝겊이나 스카프 등을 이용하여 옷 위에 걸쳐 입고 필요한 소품을 활용하여 이야기한다.

흔히들 출애굽은 모세의 입장으로, 여리고성이 무너지는 이야기는 이스라엘 백성의 눈으로 이야기를 만들어 들려준다. 그러나 여리고 성에 사는 사람들이 이스라엘 백성을 7일간 내려다보는 이야기로 혹은 출애굽의 이야기를 누나 미리암의 눈으로 오래 전(40년) 헤어졌던 동생 모세가 찾아온 날부터의 이야기를

서술해 보면 또 다른 감격이 있다. (부록 3 참조)

6) 같은 내용을 연령별로

만 3세 유아는 성경이야기를 듣고 다시 말해 보았을 때 이야기의 정확성이 떨어지는 경우가 많다. 아예 다른 이야기들을 섞어서 이야기하는 경향까지 보인다. 또한 지명이나 인명을 기억하는 능력도 떨어진다. 이야기의 흐름을 따라오지 못하는 유아도 많다. 그럼에도 불구하고 성경이야기를 들려주어야 한다.

성경 내용이나 이름 등을 쉽게 잊어버리기는 해도 성경의 메시지는 만 3세 유아들이 그 어느 연령보다 잘 받아들이기 때문이다. 이것은 엄청난 은혜이다. 성경의 메시지를 의심하지 않고 따지지 않으며 그대로 받아들이는 유아들이기에 예수님께서는 어린아이와 같지 않으면 결단코 하나님 나라에 가지 못한다고 하신 것이 아닐까?

이스라엘 사람들이 가나안 땅에 들어간 이야기에서 하나님 나라에 대해 들은 날 만 3세 반 유아들끼리 자유선택시간에 기쁨으로 주고 받은 대화는 우리 모두의 신앙고백이 되어야 한다고 믿는다.

"나, 하나님 나라 간다!"

"맞아. 너랑 나랑 다 같이 갈 수 있지!"

"하나님 믿는 사람은 다 가는 거야."

만 3세 유아에게 성경이야기를 들려줄 때는 성경내용을 간결하게 들려주려고 노력해야 한다. 또한 유아들과 행동으로 표현할 수 있는 부분을 찾아 몸을 많이 움직이기도 한다. 성경이 주고자 하는 메시지를 확인하고 유아들이 직접 고백하는 시간도 많이 갖는다.

만 5세 유아들은 대부분 들은 내용을 비교적 정확하게 다시 말할 수 있다. 성경이야기의 흐름을 잘 잡고 있으며 지명, 인명 등도 잘 기억하고 있다. 성경이야기를 연대기 순으로 잘 정리하여 듣는다. 성경이 사실인지 확인하는 유아들도 있다. 또한 5세 유아는 성경내용 외의 주변적인 것에도 관심이 많다. 그 당시 사람들은 어떤 집에 살았는지, 어떤 옷을 입었는지. 지금도 그곳에 갈 수 있는지. 지금도 그것을 볼 수 있는지 등의 다양한 궁금증을 드러낸다. 이러한 유아들의 궁금증이 교사의 성경이야기를 더 구체화시킨다.

만 5세 유아에게 성경을 들려줄 때는 성경내용을 보다 정교히 이야기하고 역사, 지리, 문화에 관해 교사가 알고 있는 사실을 덧붙이며 그 당시와 현재를 비교하기도 한다. 또한 그 당시 문화에 관련된 그림이나 그 지역의 사진을 보여주기도 한다. 지도를 보고 설명해 주기도 한다. 이러한 노력은 성경이야기를 더 풍성하게 만든다. 유의할 점은 많은 이야기를 부연하느라고 성경의 메시지를 놓치는 일은 없어야 한다.

7) 성경 그림책을 이용하여

유아들에게 성경이야기를 들려주기 전이나 후에 성경 그림을 보여준다. 성경 그림책은 성경 전체를 한 권에 담은 합본을 사용하는 것이 좋다. 합본 성경 그림책은 이전에 들려주었던 성경이야기를 그림을 보며 다시 생각해 보게 한다. 또한 오늘 이야기를 이후 며칠이나 몇 달이 지나서 들려줄 이야기와 연결 짓고 싶을 때도 합본 그림책을 활용하면 이야기가 연결된다는 메시지를 전달하게 된다.

학기 중간이나 학기가 끝날 때는 성경 그림책의 그림을 보여주며 그동안 들은 성경이야기를 상기해 본다. 다시 말해 성경 합본 그림책을 사용하는 이유는 연대기 순으로 성경을 들려주는 이유와 유사하다.

교실에는 성경 합본 그림책을 한두 권씩 기본적으로 비치하고 낱권 그림 성경책도 함께 둔다. 만 5세 반에는 어른 성경책을 함께 두는 데 성경이야기를 들려주고 있는 부분이나 현재 암송하는 성경구절이 있는 부분을 표시하여 두면 어른들이 들고 다니는 성경과 동일한 텍스트임을 이해하도록 도와준다.

유아들에게 그림은 매우 중요하다. 성경의 긴 내용이 그림 한 장으로 잘 표현된다면 유아들은 그림을 통하여 많은 감동을 받는다. 잘 이해되지 않던 성경이야기가 그림을 통하여 명확해지기도 한다. 또한 유아들이 성경이야기를 기억할 때마다 감동받은 그림이 함께 떠오를 것이다. 그러므로 좋은 그림이 있는 성경 그림책을 구하려고 노력해야 한다.

좋은 그림이란 구체적으로 어떤 것인가? 성경내용을 잘 담고 있는 그림, 인물의 나이나 역할이 잘 표현된 그림, 의상이나 건물, 생활양식 등이 잘 고증된 그림이 좋다. 너무 약화시켜 단순화된 그림, 성의 없이 그려진 그림, 너무 희화화한 그림, 성경내용이 잘못 담겨진 그림 등은 자칫 하나님의 위대한 이야기를 시시하기 짝이 없는 이야기로 만들어 버린다.

그림 자료가 적절치 않다고 하여 유아들에게 성경을 들려줄 수 없는 것은 아니다. 다양한 매체동화보다 구연동화가 유아들의 상상력을 자극하는 것처럼 성경이야기를 들으며 풍부한 상상력을 동원하게 하는 것이 매우 좋은 방법이라는 것도 잊지 말아야 한다.

7장을 마치며

성경은 수많은 믿음의 백성들이 걸어간 여정을 통해 하나님의 역사하심을 그리고 지금도 역사하고 계심을 알려주는 하나님의 감동으로 기록된 이야기 책이다. 그리고 그 책은 유아들을 기독교적으로 바르게 교육하는 데 반드시 유용한 이야기 책이다.

"모든 성경은 하나님의 감동으로 된 것으로 교훈과 책망과 바르게 함과 의로 교육하기에 유익하니" (디모데후서 3 : 16)

읽기를 권하는 책

- 성경 66권

8장

기독교 교육과정 유형

다음은 전통적인 기독교 교육과정으로 알려진 외국의 교육과정과 우리나라의 기독교 교육을 표방하는 대표적 기관들의 교육과정을 간략하게 소개하고자 한다.

각각의 교육과정은 전반적 교육내용체계가 소개되기도 하고, 개발된 특정 주제만 소개되기도 한다.

01 열방대학교 교육과정

열방대학(University of Nation)은 국제 예수 전도단의 세계적인 대학으로써 마태복음 28 : 19, 20절의 그리스도의 대 사명을 이루기 위해 헌신한 대학이다. 열방대학은 하나의 대학으로써 모든 대륙의 많은 나라에 장소를 두고 있다. 각 열방대학은 하나님의 방법으로 사람들을 가르치며 그리스도를 위해 세상으로 나아가기 위해 필요한 전문적인 기술과 다양한 방법에 대한 훈련을 한다.

교육과정 개발의 주체는 열방대학교 교육대학 학령 전 어린이교육 센터이다. 교육과정 지침서의 편집장은 케롤 보이드 Carol Boyed이며 편집과 프로젝트 책임자는 바브라 니자 Babara Nizza이다. 그러나 실제 프로그램 개발과정에서 조언자로서 열방대학 코나 캠퍼스(University of the Nations, Kailua kona) 총장인 데이빗 보이드 David Boyed와 코나 캠퍼스 유아교육 지도자 푸아나나 하우그 Puanana Haug가 참여하였다. 실제 프로그램 책자를 보면 더 많은 사람들이 협력하고 기도하는 마음으로 각 활동 개발에 참여하였음을 알 수 있다.

이 교육과정은 15년간의 연구를 통해 개발한 정규 유아교육기관을 위한 기독교 유아교육 프로그램(1996)으로써 성서내용에서 유아 단계에 적합한 내용을 발췌하여 창조-타락-구속의 순서 개념으로 단원을 선정하고 피조세계의 교육내용을 통합하였다. 이 교육과정은 1년 동안 사용하도록 고안되었지만, 2년 혹은 3년째 유치원에 오는 어린이들은 같은 영역을 좀 더 자세히 깊이 있게 배우도록 권장하고 있다.

교육과정의 내용은 총 7권으로 구성되어 있다. 1권인 교사 지침서는 기독교적 세계관에 기초하여 성서적 원칙들과 실제적인 강의 자료를 다수의 교육자들에게서 수집한 시범 지침서이다. 2, 3, 4권은 교육과정 지침서로써 전부 42개의 단원으로 하나님을 '우리의 사랑하는 하늘 아버지' 로 그 개념을 확립하고, 예수님의 삶과 사역을 알게 하며 초대 교회 그리스도인에 대해 강조한다. 구체적으로 2권의 내용은 '하나님 우리 아버지를 알자', 3권은 '예수님을 알자, 우리와 함께 하시는 하나님', 4권은 '예수님을 알자, 성령님의 도우심으로' 이다.

성서적 훈계 지침서인 5권 '의로 훈계하다'는 어린이들에게 그들의 행동에 대해서 하나님의 방법이 어떠한 것인가를 가르쳐주는 실질적인 교실운영 지침서이다. 6권 '내 마음에 주의 말씀을 두었나이다.'는 단원의 수에 맞추어서 어린이들이 42개의 성경구절들을 생생하고 쉽게 배울 수 있도록 성경 노래를 만들었다. 7권은 수업에서 활용할 수 있는 포스터 세트이다. 열방대학 기독교 유아교육과정의 전반적 구성을 이해하기 위해 교육과정의 전체 구성을 표로 제시하면 아래와 같다.

〈표 1〉 열방대학 기독교 유아교육과정 구성체계

<table>
<tr><th>항 목
구 성</th><th>제 목</th><th colspan="2">내 용</th></tr>
<tr><td>교사 지침서</td><td>1. 교사 지침서</td><td colspan="2">교사를 위한 성서적 원칙과 실제적 기술 소개서</td></tr>
<tr><td rowspan="3">교안작성
지침서</td><td>2. 하나님 우리 아버지를 알자.</td><td>구약성서 시대가 주는 성서적 원칙들</td><td rowspan="3">전체 42개 단원으로 하나님을 우리의 사랑하는 하늘 아버지로 확립시키고 예수님의 삶과 사역의 특징을 나타내며 초대 교회 그리스도인에 대해서 강조한다</td></tr>
<tr><td>3. 예수님을 알자. 우리와 함께 하시는 하나님</td><td>예수님의 삶에서 나온 성서적 원칙들</td></tr>
<tr><td>4. 예수님을 알자. 성령님의 도우심으로</td><td>첫 번째 성탄절이 주는 성서적 원칙들</td></tr>
<tr><td>성서적
훈계 지침서</td><td>5. 의로 훈계하다</td><td>어린이들의 갈등을 다루는 성서적 훈계 지침서</td><td>어린이들에게 그들의 행동에 대해서 하나님의 방법이 어떠한 것인가를 가르쳐주는 교실 안내서</td></tr>
<tr><td>성경 노래</td><td>내 마음에 주의 말씀을 두었나이다</td><td colspan="2">어린이들을 위한 성경 노래들을 단원의 수에 맞추어서 42개의 성경 구절들을 생생하고 쉽게 배울 수 있는 음악으로 만들어 수록하였다</td></tr>
<tr><td>포스터 세트</td><td>창조의 날들</td><td colspan="2">24개의 천연색 포스터와 어린이들이 사용하는 짝 맞추기 세트, 장조의 섬세함을 극적으로 묘사한 그림들 '오래오래 전에' 대본 포함</td></tr>
</table>

교육과정의 전체적인 성격을 파악할 수 있는 1권 교사 지침서의 각 장이 담은 내용을 구체적으로 제시하면 〈표 1〉과 같다. 각 장은 실질적인 프로그램 운영을

위한 구체적인 제안을 다루고 있다. 특히 강조하는 것은 기독교 세계관에 따른 성서적 기초와 관련된 내용인데 교사가 어떤 사람인지, 유아가 어떤 존재인지, 그리고 교사가 유아에게 해야 할 일이 무엇인지 자세히 설명하고 있다. 구체적인 활동에 앞서 교사의 성경적 가치관을 얼마나 중요하게 여기고 있는지 드러나는 부분이다.

〈표 2〉 열방대학 기독교 유아교육과정 교사 지침서 구성체계

구 성	총 10장
내 용	1장. 하나님이 사용하시는 교사들 교사는 어린이들을 가르치기 전에 먼저 성서적 원칙들을 자신의 삶에 적용할 수 있어야 한다. 교사 자신이 어떻게 생각하며 어떤 방법으로 사는지, 어떻게 어린이들과 동료 교사들을 대우하는지 또 어떻게 교실 환경을 준비하는지, 어려움이 있을 때 어떻게 반응하는지 돌아본다. 이 모든 요소들은 어린이에게 영향을 미친다.
	2장. 어린이의 가치 하나님은 어린이들을 하나님의 형상으로 창조하셨으므로 그들에게 가치가 있다. 그들에게는 하나님을 알 수 있는 능력도 창조되었다. 어린이는 발달 특성상 감동을 잘 받는다. 어린이의 기질과 삶 속에서 이 시기에 받아야 하는 기본적인 제자훈련이 무엇인지 살펴본다.
	3장. 어린이를 위한 성서적 기초 성서적 세계관이 세워질 4개의 기둥에 대해 다루고 있다. 1) 하나님은 창조자이시다. 어린이들은 그들이 어디에서 왔는지 알 수 있다. 2) 그는 아버지시다. 여기에서 어린이들은 가치관과 존중함을 얻는다. 3) 그는 예수님이시고, 우리와 함께 하시는 하나님이시다. 어린이들은 그들을 향한 하나님의 섭리를 예수님을 통해서 알 수 있다 4) 그는 우리에게 그의 말씀을 주셨다. 어린이들은 무엇이 진리이며 옳고 절대적인가를 배울 수 있다
	4장. 성경, 기도, 실천적 적용 그리고 창조 이 장은 3장에서 소개한 기초 개념들을 가르칠 수 있도록 커리큘럼 시리즈에서 사용하는 특별한 형식의 개요를 엮어 놓았다. 이에 대해 교사들은 계획을 세우고 수업하는 방법을 알려준다
	5장. 열방대학 유치원의 하루생활 유치원의 하루가 어떻게 구성되는지 기본적인 일과구성 시간표와 대안적인 시간표, 학습센터를 구성하는 방법을 제시한다
	6장. 교사들을 위한 제안 이 장에서는 교사들에게 중요한 도전인 학급관리와 효과적인 훈계, 유치원에서 필요한 다른 내용들을 개관하였다

내 용	7장. 학부모와 관계된 일들 어린이들에게 가장 큰 영향을 미치는 것은 학교가 아니라 가정이다. 이 장은 부모가 자녀들을 책임져야 하는 사람들임을 확인하고 학교는 그들을 대신해서 어린이들을 도와주는 일을 하는 곳임을 실제적인 예를 들어 설명한다.
	8장. 커리큘럼과 당신의 유치원 문화와 교육 시스템을 초월하여 성서적 원칙들이 적용될 수 있을지에 대한 의문을 기초로 다양한 환경에서 적용하는 방법들을 제공하며 세계의 다양한 실제적 예를 제시하였다.
	9장. 재활용이 가능한 자료들 커리큘럼을 활용할 때 복사하여 사용할 수 있는 양식과 그림을 수록하였다.
	10장. 부록 부록은 이 책이 담고 있는 내용들을 교사가 나중에 사용할 수 있도록 더 많은 자료들을 묶어두었다.

전술한 바와 같이 열방대학 기독교 유아교육과정의 실질적인 유아교육 프로그램인 2권부터 4권까지 3권의 책은 42개 단원에 대해 실제로 어떤 활동을 전개해야할지 구체적으로 제시하고 있다. 그 내용을 제시하면 아래 표와 같다.

〈표 3〉 열방대학 기독교 유아교육과정 내용 I : 제2권 하나님 우리 아버지를 알자

단원 번호	단원명	성경	기도	실천적 적용	피조세계
F-1	나는 네가 여기 있어서 기쁘다 그리고 하나님 우리 아버지도 네가 여기 있어서 기뻐하신다	성경은 하나님의 말씀	하나님 우리 아버지와의 의사소통	존경심을 보이자	창조의 날들
F-2	하나님은 우리의 아버지시다 : 우리는 그의 자녀이고 아버지는 우리를 똑같이 사랑하신다	우리는 모두 하나님의 자녀	다른 사람을 위해 기도하기	사람은 가치가 있다	인체
F-3	하나님은 우리의 아버지시다 : 나는 그분의 자녀이다	나는 신묘막측하게 창조되었다	하나님은 내 목소리를 들으신다	서로의 유일한 점에 대해서 감사하기	나는 유일하다!
F-4	하나님은 우리 아버지시다 : 우리는 그분에 대해서 무엇을 알 수 있을까?	하나님의 성품	하나님의 성품은 우리의 기도에 영향을 준다	우리에 대한 하나님의 합리직인 기대	하나님이 만드신 것/사람이 만든 물질들

단원 번호	단원명	성경	기도	실천적 적용	피조세계
F-5	하나님 우리 아버지는 우리에게 가장 좋은 것이 무엇인지 아신다	타락하기 전의 아담과 하와	성경이 없는 사람들을 위한 기도	성경은 우리에게 어떻게 살아야 하는지 말해 준다	인간의 기본적 필요
F-6	하나님 우리 아버지는 우리가 순종하길 원하신다	아담와 하와의 불순종 : 노아의 순종	불순종에 대해 어떻게 해야 하나	순종에 대해 배우고 연습하기	무지개
F-7	하나님 우리 아버지는 우리의 감정을 이해하신다 하나님도 감정을 가지고 계시기 때문이다	요셉의 이야기	우리는 하나님과 우리의 감정을 나눌 수 있다	우리의 감정을 열기	옷감을 얻는 방법
F-8	하나님 우리 아버지는 우리가 할 수 없는 것을 시키는 분이 아니시다	모세가 백성들을 이집트에서 인도해 내다	예배와 찬양	하나님 우리 아버지는 우리가 그분의 명령을 따를 수 있도록 도우신다	곤충
F-9	하나님 우리 아버지는 우리가 그분에게 말할 때 기뻐하신다. 그분은 항상 듣고 계신다	목자이자 작곡가인 다윗	우리가 우리 자신을 하나님께 표현하는 방법들	듣는 기술 발달시키기	양
F-10	하나님 우리 아버지는 선하신 분이다	과부의 기름	하나님의 선하심을 인식하기 위해서 기도하자	하나님의 선하심을 표현하기	기름
F-11	하나님 우리 아버지는 가장 위대한 하나님이시다, 오직 하나뿐인 진리의 하나님이시다	불 속에 있는 세 명의 히브리 사람	유일하시고 참된 하나님을 모르는 자들을 위해 기도하기	사람이 만든 나무, 돌, 철, 종이신들	불
F-12	하나님 우리 아버지는 항상 신뢰하실 만한 분이시다	사자굴에 있는 다니엘	위험한 상황에 처한 그리스도인을 위해 기도하기	하나님 안에 신뢰를 둔 사람들	사자

〈표 4〉 열방대학 기독교 유아교육과정 내용 II
: 제3권 예수님을 알자, 우리와 함께 하시는 하나님

단원 번호	단원명	성경	기도	실천적 적용	피조세계
J-1	하나님 우리 아버지께서는 사람들을 위한 계획을 가지고 계신다	천사가 마리아에게 예수님의 탄생을 알림	사람들을 위한 계획에 대해 하나님께 감사함	계획을 이해하고 따르기	태양계
J-2	하나님 우리 아버지께서는 사람들을 위한 계획을 성취하기 위해 일하신다	마리아와 요셉이 베들레헴으로 여행함	하나님의 놀라운 계획에 대해 감사하고 찬양을 드림	하나님의 계획 : 하나님의 말씀은 모든 이에게 적용된다	가축
J-3	하나님 우리 아버지께서는 인간을 위한 계획을 이루시기 위해 어린 아기로 세상에 오셨다	예수님의 탄생	예수님의 탄생을 기뻐함	실제적으로 베푸는 방법	별
J-4	하나님 우리 아버지는 우리의 최고 지도자이시며 우리가 공의로운 지도자를 갖기를 원하신다.	동방박사와 헤롯	지도자들을 위한 기도	공의로운 지도력과 불의한 지도력	낙타
J-5	하나님 우리 아버지께서는 우리를 어디로 보내시든지 항상 함께 하신다.	마리아와 요셉이 아이와 함께 이집트로 피신함	최근 또는 현재 이주로 인해 어려움을 겪고 있는 어린이들을 위한 기도	우리가 여행할 때에 함께 하시는 하나님에 대한 간증	운송
J-6	하나님 우리 아버지께서는 우리도 예수님처럼 자라나길 원하신다.	예수님의 성장 발달	성장과정에서 겪는 어려움에 대해 하나님의 도우심을 구함	예절과 사회적 기능으로의 성숙	건강과 영양
J-7	예수님께서 부모님을 공경하셨듯이 우리도 부모님을 공경해야 한다	예수님께서 성전에 가시다	부모님을 위한 기도/부모님께 순종할 수 있도록 도우심을 구함	어떻게 순종할 것인가	지역 일꾼들
J-8	다른 사람들로 인해 잘못된 선택을 하지 않기 위해서는 하나님께서 성경을 통해 어떻게 말씀하시는지 알고 있어야 한다.	예수님께서 시험을 받으심	하나님의 말씀을 알지 못하는 자들을 위한 기도	어린이들의 삶에 중요한 문제들에 대한 하나님의 말씀	사막

단원 번호	단원명	성경	기도	실천적 적용	피조세계
J-9	하나님 우리 아버지께서는 예수님이 하신 것처럼 우리도 다른 사람들을 인도하기를 원하신다.	예수께서 제자들을 부르시다	우리와 함께 다른 사람들이 예수님을 따를 수 있기를 기도	행동으로 예수님을 따르기	물고기와 고기잡이
J-10	예수님은 우리의 모든 것을 알고 계신다	우물가의 여인	기도하자-예수님은 인간의 모든 것을 알고 계시지 않는가!	예수님은 우리가 무엇을 두려워하는지 알고 계신다	우물(샘)
J-11	하나님 우리 아버지께서는 예수님이 우리를 축복하신 것처럼 우리도 다른 사람들을 축복하기 원하신다	예수님께서 아이들을 축복하시다	기도를 통해 다른 이들을 축복하기	다른 사람을 축복하는 재미있는 방법들	세계의 어린이들
J-12	우리는 예수님께서 하셨던 것처럼 병자와 가난한 자들을 도와야 한다	베데스다에서의 치유	몸의 치유가 필요한 사람들을 위한 기도	특별한 필요 가운데 있는 사람들에게 긍휼을 표현하기	골격구조
J-13	예수님은 피조물을 다스리는 능력을 가지셨다	예수님께서는 폭풍을 잠잠케 하신다	자연재해를 입은 이들을 위한 기도	어린이들에게 하나님의 평안을 끼침	폭풍
J-14	예수님처럼 우리도 감사하며 살아야 한다	예수님이 오천 명을 먹이시다	우리가 가진 것에 대해 감사하기	감사하는 태도 기르기	밀(혹은 기타 곡식)
J-15	예수님은 우리가 우리를 향한 하나님의 계획을 따르도록 서로 격려하는 법을 보여주신다	삭개오가 예수님을 만나다	영향력 있는 분들을 위한 중보	잘못된 행동에 반응하는 법	나무
J-16	예수님은 생명을 주시는 분이다	예수님께서 죽은 나사로를 살리시다	생명을 주시는 분에 대해 들어보지 못한 이들을 위한 기도	하나님께서 창조하신 것들에 대한 존중	생물과 무생물
J-17	예수님은 제자들을 준비시키신다	예수님께서 제자들에게 자신이 죽게 될 것과 다시 부활하게 될 것을 말씀하시다	불확실한 장래의 일로 인해 걱정하는 자들을 위한 기도	나쁜 상황에서 선을 이루신 하나님	나비

단원 번호	단원명	성경	기도	실천적 적용	피조세계
J-18	예수님은 죽음을 택하심으로 우리를 위한 가장 위대한 사랑을 보여주셨다	부활절 이야기	예수님께서 우리를 위해 하신 일에 대해 찬양과 경배를 드림	예수님이 하신 것처럼 다른 사람들에게 사랑을 표현하는 방법	계절
J-19	예수님은 살아계시다	예수님께서 그를 따르는 자들에게 나타나시다	기뻐하라! 예수님이 살아 계신다	예수님은 살아 계셔서 우리를 인도하시고, 보호하시고, 채워주신다	꽃
J-20	예수님은 우리를 위해 언제나 기도하고 계신다	예수님의 승천	예수님의 이름으로 기도하기	예수님은 우리를 위해 일하신다	중력

〈표 5〉 열방대학 기독교 유아교육과정 내용 III

: 제4권 예수님을 알자, 성령의 도우심으로

단원 번호	단원명	성경	기도	실천적 적용	피조세계
J-21	예수님은 약속하신 대로 성령님을 보내셨다	오순절	성령님의 오심을 찬양하며 감사하자	우리의 생활 속에 이루어진 하나님의 약속	비둘기
J-22	우리는 사람들을 위해 예수님의 이름으로 기도할 수 있다	베드로와 요한이 앉은뱅이 거지를 위해 기도하다	우리 모임 안에서 도움이 필요한 사람을 위해 기도하자	하나님이 우리의 기도를 어떻게 응답하시는가에 대한 간증들	인체 근육 조직
J-23	하나님 우리 아버지께서는 우리가 다른 사람들과 나누기를 원하신다	초대교회의 믿는 자들의 나눔	다른 사람의 필요를 함께 나누기	다른 사람과 나누는 법	빵
J-24	하나님 우리 아버지께서는 우리가 다른 사람들에게 예수님에 대해서 말하기를 원하신다	빌립과 이디오피아 내시	예수님을 전하는 사람들을 위해서 기도하자	어린이들은 다른 사람들에게 예수님에 대해 어떻게 전할 수 있을까	의사소통

단원 번호	단원명	성경	기도	실천적 적용	피조세계
J-25	하나님 우리 아버지께서는 우리가 잘못된 선택을 하는 것에서 우리를 구하시려고 예수님을 보내셨다	사울의 회심	우리 자신과 다른 사람들이 옳은 일을 하도록 기도하자	어린 시절에 갖는 공통된 갈등에 대해 성경은 무엇이라고 말씀하시나	빛
J-26	우리가 예수님을 따를 때에 우리는 예수님의 돌보심 속에 거한다	바구니를 타고 도망한 바울	예수님을 예배하는 것이 금지된 사람들을 위해서 기도하자	하나님의 미쁘신 보호에 대한 간증	직조
J-27	하나님 우리 아버지는 우리를 똑같이 사랑하신다	베드로의 환상과 고넬료의 초대	이웃 문화권을 위해 기도하기	타 문화권의 그리스도인	돼지
J-28	하나님 우리 아버지께서는 우리에게 평안을 주신다	감옥에 갇힌 베드로	현 세계의 평화를 위한 기도	하나님의 평안을 주고 받자	밧줄
J-29	하나님 우리 아버지께서는 우리가 어디서든지 노래하고 말하는 것을 들으신다	감옥에 갇힌 바울과 실라	하나님은 당신의 백성들을 들으신다	찬양받으시기에 합당하신 하나님 아버지	지진
J-30	하나님 우리 아버지께서는 우리가 다른 사람들을 도울 방법을 알도록 도우신다	난파된 배 안에 있는 바울	위기에 처한 사람들에게 지혜를 주시도록 기도하자	어떻게 다른 사람들을 도울 것인가	물

열방대학 기독교 유아교육과정의 제5권인 '의로 훈계하다'는 어린이들의 갈등을 다루는 성서적 훈계 지침서라는 부제가 달려있다. 이는 교사가 매일 겪게 되는 어린이들의 행동의 문제들을 어떻게 성서적 관점에 근거하여 처리할지 제시하고 있다. 성서적 훈계의 지침을 위해 먼저 교사인 성인에게 적용해야 할 원칙을 제시하고 있으며 그것을 기도하는 자세로 묵상해 주길 요구한다. 또한 어린이들에게 기대해야 할 전형적 행동의 양식은 무엇인지 성서적 틀에 근거하여 나열하고 있다.

교사에게는 하나님 훈계의 표준은 무엇인지 실제 생활에서 일어나는 이야기들을 통해 훈계의 원칙을 제시하고 있다. 또한 계속되는 저항과 반항에 대해서 어떻게 해야 할지에 대해서도 안내하고 있다.

어린이를 위한 훈계의 지침은 9개의 대비되는 주제로 훈계의 근거가 되는 말씀과 함께 제시한다. 그 주제는 불순종과 순종, 무례와 존중, 어리석음과 지혜, 때리기와 절제, 산만함과 집중, 거짓말과 진실, 나 먼저(자기 본위)와 너 먼저(타인 배려), 도둑질과 만족, 불친절한 말과 친절한 말이다.

02 알타비스타 교육과정(Alta Vista Curriculum)

알타비스타 교육과정은 1991년 Alta Vista College의 교육과정 개발팀이 개발한 유아교육 프로그램이다. 편집 책임자는 Bellevue Christian School의 설립자이며 Alta Vista College의 설립자 겸 실행 책임자인 알버트 그린 Albert E. Greene, Jr.[18] 이다.

그 외에 교육과정 개발에 참여한 개발자 및 감독자는 팀 크렐 Tim Krell(톨트 고등학교의 수학과 과학교사와 Bellevue Christian High School의 교장 역임)과 엘렌 브라우어 Elaine Brouwer(Alta Vista College 학장), 수잔 탈봇 Susan Talbot(Home Schooling Parent Teacher 역임) 이다.

알타 비스타 교육과정은 학교뿐만 아니라 홈스쿨링을 하는 경우에도 활용할 수 있도록 매우 자세한 내용과 자료가 제시되어 있는 것이 특징이다. 교육과정은 4단계의 수준에 따라 각각 6개 단원별로 15개 과로 제시되어 있으며 각 단원마다 제안 활동, 프로젝트, 교과서와 워크시트가 제시된다. 교사 지침서에는 기독교 교육에 대한 기초적 내용, 알타 비스타 교육의 접근방법, 교사와 학생을 위한 정보와 발달 지침, 평가 지침, 언어, 수학 및 체육 교육의 내용과 범위, 프로젝트 교수방법에 대해 제시하고 있다. 또한 각 lesson을 진행하는 데 도움을 줄 수

18) 알버트 그린의 교육관은 『알버트 그린 박사의 기독교 세계관으로 가르치기』, 『기독교 세계관으로 살아가기』라는 책으로 우리나라에도 소개되어 있다.

있는 상품화된 보조자료에 대한 자세한 안내도 포함하고 있다.

이 교육과정에서 다루고 있는 단원은 1. 식물, 2. 정치집단 속에서의 인간, 3. 지구와 우주, 4. 개인으로서의 인간, 5. 동물, 6. 세계의 여러 인종으로 나누어져 있다. 그러나 유아교육과정에서는 '정치집단 속에서의 인간'을 다루지 않았다. 각 단원은 한 학기(15~18주)동안 다룰 수 있으며 한 단원에 제시된 15개의 과(lesson)는 과마다 다른 교과목에 초점을 두고 있다. 교육과정의 수준은 A수준은 유아/유치원 단계, B수준은 1학년부터 3학년 단계, C수준은 4학년부터 6학년 단계, D수준은 7학년부터 9학년 단계이다. 이 프로그램은 단원을 선정하고 이를 중심으로 모든 교과영역에 대해 성서적 관점을 적용하고자 하였다. 즉, 모든 교과에서 교육내용과 성서적 관점은 서로 무관한 것이 아니라 연계되는 내용으로 구성되어 있다. 표 안의 A는 유치원부터 1학년 수준이고 B는 3학년까지 수준이다.

Alta Vista프로그램의 내용체계를 표로 제시하면 아래와 같다.

〈표 6〉 알타비스타 교육과정의 내용체계

단원명 학문영역	식물	세계의 여러 인종	지구/우주, 무생물	개인으로서의 사람-자기와 타인	동물
논리학	생물과 무생물 : 식물의 종류	여러 인종들	하나님께서 무생물도 창조하셨다	개인의 정체감	하나님은 많은 종류의 동물을 창조하셨다
물리학	식물의 각 부분들	자연지리 : 대륙과 해양	무생물의 특징	개인의 신체 : 인간 감각	동물의 몸과 표면(날개, 비늘, 털, 피부)
수학	식물 부분 세기 : 식물의 수	인구 밀도	시간 측정	개인의 수 : 연령, 무게, 신장	동물의 수와 동물 신체 부위는 셀 수 있다
기하학	식물의 크기 변화 : 씨앗에서 성장한 식물까지	여러 가지 집	지역, 위치, 방향, 거리	개개인의 모양, 크기, 공간사용	동물의 신체 크기와 적합한 서식처
생물학	식물은 햇빛, 물, 토양, 공기를 필요로 한다	여러 가지 음식	태양계 : 지구는 살아 있는 행성이다	좋은 음식, 휴식, 청결, 물에 대한 욕구	동물이 살아가는 데 음식, 물 공기가 필요하다(새, 물고기)

학문영역 \ 단원명	식물	세계의 여러 인종	지구/우주, 무생물	개인으로서의 사람-자기와 타인	동물
역학 (운동적)	식물의 운동 : 빛을 향해 자라고 바람에 따라 굽어진다	여러 가지 여행 방식	밀기와 당기기	개인의 움직임 : 운동	동물은 서로 다른 방식으로 움직인다(파충류)
심리학	식물에 대한 감정 : 인간 감각	인사를 통해 자신의 감정을 표현하는 다양한 방식(악수, 뽀뽀하기, 끌어안기)	하나님의 세계에 관한 느낌	개인의 정서와 자아개념	동물과 정서
미학		다양한 미술과 음악	우리는 무생물을 주신 하나님을 찬양하기 위해서 미술과 음악을 이용한다	미술에 대한 개인의 미학	하나님은 동물의 아름다움을 통해 자신의 영광을 드러내신다(새와 나비)
언어학		다양한 언어	하나님과 이야기 나누는 방법	개인의 의사소통 : 말하기와 듣기를 배우기	문학 속의 동물 : 신화, 우화
사회학	벌과 꽃 : 남과 더불어 살기	다양한 가족형태	가족 휴가	인간 관계 : 집단 속의 개인	우리 사회의 동물 : 애완견, 맹도견, 경찰견, 사냥개, 서커스 동물들
경제학	식물의 산물 : 음식, 옷	다양한 직업	물, 열, 힘의 경제학	개인의 소유 : 하나님의 것과 나의 것, 자기 점심을 나누는 소년에 대한 성경이야기	동물은 음식, 의복, 노동과 즐거움을 준다
역사학	A : NW 연안의 아메리카 원주민 B : 현대와 과거의 식물을 사용하는 방식 비교	순례자와 Wampanoag (NW의 아메리카 원주민)	A : SW 연안의 아메리카 원주민 B : 개척자들 (양철공, 대장장이)	개인의 역사 : 성장과 발달	A : 말, 속달, 우편 B : 넓은 평원의 원주민, 교통수단인 말과 들소
윤리학	씨의 비유 : 식물 돌보기	나와 다른 사람의 차이 수용하기	공기, 물, 토양의 오염 : 원인과 예방	개인의 봉사 : 사랑, 적절한 접촉과 부적절한 접촉	멸종된 동물과 위기에 처한 동물

단원명 학문영역	식물	세계의 여러 인종	지구/우주, 무생물	개인으로서의 사람-자기와 타인	동물
법학	들판과 숲에 있는 식물에 대한 규칙 : 아담과 이브	다양한 정부 형태(군주제, 의회 민주주의)	중력과 마찰	사람의 규칙 : 권위	애완동물을 돌보는 규칙
신학	하나님에 대한 우리의 사랑을 보이는 한 방법은 식물을 잘 돌보는 것이다.	사도 바울의 선교 사역	무생물을 주신 하나님을 찬양	개인의 신앙 : 하나님과의 관계	노아와 방주

03 한국의 기독교 유아교육과정

1) 총신대학교 부속유치원의 「기독교 유치원 교육과정」

『기독교 유치원 교육과정』은 총신대학 부속 유치원에서 1999년 개발된 생활주제 중심 유아교육과정이다. 연구 책임자는 유아교육과의 김미경교수이며 같은 유아교육과의 김동춘, 정갑순, 정희영 교수가 집필진으로, 부속유치원의 최영해, 신현정, 김윤경, 김재영이 협의진으로 참여 · 개발하였다. 이 교육과정은 칼빈주의 사상에 입각한 기독교 교육의 목적, 버언 H.W. Byrne의 사회적 교육목적을 교육의 목적으로 하고 성경을 우위로 하고 심리학을 하나의 방법론 및 도구로 사용하는 기독교와 심리학의 통합을 바탕으로 이루어진 것이라고 소개하고 있다.

개발진들은 『기독교 유치원 교육과정』의 머리말에서 다음과 같은 것을 강조하고 싶었다고 소개하였다.

첫째, 교사는 그리스도가 구주라는 사실을 밝힘으로써 유아가 그 사실을 받아들여 '온전한 사람을 이루어 그리스도의 장성한 분량이 충만한 데까지 이를' 수 있는 여건을 조성하여야 한다.

둘째, 교사는 그리스도의 영적 권위와 그 자신이 진리되심을 인정하여야 한다.

셋째, 모든 만물이 그리스도와 연결되어 있으며 구체화된 그의 말씀의 빛을 통해 이루어진다.

넷째, “주의 광명 중에 우리가 광명을 보리이다.” (시편 36 : 9)라는 약속의 진리를 받아들일 때만 교육을 통해서 얻은 지식이 참된 지식이요 가치 있는 신념이 될 수 있다.

다섯째, 칼빈이 언급한 것처럼 하나님의 말씀에 기초하고 그 말씀에 의거하여 지도받고 고취되는 생활, 즉 그러한 환경 속에서만 하나님을 참으로 기쁘게 할 수 있으며 하나님과 바른 관계에 있게 된다.

이에 따라 총신대 부속유치원은 생활주제별로 해당되는 성경이야기와 함께 성경적 세계관을 바탕으로 이야기 나누기, 견학, 조작놀이, 미술활동, 동시와 노래 등의 활동 중심의 교육과정을 개발하였다.

총신대학교의 교육과정은 두 권으로 나누어 발간되었다. 각각의 학기별 주제는 〈표 7〉, 〈표 8〉과 같다.

〈표 7〉 총신대학교 부속유치원 1학기 생활주제

시기	주제
3월 2주	유치원 생활의 시작을 하나님께 감사드려요
3월 3주	하나님께서는 서로 존중하라고 하셨어요
3월 4주	예배
3월 5주	친구들을 주신 하나님
4월 1주	다시 살아나신 예수님
4월 2주	하나님이 만드신 봄
4월 3~4주	동물을 만드신 하나님
5월 1주	나를 사랑하신 예수님
5월 2주	사람을 만드신 하나님
5월 3주	하나님이 사랑하시는 우리 가정
5월 4주	집을 주신 하나님
5월 5주~6월 1주	하나님이 주신 고마운 이웃
6월 2주	하나님이 기뻐하시는 어린이
6월 3주	하나님께서 평화롭게 살라고 하셨어요
6월 4주	생명의 물을 주신 하나님
7월 1주~2주	하나님이 자연을 돌보라고 하셨어요
7월 3주	여름방학 동안 지켜주시는 하나님

〈표 8〉 총신대학교 부속 유치원의 2학기 생활주제

시기	생활주제
8월 5주	하나님이 만드신 아름다운 세상에 가볼래요
9월 주	교통기관을 이용할 수 있는 지혜를 주셨어요
9월 주	지혜를 주신 하나님
9월 주	하나님이 주신 몸으로 운동을 해요
9월 주	하나님께 감사드려요
10월 주	하나님이 주신 우리나라
10월 주	하나님이 주신 여러 나라
10월 주	하나님이 만드신 우주
10월 주	하나님이 주신 아름다운 가을의 변화
11월 주	하나님이 주신 책
11월 주	추수감사절 하나님을 찬양해요
11월 주	온 세계에 복음을 전할래요
11월 주	추운 겨울에도 돌보아주시는 하나님
12월 주	불을 사용할 수 있는 지혜를 주셨어요
12월 주	이웃사랑/성탄예배
2월 1~2주	자라게 하시는 하나님

2) 한국 기독교 유아교육연구회의 『기독교 유아교육과정』

〈한국 기독교 유아교육연구회〉는 〈한국 기독교 유아교육학회〉의 전신이다.

1999년 보육사/다음세대의 연구비 지원을 받아 개발된 교육과정으로 개발주제가 〈물〉 하나뿐이어서 특정한 교육현장에서 활용되고 있지는 않지만 생활주제에 따른 활동개발의 전형적인 특성을 볼 수 있다. 총신대학의 정희영교수, 성균관대학의 현은자교수, 서울여대의 문미옥교수 외에 유승연, 김학영, 유혜숙, 김미애, 서광일교수 등이 참여하였다.

특히 실제를 개발한 연구진들은 물과 관련된 성경구절을 찾아보고 전문서적과 전문가를 통해 새로운 지식을 얻은 후 교육내용을 창조-타락-구속의 기독교 세계관으로 나누어 소개하였다. 그리고 유아를 대상으로 개발하되 하나님, 자연, 인간 간의 관련성을 다루었다고 하였다. 〈물〉 주제의 소주제는 〈표 9〉와 같다.

〈표 9〉 〈물〉 주제의 교육과정 구성

생활주제	주제	소주제
물	물의 창조	물의 창조
		물이 있는 곳의 견학
		액체의 물
		기체의 물
		고체의 물
		물의 순환
	물의 특성	모세관 현상
		고체의 밀도 이상
		부력
		용해
		표면장력
	물의 쓰임새	식물 안의 물
		사람과 동물 안의 물
		깨끗하게 하는 물
		힘이 있는 물
		여러 느낌을 주는 물
	물의 오염과 회복	인간의 죄
		오염된 물
		오염된 땅
		오염됨 공기
		오염된 지구
	하나님의 회복	물의 영적 의식
		예수님은 생명수
		온전한 회복

3) 샘물교회 유치원

샘물학교는 대안학교의 체계를 이용하였으나 공교육의 교육적 문제를 인식하고 그것에 대한 대안을 찾은 것이 아니다. 부모들이 언약의 자식을 어떻게 신앙적으로 교육할까, 하는 질문에 대한 대답으로 기독교 학교를 만들었다. 신앙적인 동기로 기독교 학교를 세웠으며 그런 의미에서 미션스쿨이나 기독교 대안학교가 아닌 '기독교 학교' 이다.

기독교 학교를 하면서 공립학교에서 하지 못하는 여러 가지 대안적인 교육방법을 사용하기도 한다. 임경근 교장은 샘물학교의 핵심은 성경적인 세계관으로 전 학문을 바라보는 교육을 하고자 하였으며 이것이 샘물학교의 가장 큰 특징이며 자랑이 되어야 할 것이라고 하였다.

샘물학교의 홈페이지에 소개된 교육원리와 실제는 다음과 같다.

원리

1. 샘물학교는 하나님께서 자녀교육에 대한 일차적 책임을 부모에게 주셨음을 알고, 학생의 교육을 가정과 함께 조력해 나간다.
2. 샘물학교는 학문의 목적을 단지 지식의 축적으로만 여기는 것이 아니라 하나님을 경외함으로 생기는 통찰력과 지혜를 얻어 예수 그리스도의 삶을 닮아가는 것에 둔다.
3. 샘물학교는 교육을 통하여 학생들의 다양한 은사를 발견하게 하고 그들의 소명을 이룰 수 있도록 돕는다. 더 나아가 그들이 하나님과 사람을 섬기는 예수 그리스도의 제자가 되도록 책임을 다한다.
4. 샘물학교는 학과목의 영역뿐만 아니라 행정, 교육비, 입학, 교육과정, 교육계획 등 학교의 전반적인 영역에서도 그리스도의 통치가 이루어지도록 한다.
5. 샘물학교는 하나님께서 부여하신 교사의 권위를 지지하고 학생들로 하여금 교사에게 순종하도록 교육한다.
6. 샘물학교는 학생들의 불완전한 모습에도 불구하고 그들이 하나님의 형상으로 창조된 존귀한 자들이며 교육을 통하여 계속적으로 하나님의 사람으로 온전하고 선하게 지어져 가는 존재임을 선언한다.
7. 샘물학교는 교직원의 다양한 은사를 인정하여 그 역할을 정하고, 경쟁의 원리가 아닌 나눔과 섬김의 장이 되도록 한다.

실제

1. 샘물학교는 샘물교회를 정회원으로 섬기는 가정의 자녀들에게 입학의 우선순위(70%)를 부여한다.
2. 샘물학교는 기독교 세계관에 입각하여 교과를 가르치고 그에 맞는 교육과정을 만들어간다.
3. 샘물학교는 부모와 학생이 함께 성장하는 것을 지향하여 학생교육과 함께 부모교육을 병행한다.
4. 샘물학교는 교육의 질적 향상을 위해 교사교육을 지속적으로 실시한다.
5. 샘물학교는 한 학급이 20명을 넘지 않는 소규모 학급으로 이루어진다.
6. 샘물학교는 유치원과 초등학교가 일관된 교육철학으로 교육한다.
7. 샘물학교는 장애아와 비장애아가 함께 하는 통합교육을 실시한다.
8. 샘물학교 공동체는 성품을 훈련한다.
9. 샘물학교는 홈스쿨 가정과 함께 한다.
10. 샘물학교는 섬김과 나눔의 원리에 따라 장학금 제도를 두어 기독교 교육을 원하는 분들에게 교육의 기회를 제공한다.
11. 샘물학교는 다양한 체험학습을 하며 주일 준비를 위하여 토요일을 가정학습일로 둔다.
12. 샘물학교는 다양한 절기행사를 진행하고 그 의미를 잘 깨닫게 한다.

샘물교회 유치원은 하나님 사랑, 사람 사랑, 배움 사랑을 통하여 섬기는 제자를 세우는 것을 교육의 목표로 삼고 있다. 샘물유치원 교육과정은 교육을 통하여 아이들이 하나님과 사람과 세계(우주)에 관한 지식을 습득할 뿐 아니라, 이 세 가지 대상들과 친밀한 관계를 맺도록 돕는 데 있다.

다만 교육과정에 영어교육이나 상업화된 교구가 포함된 것을 볼 때 기독교 유아교육 영역에서 기독교 교육만큼 유아교육의 본질에 대한 더욱 사려 깊은 숙고가 필요하다고 하겠다.

<table>
<tr><td rowspan="3">1. 하나님을 알아가는 교육 :
Knowing God
하나님을 깊이 알아가고 하나님과의 친밀한 관계 속에서 그분을 사랑한다.</td><td>성품</td><td>- 바른 품성을 가진 예수님의 제자가 되기 위해 매달 한가지의 성품을 배우며 초등학교와 연계되어 있다.
- 성품주제를 통해 통합적인 교육과정을 운영한다.
- 성품교육의 효과를 위해 가정과 연계하며 학부모들은 부모교육 시간을 통해 성품교육을 받는다.
- 성품 커리큘럼
1년차 : 경청, 순종, 온유, 조심성, 질서, 감사, 절제, 용서
2년차 : 경청, 순종, 공경, 검약, 진실, 겸손, 책임, 사랑
• 경청과 순종의 경우는 성품의 가장 기본이 되기 때문에 매년 반복한다.</td></tr>
<tr><td>성경</td><td>- 성경이야기를 아이들과 나누며 성경에 대한 지식뿐 아니라 관련된 활동을 통해 아이들의 삶 가운데 적용할 수 있도록 돕는다.
- 성경내용 : 인물과 사건별로 다룸</td></tr>
<tr><td>특별활동</td><td>- 절기수업, 아침묵상의 시간, 전체 학부모 기도회(1학기 1번)</td></tr>
<tr><td rowspan="6">2. 사람을 알아가는 교육 :
Knowing Man
하나님을 아는 것 외에도 자신을 정확히 알고, 자신과 다른 사람들과의 관계 속에서 일어난 많은 종류의 이야기와 시공을 초월한 기록을 배우며 알며 사랑한다.</td><td>문학적 접근</td><td>- 성품주제와 관련된 도서를 선정하여 유아의 흥미와 관심을 이끌어내고 문학 작품을 통해 아이들이 배워야 할 가치들을 쉽게 받아들일 수 있도록 돕는다.
- 다양한 언어활동(말하기, 듣기, 읽기, 쓰기)을 통해 자연스럽게 글과 친숙해질 뿐만 아니라 총체적인 언어교육이 이루어질 수 있도록 돕는다.</td></tr>
<tr><td>영어</td><td>- Phonics를 중심으로 읽기 교육을 하며 영어도서를 통해 문학수업을 한다.
- 활동으로는 영어 연극하기, 노래 부르기, 시 암송하기 등의 활동을 통해 하나님이 만들어 주신 새로운 언어를 경험하도록 돕는다.</td></tr>
<tr><td>음악</td><td>- 노래, 소리탐구 및 신체표현, 리듬, 청음, 음악 감상 등 다양한 음악적 경험을 갖도록 하고 이를 통해 하나님이 만드신 아름다운 소리와 질서 있는 음악을 경험하도록 돕는다.</td></tr>
<tr><td>미술</td><td>- 다양한 재료와 기법을 사용한 그리기, 여러 가지의 재료를 이용한 만들기 등을 통해 미술에 흥미를 가질 수 있도록 도우며 더 나아가 하나님의 형상을 닮아 창조성을 가진 아이들이 자신의 생각과 느낌을 창의적으로 표현할 수 있도록 돕는다.</td></tr>
<tr><td>체육</td><td>- 공놀이, 달리기, 철봉, 유니바, 아이소파를 이용한 활동, 장애물 넘기, 터널 통과하기 등의 활동을 통해 하나님이 맡겨주신 몸과 마음을 건강하게 자랄 수 있도록 돕는다.</td></tr>
<tr><td>특별 활동</td><td>- 아름다운 성(성교육), 안전교육, 동아리 활동</td></tr>
</table>

3. 우주를 알아가는 교육 : Knowing World & Cosmos 창조세계에 있는 것들과 관계를 맺으며 그들 안에 있는 질서와 법칙들을 배우며 알아가는 과정 속에 하나님과 사람, 배움을 사랑한다.	수학	- 수학적 경험을 통해 하나님의 질서를 발견하는 경험을 갖도록 돕는다. - 라벤스 부르거, 하바, 가베 등의 교구활동을 통해 수 이전 개념을 익히도록 하며 다른 아이들과의 교구놀이를 통해 사회성을 기를 수 있도록 돕는다. - 내용 : 분류하기, 모양, 패턴, 순서 짓기, 그래프 활동, 측정, 수 세기 등
	과학	- 자연현상을 관찰하고 탐구하는 것을 통해 하나님의 창조세계의 신비함과 아름다움을 발견할 수 있도록 돕는다. - 실험과 관찰(여러 곤충 및 식물 키우기, 요리실습 등)을 통해 과학의 기초 개념과 관찰력, 탐구력을 키울 수 있도록 돕는다. - 내용 : 동식물, 날씨와 계절의 변화, 환경오염, 나의 몸 등
	특별활동	- 일상 나들이(실외활동), 먼 나들이(체험학습), 텃밭 나들이(자연학습)

8장을 마치며

기독교 교육과정을 조사하기 위해 찾아보는 동안 우리는 기독교 유아교육을 실천하려는 많은 노력들이 이미 이루어졌음을 확인할 수 있었다. 특히 교육과정을 개발한 총신대 부속유치원, 성서대 부속어린이집 등 국내 유아교육기관들은 초기에는 모두 힘들게 결단하고 시작하였지만 마침과 동시에 하나님의 도우심과 성령님의 동행하심을 깨달았다고 고백하였다.

당신의 교직이 감사와 감격으로 넘치는 놀라운 사역의 현장이 되기를 소망하는가? 힘든 과정이지만 이 길에 기꺼이 들어서라! 당신 혼자 고민하고 애쓰는 공간이 결코 아니다. 유아의 모든 행동에 의미를 두고 무엇을 가르칠 수 있는지 전전긍긍하지 마라. 염려하지 말 것은 우리의 이 사역은 하나님께서 함께 하신다. 당신의 교실 문 밖에 예수님을 계시게 하고 혼자 들어가지 마라.

읽기를 권하는 책

- 해로 반 브루멜른(2006). 기독교 교육과정 디딤돌. (이부형 역). IVP.
- 기독교 학교연구회(1999). 우리가 꿈꾸는 학교. 예영 커뮤니케이션.

9장

교육과정의 유형과 설계

서교사는 독실한 기독교 신자이다. 주변의 교사들도 인정하고 자신도 그렇다고 생각한다. 자신이 근무하는 유치원은 기독교재단이 설립한 유치원이지만 추수감사절 행사와 성탄절 행사 외에 특별히 기독교의 특성을 가진 일정은 없다. 물론 입학식과 졸업식에도 예배의 형식을 따르지는 않는다. 다른 종교적 배경을 가진 유아들을 고려한다는 뜻이지만 그보다도 원장님이나 선배 교사들은 더 이상의 기독교적 성향을 띠는 것은 바람직하지 않다고 생각하는 것 같았다. 서로 말은 안하지만 원아모집에 영향이 있을 것 같아서 꺼려하는 것으로 판단된다.

서교사는 가끔 어린 유아라 해도 전도할 수 있을 것이라고 소망을 품는다. 하지만 유치원의 이런 분위기 때문에 외현적인 활동을 실시하는 것이 두렵다. 그리고 무엇보다 유아들에게 성경을 들려주거나 직접적으로 하나님에 대해 이야기를 들려주는 것 외에 어떤 방법이 있는지 알 수가 없다.

하지만 교직을 통해 하나님을 전하는 것이 기독교사로서의 책임인 것 같아 작은 시도를 하곤 한다. 아이가 아프면 꼭 안아주면서 짧은 기도를 한다. 아이도 정서적으로 안정되는 것 같아 부모가 특별한 이의를 제기하지 않을 것 같았다. 또는 창밖을 바라보며 서 있거나 마당의 풀을 들여다보고 있을 때 유아가 곁에 다가오면 나지막한 소리로 특별한 노래를 들려주었다.

꽃 피어 향기 날리고 나비는 춤추며
새들은 노래하나니 새 봄이라.
이때가 돌아오면 주님께 감사하고
또 기쁜 노랫소리를 끊지 마세! (어릴 적 불렀던 주일학교 찬양)

사랑의 하나님 귀하신 이름은
내 나이 비록 어려도 잘 알수 있어요.

온 천하 만물은 그림책 같아서
그 고운 그림 보아서 그 사랑 알지요. (301장 찬송)

서교사는 보다 더 나은 방법이 없는지 궁금하다.
이것을 더 배우기 위해서는 신학교를 가야 하는 것일까?

교사는 가르치기 위해 늘 배우는 자가 되어야 한다. 기독교사는 성경이 하나님, 어린이, 이 세상에 대해 어떻게 말씀하고 계시는지 알기 위해 제일 먼저 성경 전권을 읽어서 성경의 세계관을 통찰해야 하고 날마다 묵상해야 한다. 그리고 이 세상과 하나님을 유아들에게 어떻게 가르칠 것인지 구체적 방법을 연구하고 배우는 자이다.

그러기 위해서 교사들은 유아에게 가르치는 모든 내용이 기독교 세계관과 부합하는지 점검할 수 있어야 한다. 그 후에 버릴 것을 버리고, 고칠 것을 고치고, 새로 도입하여야 할 것과 빠진 것이 무엇인지 확인하여 올바른 교육과정을 능동적으로 개편하여야 한다.

01 기독교적 통합교육과정의 정의

1) 기독교적 통합교육과정의 정의

통합교육과정은 유아교육과정 구성에 있어서 가장 이상적인 형태로 여겨져 왔다. 그러나 일반교육과정에서 관심을 가지는 통합은 기독교 교육과정에서의 통합의 의미와 다르다. 일반교육과정에서의 통합은 교과목을 연결시키는 통합, 주제 · 토픽 · 생각들을 통한 통합, 실제적인 사고에서의 통합, 학습자의 흥미에 의한 탐구활동에서 이루어지는 통합이다. 일반교육과정에서의 통합의 공통점은 인간의 자율성을 통합의 기초로 두고 있다는 점이다.

흔히 사람들은 인간의 지적 능력이 창세 이래 계속 확장되어 가는 것으로 생각한다. 외람된 자율성을 지닌 인간은 이전 세대가 이루어 놓은 지식 위에 점차 바벨탑을 쌓아 올리고 있다. 이처럼 기존 자원과 기타 충분한 요인을 활용해서 자유로이 학문을 탐구함으로써 언젠가는 완전한 진리를 발견하게 될 것으로 믿고 있다. 이는 지극히 자기 구원적인 인간의 모습이다. 통합교육과정 역시 이러한 인간의 자율성에 근거하고 있다.

기독교 교육과정의 기초는 모든 진리가 하나님의 진리라는 것이다. 하나님은 모든 것의 창조주이시므로 모든 영역의 진리는 그분으로부터 연유하며 기독교 교육과정에서 다루는 모든 진리는 통일성을 갖는다. 하나님의 진리는 본질상 통합성과 유일성을 가지고 있다. 하나님께서 지식의 근본이시고 지식은 그로부터 나왔으므로 본질상 분리되고 고립된 것이 없다. 이것이 기독교에서 일컫는 통합 교육과정이다.

기독교 교육과정에서 성경에 통합의 기초를 둔다는 것은 일반교육과정을 타 기관과 동일하게 운영하면서 별도로 기독교적 전통을 가르치거나 예배시간을 배정하는 것을 의미하지 않는다.

앞장에서도 계속 강조하였듯이 유아교육에서의 교육내용은 하나님의 창조세계에 관한 것이다. 그러므로 교수방법 역시 하나님께서 피조세계를 창조하신 원리에 따라 추구해야 할 것이다. 그렇다면 창조세계의 원리는 어떠한가?

첫째, 하나님의 창조세계는 매우 다양하다. 창조 6일간 하나님께서는 하늘과 땅, 바다를 만드시고 그 안에 무수히 많은 온갖 식물과 동물을 살도록 하셨다. 그러므로 유아교육의 주제는 식물 · 동물 등의 생물뿐 아니라 미생물까지 그리고 흙과 물과 빛 등의 비생물까지 다양하고 풍부해야 한다.

둘째, 창조세계는 서로 관련되어 있다. 모든 생물과 무생물들, 인간과 자연, 그리고 인간 문화의 각 영역들은 서로 관련되어 있다. '풀' 이라는 주제를 다룬다고 가정할 때 풀을 하나의 독립된 대상으로만 다룰 수는 없으며 흙 · 공기 · 햇빛과의 관계, 곤충 · 새와의 관계, 다른 풀과의 관계, 인간과의 관계 등 많은 관계들 속에서 다루어야 한다. 풀을 자라게 하는 흙과 햇빛, 풀을 먹고 사는 곤충, 그 풀에 서식처를 삼고 사는 곤충, 그 풀을 번식하도록 돕는 곤충, 그 곤충을 먹이로 삼고 사는 새, 그 새의 분비물이 다시 풀의 거름이 되는 미생물과의 순환되는 관계를 알아야 풀을 제대로 아는 것이다.

궁극적으로 하나님께서 이 풀을 통해 주시는 의미를 깨닫게 되면 풀을 위해 내가 해야 할 일에 대한 섬김과 헌신으로 이어지게 된다. 즉, 우리는 풀을 다루면서 서로 관련된 피조물의 다양한 관계를 통해 하나님의 섭리를 알게 되며 풀에 대한 나의 반응이 하나님에 대한 나의 반응으로 드러나게 됨을 깨닫게 된다.

셋째, 창조세계는 하나님의 말씀으로 창조되었으며 체계적으로 움직일 수 있도록 설계되어 있다. 그래서 우리는 창조세계를 하나님의 말씀이라는 총체적이며 일원화된 방식으로 경험하고 이해할 수 있다. 성경은 과학 교과서가 아니지만 과학의 대상인 모든 피조물을 완전하게 이해할 수 있는 세계관을 제공한다.

즉, 기독교 교육과정의 통합교육이란 창조세계의 다양성, 상호관련성, 통일성을 유아교육에서 추구하고 있는 근거로 제시한다.

2) 기독교 교육과정의 통합 유형

통합적 기독교 교육과정은 어떤 방법으로 일반교육과정을 창조원리와 통합을 할 것인가? 나이트 Knight(1987)는 진정한 의미의 기독교 교육과정을 설명하기 위해 세 가지 유형의 교육과정을 비교하면서 제시하고 있다.

첫 번째 제시하는 기독교 교육과정 유형은 [그림 2]처럼 성경 및 종교 행위를 교육의 여러 구성분야 가운데 하나로 여기는 것이다. 일주일에 한 번씩 예배를 드린다거나, 성경을 들려주는 것, 간식 먹을 때 기도하는 것 등 기독교와 관련되는 시간이 있기는 하지만 나머지 교육은 일반교육과정과 전적으로 동일하다. 내용물은 일반교육과 다를 바가 없지만 표면에만 기독교라는 설탕을 입힌 형태이다.

유아들은 예배나 기도, 찬양 등의 시간은 하나님의 세상으로 알고 다른 모든

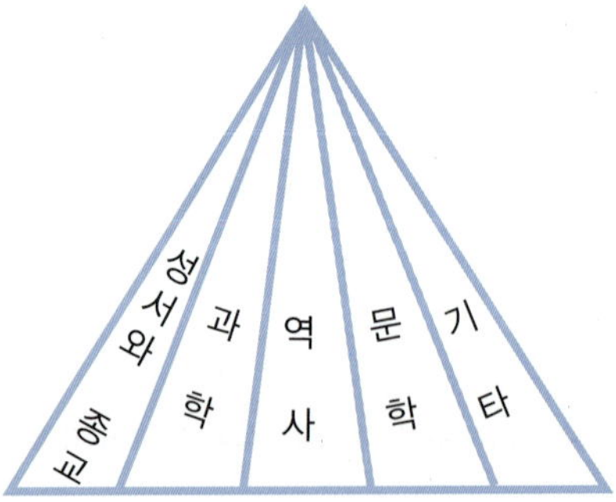

출처 : 조지 R. 나이트(1995: 215). 철학과 기독교 교육

[그림 2] 성서와 종교적 행위가 별도의 과정으로 개설되는 경우

시간은 하나님과 관계없는 것으로 이해하게 되는 이원론적인 사고를 갖게 되는 것이다. 친구와 노는 것과 노래를 부르고 그림을 그리는 것은 하나님과 관계가 없다. '개미'를 다루거나 교통기관을 다룰 때도 그저 과학적 사고로 이해할 뿐이지 하나님과는 전혀 관계가 없는 것으로 생각하게 만든다는 것이다. 일반교육과정의 관점에서 주제를 잘 통합한 교육과정이라 해도 이러한 교육과정은 하나님의 말씀과 교육의 내용이 통합되는 교육과정이 아니다.

두 번째 유형은 [그림 3]처럼 성서 및 종교적인 전통과 관련된 내용만으로 구성된 기독교 교육과정이다. 마치 교회의 주일학교와 같이 유아교육과정을 운영하게 되는 것이다. 예배와 성경공부, 기도, 찬양 등으로만 교육과정을 구성한다. 이러한 교육과정은 학습자로 하여금 이 세상은 모두 하나님의 영역이 아니며 오직 성경 속의 이야기와 교회와 학교 안의 세계만이 하나님의 나라라는 오해를 하게 한다. 이런 학교는 수도원 시절에나 존재할 수 있다. 사실 대학의 시작은 수도원으로부터 시작되었으며 이렇게 훈련된 기독교인은 세상의 다양한 학문분야에서 아무런 역량을 발휘할 수 없다.

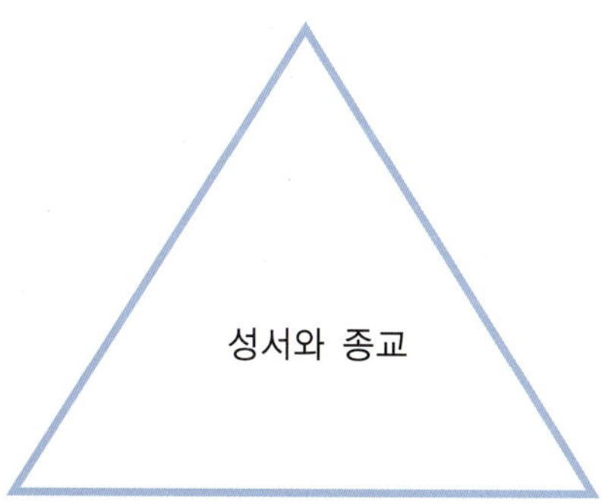

출처 : 조지 R. 나이트(1995: 216). 철학과 기독교 교육

[그림 3] 성서 및 종교교육만으로 구성된 교육과정

세 번째 유형은 교육과정의 기초를 하나님 말씀에 두고 있는 형태이다. [그림 4]와 같이 교육의 목표, 내용과 원리, 교수·학습 방법 모두가 성경적 세계관에 기초하고 있는 형태이다. 성경이 모든 인간 지식의 기초를 제공해 준다는 사실과 그것의 전체적 의미가 모든 교육과정영역에 스며들며 각 교육주제의 의미를

더해 준다.

이를 위해 하나님의 말씀은 끊임없이 연구되어지고 그 의미가 교육에 반영되어진다. 이 유형에는 기독교적인 것과 세속적인 것의 구분이 없다. 기독교 교육과정을 하려 할 때 자칫 빠지기 쉬운 이원론적인 함정에 빠지지 않는다. 삼각형의 윗부분에 있는 수평 화살표가 나타내주듯이 각 분야의 뚜렷한 구분도 존재하지 않는다. 교육과정 속에 포함되어 있는 모든 분야는 서로 다른 분야에 영향을 미치지만 그 모든 분야들은 하나님의 관점으로 보았을 때 그 의미가 완전하게 드러난다. 기독교인이 세상문화를 선도하려면 그들의 문화에 대한 올바른 해석과 함께 대안을 제시하여야 하기 때문이다. 기독교 교육과정에서 말하는 통합교육과정이란 바로 이 세 번째 유형을 의미한다.

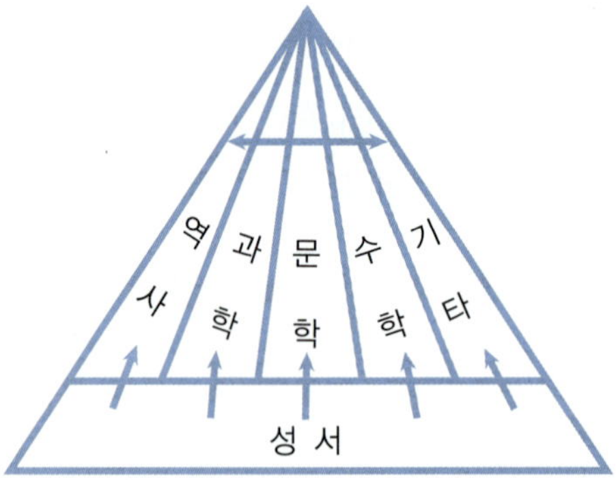

[그림 4] 모든 학문분야에서 성서가 기초가 되는 교육과정

프리스켄 Frisken은 기독교 교육과정을 세가지 종류의 초코케이크의 비유를 통해 설명하고 있다. 첫 번째 유형의 초코케이크는 평범한 스펀지 케이크 위에 초코를 덧씌운 것에 비유하고 있다. 이 유형은 나이트 Knight의 첫번째 유형과 유사하다. 이 케이크는 잘 만든 초코케이크처럼 보이지만 사실은 진정한 초코케이크가 아니라는 것이다. 즉, 얼핏 보기에는 기독교 유아교육과정을 운영하는 것 같지만 일반교육과정에 일주일에 한번 예배를 드리거나 성경을 들려줌으로써 기독교적인 요소로 살짝 초코를 덧씌운 것과 같다. 따라서 나머지 교육과정은 기독교적인 내용이 아니다.

1유형

2유형

3유형

두 번째 유형의 초코케이크는 초코칩 케이크이다. 초코칩 케이크는 케이크 믹스에 초코칩을 더한 것이므로 겉에 초코렛으로 바른 첫 번째 케이크와 조금 다르다. 즉, 전반적 교육과정에 조금씩 기독교 교육이 통합되고 있는 셈이다. 이러한 교육과정 안에는 종종 동화시간에 성경동화를 들려주거나 새 노래 배우기 시간에 찬양을 가르치며, 예수님의 교훈을 들려주거나 개별 유아의 생활지도를 위하여 특별히 기도해 줄 수 있다.

그러나 그 이외의 다른 교육과정 안에는 성서적 배경이 반영되어 있지 않다. 심지어 교사는 수학, 과학, 음악 등의 일반교과 내용이 지극히 인본주의적이라 해도 개의치 않는다.

세 번째 유형의 초코케이크는 케이크 전체에 골고루 초코가루가 섞여 있어 케이크의 모든 부분에 초코렛 맛이 나는 초코케이크이다. 이 유형이 나이트의 세 번째 유형과 같은 것으로 진정으로 통합한 기독교 교육과정이라 할 수 있다. 교사는 과학실험을 하거나 세시풍속에 대한 활동을 고안할 때조차 하나님의 말씀을 적용하여 하나님이 기뻐하실만한 내용인지 분별하여 가르치게 된다.

02 기독교 유아교육과정의 설계

1) 현장의 평가 및 요구조사

초기 연구단계에서 우리들은 교사와 원장들을 대상으로 그들이 생각하는 기독교 교육이 무엇인지, 실제로 현장에서 기독교 교육이라고 정의할만한 활동이 어떤 것이 있는지 설문지를 통해 알아보았다. 설문문항은 총 90문항이었으며 마지막 7문항이 기독교 교육과 관련된 질문이었다. 일과 중에 기도, 찬양, 성경이야기 시간이 있는지, 교과활동이 기독교 세계관과 부합되는지, 유아를 위한 중보기도 시간이 있는지, 유아와 1 : 1 기도시간이 있는지 교사모임이 기독교적인 특성이 있는지, 교사들의 QT시간이 있는지, 흥미영역에 기독교적인 자료가 별도로 있는지 물었다.

설문응답 결과 현장에서 기독교 교육으로 진행되는 부분은 대개 일과 중 찬양, 기도, 성경이야기를 들려주는 정도였으나 간식기도 외에는 아무런 시도를 하지 않는 곳도 열 개 기관이 넘었다. 교사들은 기독교인이며 기독교기관의 정체성을 의식하고 있었지만 자신들의 교수학습과정에서 기독교적인 내용이 따로 있다고 미처 생각하지 못하고 있었다.

2) 교사 훈련

기독교 교육과정을 개발하기 위해 연구자들은 다음과 같은 준비를 제안하였다. 단원(생활주제)의 재해석, 각과 교육의 내용 중 비성경적인 부분의 정리, 활동의 개발, 교사들의 재교육, 이에 따른 교육과정의 개발과 교재의 발굴이었다. 무엇보다 기독교 세계관을 공유할 수 있는 교사훈련이 필요하였다. 3년간의 교사연수를 통해 기독교 세계관 교육을 실시하였고 교사들은 기독교 교육과정을 개발한다면 그 과정에 기꺼이 참여할 의지를 갖게 되었다. 이에 따라 연구팀은 기독교적인 교육과정의 설계와 실천을 위해 제일 먼저 일반교육과정과 같은 제목의 주제를 통해 기독교 세계관으로 접근하는 개념을 탐구하여 통합교육을 시도하였다. 먼저 기독교적 세계관을 다룰 수 있는 주제를 발굴하여 선정하고 일반교육과정과의 통합 가능성 여부, 일반계시와 특별계시의 통합이 용이한 주제를 탐구하였다.

3) 주제의 선정과 소주제 풀이

제일 먼저 〈빛〉,〈풀〉, 〈사라진 동물〉 등 창조세계를 다루는 주제를 선정하였다. 그리고 추상적 개념이긴 하지만 성경적 가치관이 담긴 〈이름〉, 〈줄〉, 〈길〉

등의 단원을 선정하였다. 특히 연구 초기에 참여한 교사들은 이러한 주제들이 개발되기를 희망하였다. 그 외에도 연구자들은 기독교 학교가 아닌 유아교육기관에서 근무하는 교사들을 위해 〈가족〉같은 일반교육과정의 생활주제를 선정하되 기독교적인 가치관이 담긴 개념을 확산하여 활동을 풀었다. 다만 지면상 본서에서는 실제의 예로 〈풀〉, 〈이름〉 주제만 소개하기로 하였다.

4) 관련 성경의 묵상

제일 먼저 기독교 세계관으로 주제를 검토하였다. 예를 들어 풀을 주제로 할 경우 제일 먼저 하나님이 창조하신 아름다운 자연세계와 그 안의 풀을 정의하고 피조세계의 다양성을 가장 중요하게 소개하고자 하였다. 아름다운 자연을 다양하게 소개하는 것에 그치지 않고 말씀을 묵상하는 것은 풀에 대한 지식이 지식에 그치지 않고 청지기로서의 인간의 책임을 깨달을 수 있도록 도울 것이다.

성경 속에서 풀과 관련된 사건과 이야기들과 성경의 관련 단어를 탐구하였고 주제와 가장 가까운 성구들을 정리하여 제시하였다.

5) 활동의 구안과 적용 : 오목렌즈와 볼록렌즈

기독교 유아교육과정을 계획하고 수행할 때 성경은 렌즈와 같다. 성경은 오목렌즈처럼 말씀에서 보여주신 하나님의 심오하고 광대한 계시를 유아에게 적합한 목표와 주제를 확산시키는 역할을 한다. 또한 성경은 볼록렌즈처럼 우리가 다루는 모든 하위 개념에 따른 활동들이 집약되어 배우고 경험한 것들을 통해 우리의 삶에서 어떻게 하나님께 반응할 것인지 집약하는 역할을 한다. 볼록렌즈는 아주 작은 물체도 크고 또렷하게 보이게 할 뿐만 아니라 빛을 모아서 강력한 힘을 발휘한다. 오목렌즈는 작은 빛도 굴절시켜 넓게 확산시킨다. 또한 큰 물체도 작게 보이게 하여 전체를 파악할 수 있게 해주어 렌즈 안의 시야가 넓어진다.

주제가 성경 말씀을 기초로 전개되는 것은 기독교 유아교육과정에서 가장 핵심적이고 중요한 요소이다. 아래의 주제 전개도에서 양측에 있는 오목렌즈와 볼

록렌즈의 모양은 성경의 역할을 추상적으로 표현한 것이다. 즉, 주제 전개도는 각 주제별로 목표와 소주제, 하위 개념이 어떻게 성경말씀에 비추어 묵상되고 전개되어 나아가야 하는지와 함께 다루어지는 개념들이 어떻게 성경 말씀을 통해 드러나서 삶 속에서 하나님께 반응하여 나타나야 하는지 보여주고 있다. 각 주제에 따른 목표들은 서로 의미를 주고 받으며 발전되고, 주제와 소주제별 활동도 긴밀하게 관련되어 있다. 그러나 이 모든 것을 확산하고 집약하는 것은 성경말씀이다. 연구자들은 이와 같은 원리를 다음의 그림과 같이 정리하였다.

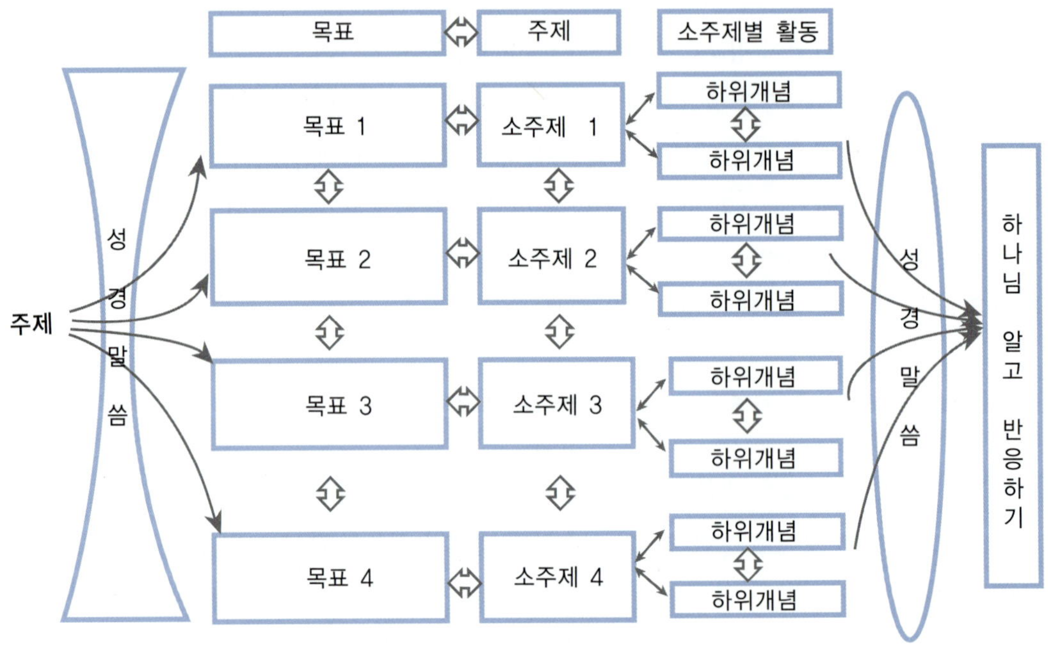

[그림 5] 주제 전개도

일정횟수 이상 성경을 통독하였으며 제자훈련 등의 교회교육에 참여하였으며 유아교육현장의 경력을 가진 연구자들은 우선적으로 말씀에 기초한 활동을 고안하되 발달에 적합한 활동이 되도록 유의하였다. 고안된 활동은 3년 동안 전국 31개의 어린이집과 그림유치원에서 현장 적용하였고 유아와 교사들의 반응과 새로운 제안을 참고하여 활동을 확정하였다.

2부

기독교 세계관에 따른 유아교육의 실제

선생님은 이 교재의 1부를 읽으셨는지요?

1부를 읽고 이해하지 못하거나 결단할 시간을 갖지 못한 채 읽는 이 실제는

마치 휘발유를 넣지 않고 자동차의 시동을 거는 것과 같습니다.

억지로 자동차를 밀면 얼마 가지 못해 서게 될 뿐 아니라

자동차가 애물단지가 되어버리듯이,

기독교 교육을 실천하려는 선생님의 열정과 의지는

오히려 무거운 짐이 될 것입니다.

선생님의 교육현장에서 성령님이 역사하시기를 늘 기도하겠습니다.

미리보기

주제진술 | 성경적인 관점을 통해 주제의 전반적인 흐름 및 핵심지식을 제시한다. 주제진술을 주의깊게 읽으면 주제에 관한 이해를 높일 수 있다. 즉, 교사의 이해를 돕는 내용이다.

성경말씀 | 주제와 관련된 성경구절을 제시한다. 교사는 매일 수업에 앞서 성경을 묵상하고 기도하며 성령님의 인도하심을 간구해야 한다. 성경구절의 앞뒤 문맥을 통해 묵상하기 바란다. 필요에 따라 유아들에게 성경구절을 소개한다. 성경은 개정개역을 사용하였다.

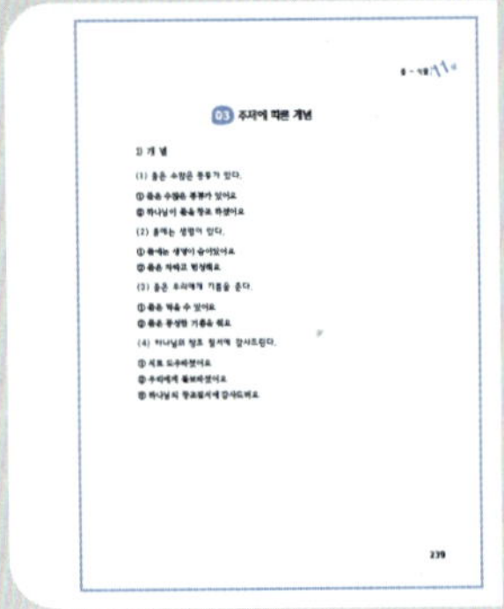

주제 및 소주제 | 각 주제는 4개의 하위주제로, 하위주제는 각각 2개 혹은 3개의 소주제로 구성되어 있다. 활동을 전개할 때 하위주제는 주제1, 주제2, 주제3, 주제4로 표기하였다.

주제전개도 | 주제가 성경말씀을 기초로 하여 전개되는 전체적인 흐름을 제시한다. 주제가 성경말씀을 통하여 교육목표에서 주제 및 활동을 구성하고 성경말씀으로 최종 목표점에 이르는 과정이다. 성경은 렌즈와 같다. 성경을 통하여 주제를 보면 성경적인 관점으로 주제를 해석할 수 있다.

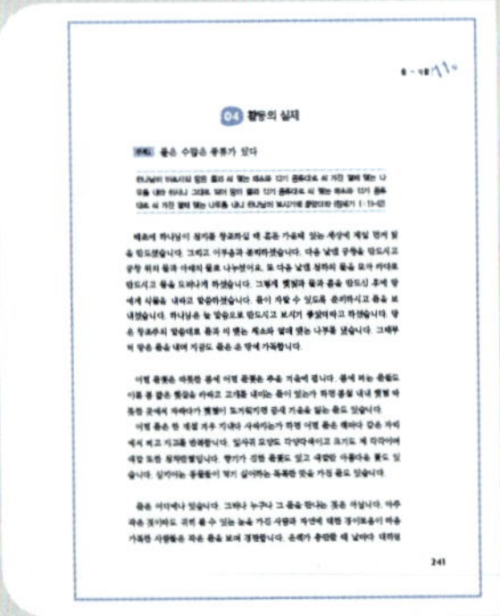

주제 이해 | 각 주제는 4개의 하위주제로 구성되어 있다. 각 하위주제의 시작부분에서 이해를 돕기 위해 각 주제의 첫 부분에 성경구절과 주제설명, 목표와 소주제를 제시한다.

활동전개도 | 성경을 기초로 활동들이 전개되는 표이다. 성경으로부터 나오는 화살표가 활동까지 이어지는 것은 성경이 기본적이며 동시에 상황적임을 보여준다. 소주제 간의 활동과 활동은 수평 화살표가 나타내듯이 서로 영향을 미치고 있다. 활동은 삼각형의 정점인 목표로 향한다.

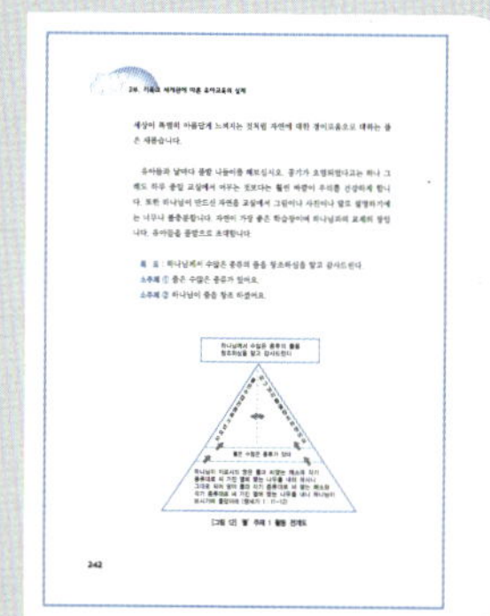

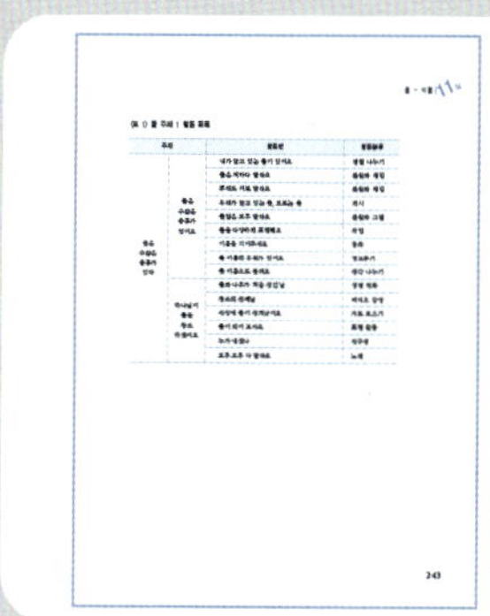

활동목록 | 매 주제마다 소주제별로 한눈에 볼 수 있도록 활동을 도표화하였다. 활동은 주제의 흐름에 따라 배열하였다.

활동 | 활동명, 활동분류를 첫줄에 제시하고 목표, 준비물, 방법의 순으로 기술하였다. 교사의 언어는 –로, 유아의 언어는 " "로, 활동순서는 ·로 표기하였다.

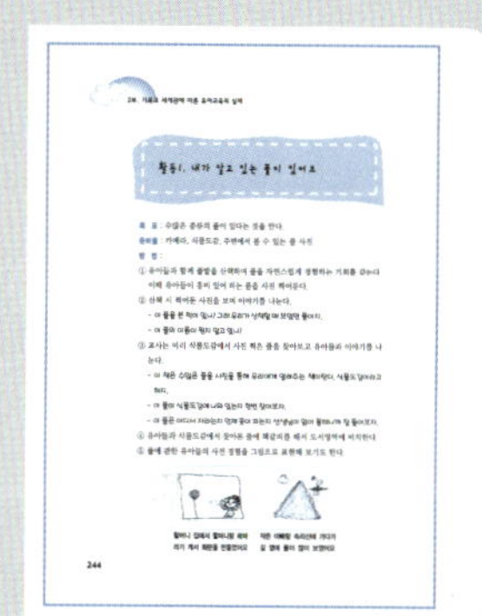

시 감상 | 주제 활동과 관련된 시를 활동 뒤에 실어 놓았다. 유아를 위한 동시뿐 아니라 교사를 위한 시도 실었다. 교사들이 미리 시를 감상하고 풍성한 감성과 신선한 시각으로 유아들과 주제를 다루길 바란다.

교사를 위한 Tip | 활동을 전개할 때 교사가 알면 도움이 될 정보들은 따로 교사를 위한 Tip으로 정리하였다.

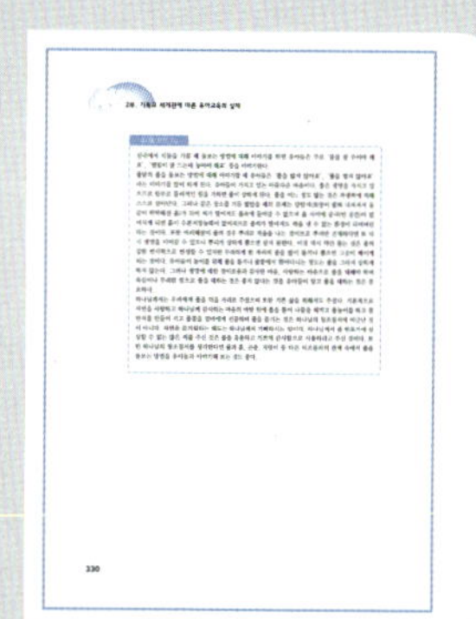

10장

이름 – 유치원과 나

01 주제 설명

지구상에 존재하는 동물은 약 100만 종, 식물은 약 30만 종이 넘는다고 합니다. 이 모든 것들은 하나하나 다 이름이 있습니다. 아직 이름이 지어지지 않은 생물이 발견되면 학자들이 제일 먼저 하는 일은 이름 짓기입니다. 하나님께서 아담에게 생물의 이름을 지으라고 하신 이후 사람들은 온 세상 만물에 이름을 지어 놓았습니다. 이름을 짓는 것은 하나님께서 사람에게 부여하신 독특한 권한입니다. 그만큼 이름은 중요한 의미를 가지고 있습니다.

무엇인가의 이름이 지어질 때는 그것의 속성이 반영됩니다. 아담이 생물의 이름을 지었다는 것은 다른 말로 아담이 생물의 속성을 잘 알고 있었다는 뜻이기도 합니다. 온 세상을 창조하신 하나님은 모든 피조물을 완벽히 알고 계시고 만물에게 이름을 주신 분이십니다. 아담, 즉 사람을 통해서 만물에게 이름을 주셨습니다.

이름이 속성을 드러내고 있으며 이름은 곧 그 자체입니다. 그러므로 우리는 이름을 걸고 일을 하기도 하며 이름값을 하려고 애쓰기도 합니다. 의롭고 명예로운 일로 이름이 빛나기도 합니다. 하나님께서는 아브람에게 "네게 복을 주어 네 이름을 창대케 하리라" (창세기 12 : 2)고 약속하십니다. 그러나 그렇지 않은 경우도 있습니다. 이름을 드러내지 말아야 할 때 자신의 이름을 높이 세우는 것을 경계해야 합니다. 성경에서는 바벨탑을 지을 때 "우리의 이름을 내고 온 지면에 흩어짐을 면하자" (창세기 11 : 4)고 했습니다. 이것은 하나님이 기뻐하시는 일이 아니었습니다.

유아들도 사물이나 사람의 이름이나 별칭을 지어볼 수 있습니다. 유아들에게도 이름 짓기는 즐거운 일입니다. 그러나 이름을 지으려면 먼저 대상의 속성을 잘 알고 있어야만 합니다. 대상을 관찰하고 연구하고 경험하는 동안 대상의 속성을 파악하고 자연스럽게 대상의 이름을 짓게 되는 것입니다. 또한 이름 짓기를 하려고 대상을 잘 알아가는 과정에서 대상을 사랑하는 마음이 생깁니다. 즉, 이름 짓기는 사랑을 동반하는 작업입니다.

이름을 주는 것은 의미를 주는 것입니다. 이름이 없는 것은 의미가 없으며 의미가 없는 것은 존재 가치가 없는 것입니다. 즉, 이름은 존재 자체입니다. 첫 사람 아담은 사람이라는 뜻으로 히브리어 아다마에서 유래했다고 합니다. 아다마의 뜻은 '흙' 입니다. 하나님이 아담을 부르실 때마다 아담은 자신의 존재를 인식했을 것입니다. 죄로 인해 인간의 죽음이 선포된 후에 아담이 지어준 아내의 이름은 하와였습니다. 하와는 '산자의 어미' 라는 뜻입니다. 참으로 역설적인 이름입니다.

이름에는 소망이나 기대, 비전이 담겨 있습니다. '디모데는 하나님을 공경하는 사람' 이라는 뜻이, 솔로몬은 '평화의 사람,' 다니엘은 '하나님은 나의 재판장' 이란 뜻입니다. 이 외에도 성경에 나오는 이름에는 여러 가지 뜻이 담겨져 있습니다. 또한 성경에는 하나님께서 새 이름을 주신 경우가 있습니다. —아브람(아버지)을 아브라함(열국의 아버지)으로, 야곱(발뒤꿈치를 잡은 자)을 이스라엘(하나님과 겨루어 이김)로, 시몬(총명하다)을 베드로(반석)로 각 사람에 대해 가장 잘 아시는 하나님께서 이름을 주셨을 때 그 이름은 곧 그 사람의 미래이며 비전입니다. 그래서 이름대로 이루어지는 것은 어쩌면 너무 당연한 일입니다.

유아들 이름에도 뜻이 있습니다. 대부분 좋은 의미, 소망을 담고 있습니다. 그 이름을 부른다는 것은 그 뜻대로 이루어지라는 기대를 말하고 있는 것입니다.

유아들도 자기 이름의 뜻을 아는 것은 매우 중요합니다. 자기 이름에 담긴 뜻을 이해할 때 유아들은 자신에 대한 긍정적인 자아개념을 갖게 되고 이름대로 살려는 의지도 생기게 됩니다. 이것은 유아들에게 미래에 대한 선한 비전을 주기도 합니다.

이름을 알고 부르는 것은 관계를 맺는 기본입니다. 교제를 나누고자 하는 사람이라면 먼저 상대방의 이름을 알아야 합니다. 유아들이 친구와 서로 이름을 부르는 것은 기쁨을 줍니다. 그것은 단순히 다른 사람과 구별되어 불려진다는 것뿐 아니라 교제를 뜻하기 때문입니다. 이름 짓기와 마찬가지로 이름을 부르는 것 역시 사랑의 마음을 보내는 것입니다. 예수님께서도 목자가 자기 양의 이름을 각각 불러 인도한다고 비유적으로 말씀하고 계십니다(요한복음 10 : 30). 하나님께서도 우리의 이름을 각각 지명하여 부르고 계십니다. 그 이유는 우리를 사랑하시고 우리와 친밀한 관계를 원하시기 때문입니다. 또한 우리를 자녀삼아 주셔서 하나님을 '아버지'라 부르는 것을 허락해 주셨습니다. 그리고 우리가 하나님 아버지라 부를 때 기뻐하십니다.

하나님도 이름이 있습니다. 하나님의 이름은 하나님을 드러내고 있습니다. 하나님의 이름을 통해 우리는 피조물로서의 우리의 존재와 하나님과의 관계를 알 수 있습니다. 예를 들어 엘로힘(강한 창조자), 여호와(스스로 존재하는 자), 아도나이(종의 주인), 여호와 닛시(여호와는 나의 깃발), 여호와 이레(여호와께서 준비하심)라는 하나님의 이름을 통해 우리는 하나님과 우리와의 관계를 명확히 알 수 있습니다. 그러므로 우리는 하나님의 이름을 부르며 기도하고 하나님의 이름만을 찬양합니다.

02 성경말씀

이상의 개념들은 성경말씀을 묵상하는 가운데 정리한 것입니다. 이름과 관련된 성경말씀은 교사들이 주제를 다루기에 앞서, 또는 주제를 전개해 나가는 동안에 지속적으로 묵상하여 성경의 조명과 성령님의 인도하심을 간구하는 것이 우선되어져야 합니다. 제시된 성경구절은 가장 짧고 간결하게 적어놓은 것입니다. 성경을 볼 때 기술되어진 구절을 참고로 하여 본인이 반드시 직접 성경책을 펴서 앞뒤 말씀을 함께 읽어 성경 전체의 흐름에서 문맥으로 이해하고 묵상하기를 권합니다.

각 주제별로 이해를 돕는 주제 진술과 묵상할 말씀, 소주제별 활동을 제시하면 아래와 같습니다.

> 여호와 하나님이 흙으로 각종 들짐승과 공중의 각종 새를 지으시고 아담이 무엇이라고 부르나 보시려고 그것들을 그에게로 이끌어 가시니 아담이 각 생물을 부르는 것이 곧 그 이름이 되었더라 아담이 모든 가축과 공중의 새와 들의 모든 짐승에게 이름을 주니라 (창세기 2 : 19-20a)
>
> 이제 후로는 네 이름을 아브람이라 하지 아니하고 아브라함이라 하리니 이는 내가 너를 여러 민족의 아버지가 되게 함이니라 (창세기 17 : 5)
>
> 아들을 낳으리니 이름을 예수라 하라 이는 그가 자기 백성을 그들의 죄에서 구원할 자이심이라 하니라 (마태복음 1 : 21)
>
> 너희는 눈을 높이 들어 누가 이 모든 것을 창조하였나 보라 주께서는 수효대로 만상을 이끌어 내시고 그들의 모든 이름을 부르시나니 그의 권세가 크고 그의 능력이 강하므로 하나도 빠짐이 없느니라 (이사야 40 : 26)
>
> 문지기는 그를 위하여 문을 열고 양은 그의 음성을 듣나니 그가 자기 양의 이름을 각각 불러 인도하여 내느니라 자기 양을 다 내놓은 후에 앞서 가면 양들이 그의 음성을 아는 고로 따라오되 (요한복음 10 : 3-4)
>
> 주의 크고 두려운 이름을 찬송할지니 그는 거룩하심이로다 (시편 99 : 3)
>
> 여호와의 이름을 찬양할지어다 그의 이름이 홀로 높으시며 그의 영광이 땅과 하늘 위에 뛰어나심이로다 (시편 148 : 13)

그 밖에 이름과 관련하여 묵상할 말씀은 다음과 같습니다.

〈주제 1〉 창세기 4 : 17

〈주제 2〉 출애굽기 2 : 10; 역대상 22 : 9-10; 사무엘하 12 : 24b, 25;
창세기 11 : 4, 9; 출애굽기 16 : 15; 창세기 3 : 9; 창세기 12 : 2;
사무엘상 3 : 10; 이사야 43 : 1

〈주제 3〉 창세기 4 : 26; 이사야 26 : 13b; 마태복음 6 : 9; 마태복음 18 : 20;
사도행전 4 : 12; 갈라디아서 4 : 6

〈주제 4〉 출애굽기 20 : 7; 에베소서 1 : 21

03 주제에 따른 개념과 주제 전개도

1) 개념

(1) 모든 사물은 이름이 있다.

① 모든 사물은 이름이 있어요.

② 이름이 있어서 참 편해요.

(2) 이름에는 의미가 있다.

① 이름에는 뜻이 있어요.

② 이름대로 살아요.

(3) 이름을 통해 더 깊은 교제를 나눌 수 있다.

① 우리는 서로 이름을 불러요

② 이름을 부르면 더 친해져요

(4) 하나님의 이름을 찬양한다.

① 우리는 하나님의 이름을 불러요.

② 하나님만 찬양받으실 분이셔요.

2) 성경에 기초한 주제 전개도

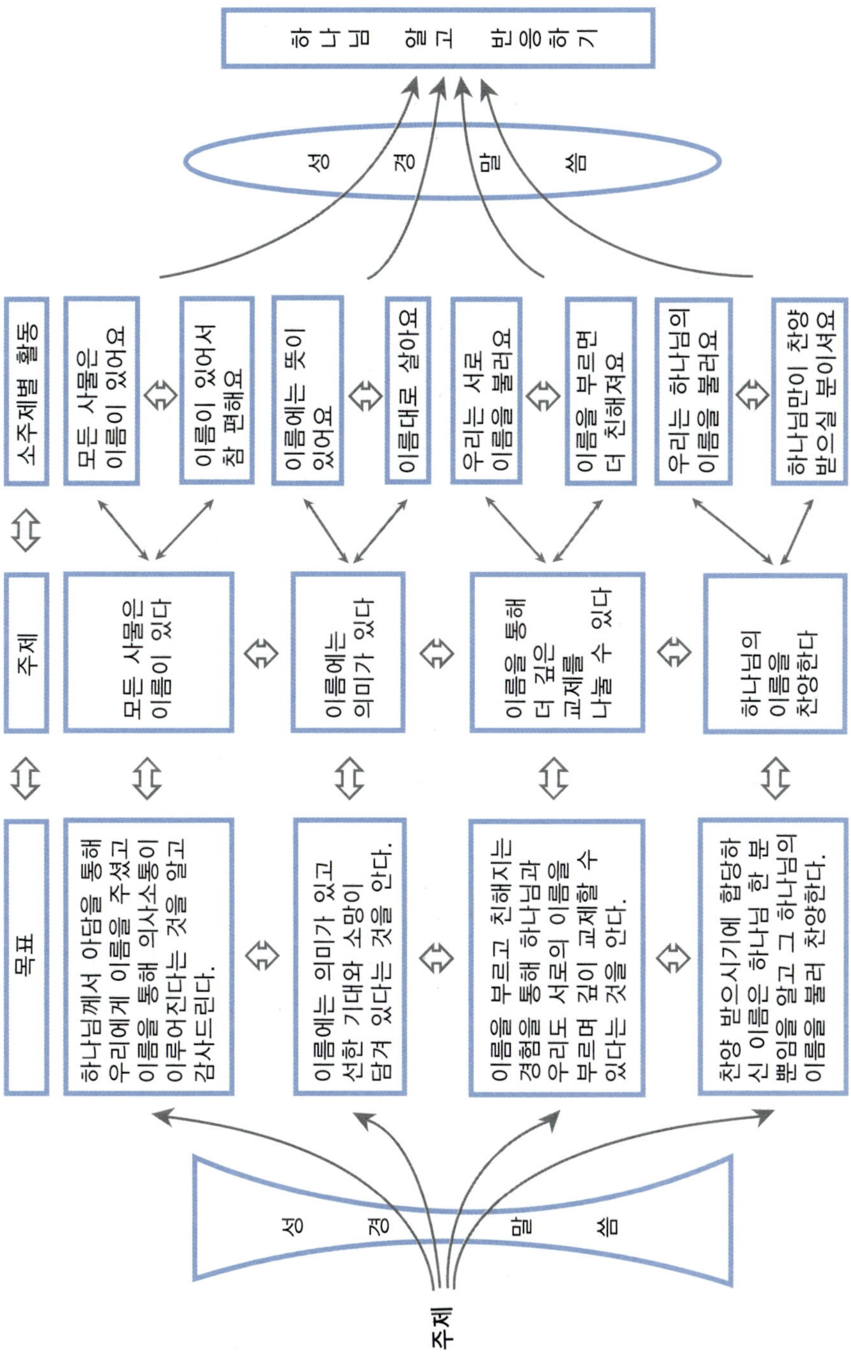

[그림 1] '이름' 주제 전개도

04 활동의 실제

주제1 모든 사물은 이름이 있다

여호와 하나님이 흙으로 각종 들짐승과 공중의 각종 새를 지으시고 아담이 무엇이라고 부르나 보시려고 그것들을 그에게로 이끌어 가시니 아담이 각 생물을 부르는 것이 곧 그 이름이 되었더라 아담이 모든 가축과 공중의 새와 들의 모든 짐승에게 이름을 주니라 (창세기 2 : 19-20a)

이 세상의 모든 것들은 제 각기 다 이름이 있습니다. 아직 이름이 지어지지 않은 생물이나 현상이 발견될 때 사람들이 제일 먼저 하는 일은 이름 짓기입니다. 바다와 땅의 이름을 붙이고, 어두운 밤에만 보일 뿐 가볼 수 없는 별까지도 찾아내기만 하면 사람들은 이름을 붙입니다. 손에 잡히지 않고 지나가는 바람조차에도 사람은 이름을 붙이곤 합니다.

하지만 아직도 이름이 없는 것이 있습니다. 미처 발견하지 못한 별들, 아무도 가보지 못한 산길, 너무 작아서 관심을 가지지 않은 작은 풀들, 너무 깊어서 가보지 못한 심해의 바위섬들은 아직도 이름이 없습니다.

이름을 짓는 것은 하나님께서 사람에게 부여하신 독특한 문화명령입니다. 하나님께서 아담에게 생물의 이름을 지으라고 하신 이후 사람들은 온 세상 만물의 이름을 지었습니다.

그 이후로 이 세상에 존재하는 모든 사물은 아담의 후손들에 의해 이름을 가지게 되었습니다. 이름이 없다는 것은 결국 존재 자체가 없는 것과 마찬가지입니다. 이름이 없는 것은 마음에 담아두고 기억하기 어려우며 관계를 맺기가 어렵기 때문입니다.

만일 이름이 없다면 어떻게 될까요? 하루쯤 유아들과 이름 없이 지내기로 작정하고 보내면 어떨까요? 하루가 너무 길 것 같지 않습니까? 한 시간쯤이라도 충분히 이름의 중요성을 절감할 수 있게 될 것 같습니다. 교실은 아마도 시끄럽고 활동은 지연되고 복잡해질 것입니다. 놀이를 진행하는 것도 이야기 나누기하는 것도, 간식을 먹는 것조차 힘들지도 모릅니다. 아마 서로 의사소통을 포기하고 혼자만 놀기로 마음을 먹는 것이 좋겠다고 생각이 들지도 모릅니다.

우리와 주변의 모든 사물에 이름이 있다는 것이 참으로 편리하고 다행한 일임을 알게 되겠지요? 사물에 이름이 없다면 얼마나 불편한지 경험해 보는 과정에서 유아들은 이름의 가치에 대해서 알게 될 것입니다.

목 표 : 하나님께서 아담을 통해 우리에게 이름을 주셨고 이름을 통해 의사소통이 이루어진다는 것을 알고 감사드린다.

소주제 ① 모든 사물은 이름이 있어요.

소주제 ② 이름이 있어서 참 편해요

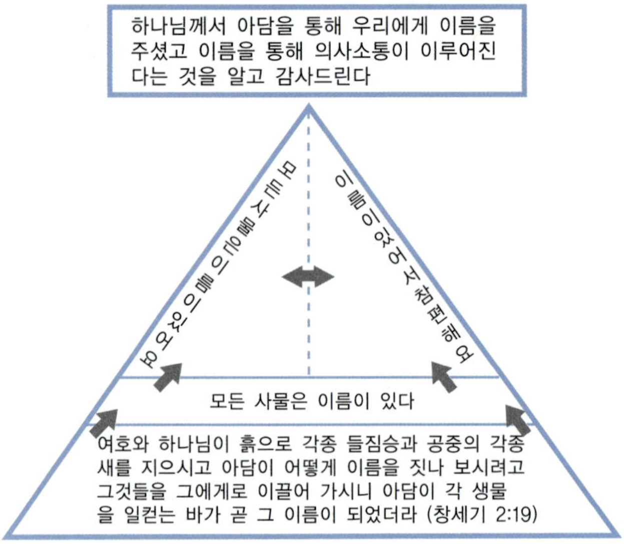

[그림 2] '이름' 주제2 활동 전개도

〈표 1〉 '이름' 주제1 활동목록

주제		활동명	활동분류
모든 사물은 이름이 있다	모든 사물은 이름이 있어요	모든 것은 이름이 있어요 – 이름을 찾아요	조사
		모든 이름의 시작	성경 재화
		모든 것은 이름이 있어요 – 물건의 이름을 알아 맞춰요	게임
		이름을 지은 아담	노래
		내 이름 문자도	조형
	이름이 있어서 참 편해요	만약 이름이 없다면	이야기 나누기
		친구 이름 부르지 않고 놀이하기	게임

활동1. 모든 것은 이름이 있어요 -이름을 찾아요

목 표 : 우리 주변에 있는 모든 사물은 이름이 있다는 것을 안다.

준비물 : 종이, 연필, 싸인펜, 줄, 빵끈, 펀치

방 법 :

① 유아들과 함께 교실에 있는 물건들의 이름을 알아보고 종이에 쓴다.

"우리 교실에 있는 물건들의 이름을 한 장에 하나씩 써보자"

② 교실에 긴 줄을 매어 유아들이 쓴 이름카드를 걸어보게 하여, 우리 주변에 수많은 이름이 있다는 것을 인식할 수 있도록 돕는다.

"너무 카드가 많아졌네, 이름카드가 얼마나 많아질지 교실에 줄을 쳐서 이름카드를 걸어볼까? 줄이 얼마나 필요할까?"

③ 다른 장소에 있는 이름들(놀이터, 공원, 집 등)도 알아보고, 활동을 지속적으로 진행한다.

교사를 위한 Tip

- 교실 안에 줄을 매어 이름카드를 걸어두면, 세상에는 수많은 이름이 있다는 것을 시각적으로 인식할 수 있는 효과가 있다.
- 주제 도입활동이므로 아직 쓰기가 서툰 유아들에게는 교사가 도움을 주어 읽기, 쓰기 활동이 아니라 모든 사물에 이름이 있으며 이름이 굉장히 많다는 것에만 최대한 집중하여 즐길 수 있도록 유도한다.

활동2. 모든 이름의 시작

목 표 : 하나님께서 아담을 통해 이름을 짓게 하셨다는 것을 알고 이름을 주신 하나님을 찬양한다.

준비물 : 동화자료

방 법 :

① 동화를 듣기 전에 이름이 처음에 어떻게 생기게 되었는지 이야기를 나눈다.
- 이름은 처음에 어떻게 생겨났을까?
- 좋은 이름은 어떤 이름일까?

② 동화를 들려준다.

③ 동화내용에 관해 이야기를 나눈다.

④ 하나님은 아담에게 왜 제일 먼저 이름 짓는 일을 부탁하셨다고 생각되는지 이야기를 나누어본다.
- 아담이 좋은 이름을 짓기 위해 어떤 일들을 했을까?

모든 이름의 시작

김정준

이 세상에는 셀 수 없을 만큼 많은 생물들이 있어요.
또 그것보다 훨씬 더 많은 물건들이 있어요.
그것들은 다 이름을 가지고 있지요.
이름이 없다면 우리는 그것을 부를 수 없겠지요.
한번 주위를 돌아보세요. 내가 아는 이름이 얼마나 많을까요?

친구 이름, 선생님 이름, 교실에 있는 물건의 이름….
엄마 이름, 아빠 이름, 집안에 있는 물건의 이름….
휴~ 내가 아는 이름을 다 세어보려면
아마 밤이 되도 끝나지 않을 거예요.

세상에 있는 모든 것들은 이름을 갖고 있답니다.
하지만 처음부터 이름을 가지고 태어난 것은 아니예요.
누군가가 이름을 지어주어서 이름을 갖게 되었지요.
어떻게 이름이 생겼을까요?

하나님은 세상을 처음 만드시고 아담을 만드셨어요.
하나님이 만든 세상에는 온갖 아름다운 동물과 식물이 가득했어요.
그런데 모두 이름이 없었어요.
하나님은 아담을 부르시고 세상의 모든 것에 이름 지어주면 좋겠다고 하셨어요.
아담은 만나는 모든 것들의 이름을 짓기 시작했지요.

이름을 짓는 일은 쉽지 않았을 거예요.
좋은 이름을 지으려면 곰곰이 생각을 해야 했으니까요.
하지만 아담은 이름 붙이는 일을 아주 기쁘게 했어요.
먼저 아담은 이름을 지어주어야 할 모든 것을 하나하나 잘 보살펴 주었어요.
어떻게 생겼는지, 무엇을 좋아하는지 싫어하는지,
오랫동안 보살펴주고, 함께 지내면서 꼭 맞는 이름을 지어주려 애썼답니다.

이름을 짓는 일은 아주 재미있었어요.
이름을 짓기 위해 자세히 살펴보면 살펴볼수록
똑같은 것이 하나도 없었기 때문이에요.
그래서 이름만 들어도 그것이 무엇인지
잘 알 수 있는 이름을 짓게 되었지요.

아담은 이름을 지으면서 알게 되었어요.
하나님께서 만드신 모든 것들이 너무나 아름답다는 것을,
하나님은 정말 대단한 분이라는 것을….
그리고 하나님께서 만드신 모든 것들이 다 하나님을 찬양하고 있다는 것을….

활동3. 모든 것은 이름이 있어요 -물건의 이름을 알아맞혀요

목 표 : 모든 사물은 이름이 있으며 이름이 있으면 의사소통이 편하다는 것을 안다.

준비물 : 교실에 있는 여러 가지 물건 2개씩, 물건을 놓을 매트(원형이 좋음), 바구니 2개

방 법 :

① 둥근 게임 대형으로 앉는다.

② 매트를 가운데에 깔고 준비한 물건을 모아둔다.

③ 유아 두 명이 앞으로 나오고, 교사가 물건의 특징을 설명한다.

- 동그란 구멍이 두 개 있고, 무엇을 오릴 때 사용하는 물건이야

④ 교사가 설명하는 물건을 바구니에 넣는다.

⑤ 설명에 맞게 물건을 찾아왔는지 이야기를 나눈다.

⑥ 게임에 익숙해지면 유아가 직접 설명하도록 한다.

참 고 : 설명하는 물건을 빨리 찾는 것보다는 모든 사물은 이름이 있으며 이름을 부르면 의사소통이 빠르고 정확하게 이루어진다는 것을 경험하게 하는 데 초점을 맞춘다.

활동4. 이름을 지은 아담

목 표 : 하나님께서 아담을 통해 우리에게 이름을 주셨다는 것을 안다.

준비물 : 노래자료

방 법 :

① 이름은 어떻게 생겨나게 되었는지 이야기를 나눈다.

② 노래를 불러본다.

③ 풀이름, 다른 동물이름으로 바꿔서 불러본다.

이름을 지은 아담

서광일

활동5. 내 이름 문자도

목 표 : 자기의 이름을 알고 소중히 여기는 마음을 갖는다.

준비물 : 이응로의 「문자도」, 색깔풀, 셀로판지로 만든 색깔글자

방 법 :

① 이응로의 「문자도」를 감상한다.

- 이 그림 속에 무엇이 보이니?
- 무엇을 그린 것 같니?

② 회화적 요소(구성)에 대해 이야기 나눈다.

- 이 그림에서 글자들은 어떻게 놓여져 있니?
- 다른 작품을 보면 글자들은 어떻게 놓여져 있는지 말해 보자.

③ 작가와 제목, 화풍을 소개한다.

- 이 작품의 이름을 붙인다면 무엇이라 하겠니?
- 이 그림들은 우리나라 화가인 이응로의 작품이야. 문자를 이용하여 그림을 그려 문자도라고 해.

  이응로는 프랑스에서 살았던 적이 있어 그 때 우리나라를 그리워하게 되었대. 그래서 우리나라 글자로 작품을 만들었단다.

  • 인터넷 이응로 미술관(www.ungnoleemuseum.org/2004/main.asp)

④ 자기 이름 문자도를 만들어 본다.

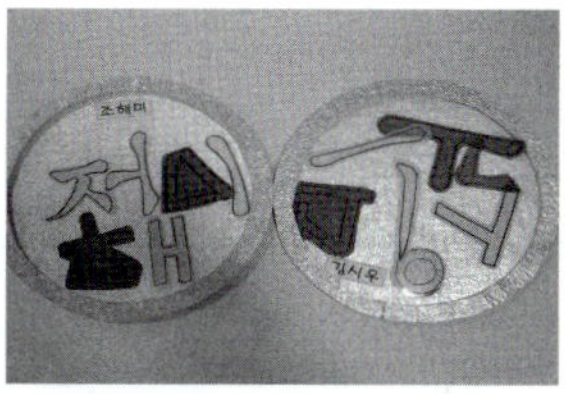
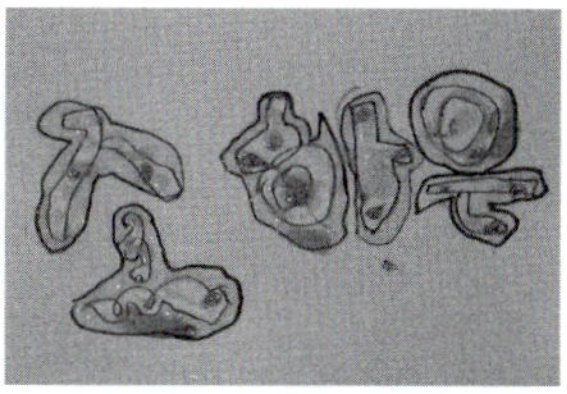

수준 1	– 셀로판지로 만든 색깔글자 중에서 자기 이름을 찾아낸다. – 이름의 문자를 먼저 바르게 놓고 확인한다. – 이응로의 〈문자도〉처럼 이름으로 문자도를 구성한다.
수준 2	– 색깔풀로 자기 이름을 크게 쓴다. – 풀이 마른 후 이름을 오려 문자도를 구성한다.

교사를 위한 Tip

이응로 화백에 대해

동양화가 이응로는 문자추상이라는 한국적 추상화를 개척하였습니다. 그는 일본 가와바타화학교를 졸업하고, 1948년부터 홍익대학 서라벌예술대학 등에서 교편을 잡았으며, 1958년에는 파리에 정착하여 작품활동을 하였습니다. 그리하여 이응로는 유럽 화단에 알려지게 되고, 세계 미술계의 주목을 받았습니다.
파리에서 살게 되면서 동양의 서예정신과 문인화 정신을 기반으로 여러 가지 재료를 붙이는 기법인 콜라주 기법을 혼용하여 독특하고 환상적인 기호로써 개성있는 화면을 구성하였고 파리에서 생을 마감하였습니다.
문자추상이라는 한국적 추상화를 개척한 이응로 화백은 글씨, 특히 한자를 해체하거나 변형하여 독특한 효과를 낸 '문자 추상화' 로 동양적 정서를 표현해냈습니다. 또한 먹이나 채색으로 많은 문자 추상 연작을 남기고 있는데, 이 작품들은 문자가 글씨 같기도 하고 사람의 형상 같기도 한 형체들로 이루어집니다. 많은 사람이 서로 얽히고 포개지면서 몸을 움직이거나 춤을 추고 있는 것 같은 모습이 화면 안에 담겨 있습니다.
이응로의 「문자도」는 그의 작품세계 중 서예추상 시대의 작품이라고 할 수 있습니다. 지구의 반대편 이국 땅 파리에 살면서도 조국을 잊지 않았던 그는 문자추상을 통해 동양문화에 대한 그리움을 표현해 나갔습니다. 간결하지만 율동감 있는 화면구성은 보는 사람으로 하여금 무한한 상상의 세계로 이끕니다.

활동6. 만약 이름이 없다면

목 표: 이름이 없는 것은 결국 존재가 없는 것임을 안다.

방 법:

① 활동 1에서 만들었던 이름 카드를 모아놓고 세상에 이름이 없는 것이 있는지 찾아보자고 이야기한다.

② 이름이 없는 사물은 없다는 것을 발견하고, 결국 이름이 없다는 것은 사물 자체가 없는 것임을 유아들이 결론지을 수 있도록 돕는다.

참 고: 이름은 사물 그 자체이다. 그러므로 이름은 사물의 속성이자 본질임을 알아가는 것은 이름이 곧 존재 자체를 의미한다는 것을 알게 할 것이다. 그러므로 다소 깊이 생각해 보도록 유도하는 활동이 될 것이다.

만약 이름이 없으면-답답하고 기분이 나빠요 (희진)

활동7. 친구 이름 부르지 않고 놀이하기

목 표 : 이름을 부르기 때문에 의사소통이 편하다는 것을 안다.

방 법 :

① 자유선택 활동시간에 유아들과 친구 이름을 부르지 않고 노는 게임을 하자고 제안한다.

- 자유선택 놀이를 하는 동안 서로의 이름을 부르지 않고 놀아보자

② 시간을 정해 놓고 그 시간 동안은 서로의 이름을 부르지 않고 놀고, 이름을 부르면서 놀 수 있는 시간도 가져본 후, 서로의 경험과 생각을 나눈다.

참 고 : 이름을 부를 수 있었을 때 몰랐던 불편함을 깨달을 수 있도록 두 경험을 대비시켜서 생각해 보도록 유도해 준다.

시 감상

이름을 몰라서

임희옥

넌 이름이 뭐니?
호이~잇
넌 뭘 먹고 사니?
호이~잇
넌 어디서 사니?
호이~잇

넌 엄마 아빠도 없니?
호이~잇
휘파람만 불어대니?
호이~잇
네 이름이 휘파람새니?
호이~잇

※ 교사가 호이~잇을 휘파람으로 불어주면 좋을 것이다

'이름' 주제를 진행하며

처음에 기독교 교육과정을 적용하기 위해 필요한 자료라고 해서 일반교육과정에 어떻게 접목을 시켜야 하나? 어디에 더 비중을 두어야 하나? 여러 가지로 고민도 되고 사실 걱정도 많았다.
그래서 학기 초이고 '나와 친구'를 다루지 않은 시기라서 '이름'이라는 주제를 다루면 함께 해볼만 하겠다는 생각을 했었다.
이름에 관련된 자료들을 읽고 또 읽어보면서 '성경 속에 이렇게 이름에 대한 구절이 많았구나.'라고 느끼게 되었고 이름에 대해 더 깊이 생각해 봐야겠다는 다짐을 하게 되었다…
하루하루 주제에 맞게 수업을 이끌어 나가면서 시행착오도 있었으나 아이들하고 활동하면 할수록 재미도 있고 '하나님'과의 관계에서 이름이 있으므로 더 친밀해지고 더 다가가게 된다는 사실을 자연히 깨닫게 되는 것이 참 좋았다.
이름이 소중하다, 소중한 이름을 어떻게 유아에게 스스로 깨닫게 할까? 고민하다보니 어느 순간 "아! 이거다. 이름이 없는 세상을 잠시 유아가 경험해 보는 것이다"라는 생각이 떠올랐고, 또 하나님께 감사했다.
나는 교사라는 이름을 주셔서 아이들과 이렇게 이름을 통해 하나님을 알게 해준다는 사실이 감사하면서도 또 한편 두렵기도 했다. 이름에는 의미가 있고, 그 이름대로 살기 위해 내가 더 좋은 교사가 되라는 무언의 충고 같기도 했기 때문이다.

이름과 함께 한 주를 보내면서 가정의 종교배경과 관계없이 모든 유아가 하나님과 예수님에 대한 관심이 높아졌고, 실제로 성경 속의 등장인물에 대해 묻기도 했다.
뜬금없이 "선생님, 이름이 왜 소중하게요? 이름이 없으면 나도 없잖아요. 아무도 내가 누군지 몰라요. 난 하나님께 감사해요"라고 말하는 유아를 보면서 마음속에 남은 아쉬웠던 부분을 다 접고 행복하게 마무리할 수 있었다.

부산 YWCA 부설 어린이집 만 4세 반 교사

주제2 이름에는 의미가 있다

이제 후로는 네 이름을 아브람이라 하지 아니하고 아브라함이라 하리니 이는 내가 너를 여러 민족의 아버지가 되게 함이니라 (창세기 17 : 5)
아들을 낳으리니 이름을 예수라 하라 이는 그가 자기 백성을 그들의 죄에서 구원할 자이심이라 하니라 (마태복음 1 : 21)

사람들이 무엇인가의 이름을 지을 때는 자신의 마음을 담아 이름을 붙이기도 하지만, 대개는 그것의 모양과 색깔, 그리고 냄새와 크기, 용도 등의 특성을 반영합니다. 아담이 이름을 지었다는 것은 다른 말로 아담이 생물의 속성을 잘 알아낼 만큼 지혜로웠다는 뜻이기도 합니다. 물론 그 지혜는 하나님이 하나님의 형상대로 아담을 지으실 때 부여한 속성입니다.

부모들은 자녀를 첫 대면할 때의 감격을 잊지 않고 있습니다. 고통 중에 얻었기에 더욱 소중하게 아기를 바라봅니다. 그리고 곧 그들이 아기를 잉태한 10개월 동안 꿈꾸고 기대했던 소망을 담아 이름을 짓습니다. 몇 번씩 나직하게 부르며 아기와 눈을 맞춥니다. 심리학자들은 건전한 자아개념을 갖는 것은 곧 자기의 이름에 대한 긍정적 느낌과 같이한다고 합니다. 유아들의 이름을 사랑스럽게 부르고 부모들이 그 이름을 지을 때의 소망과 꿈을 이야기하는 것은 자신의 이름뿐 아니라 친구의 이름을 소중하게 여기는 자세를 길러줍니다. 이는 곧 유아들의 긍정적 자아개념을 신장시키는 기초이기도 합니다.

유아들도 현상과 사물과 사람의 이름을 지어볼 수 있습니다. 이미 이름이 있는 것에도 새로운 별칭을 지어볼 수도 있습니다. 유아들에게도 이름 짓기는 즐거운 일입니다. 먼저 대상의 속성을 잘 알기 위해 대상을 관찰하고 연구하고 경험하게 합니다. 대상의 속성을 파악하고 자연스럽게 대상의 이름을 짓게 되는 것입니다. 또한 이름 짓기를 하려고 탐색하는 과정에서 대상을 잘 이해하게 됩니다. 이해하기는 사랑하기의 사전작업이며 따라서 이름 짓기는 사랑의 열매를 맺게 될 것입니다. 좋은 일엔 이름이 드러나고 싶지만 어둡고 나쁜 일에 이름이 거명되는 것을 피하려고 합니다. 신문이나 대중매체에 이름을 숨기고 약자를 사용하는 것은 대부분 나쁜 일이기 때문입니다.

에덴동산에서 하나님이 아담을 부르실 때마다 그는 자신이 무엇에서 비롯되었는지 알 수 있었을 것입니다. 아이들의 이름이 지어진 뜻을 알아보고 그 이름을 부를 때마다 선생님의 마음속에도 그 소망이 담겨 있다면 그 학급은 바로 에덴동산일 것입니다. 예찬이, 예수님을 찬양하라. 하은이, 하나님의 은혜로 태어난 아이. 재중이, 재간이 있되 무게가 있는 남자. 희선이, 기쁨을 누리고 선하게 살아갈 아이. 하나하나 그 이름을 불러보십시오.

성경을 보면 하나님께서 새 이름을 주시기도 합니다. 하나님이 그 사람의 새로운 미래를 예견하게 하고 비전을 담아 새 이름을 주실 때 그는 새로운 각오를 다졌을 것입니다. 그래서 새로운 이름대로 그의 삶이 이루어지는 것은 어쩌면 너무 당연한 일입니다. 유아들도 자기 이름의 뜻을 아는 것은 매우 중요합니다. 자기 이름에 담긴 뜻을 이해할 때 유아들은 미래에 대한 선한 비전을 갖게 될 것입니다. 그리고 친구의 이름을 서로 소중하게 부를 것입니다.

목 표 : 이름에는 의미가 있고 선한 기대와 소망이 담겨 있다는 것을 안다.

소주제 ① 이름에는 뜻이 있어요.

소주제 ② 이름대로 살아요.

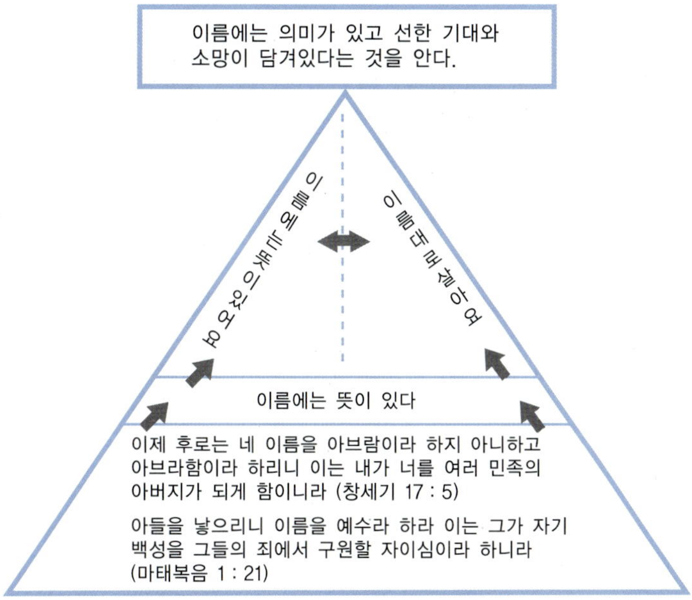

[그림 3] '이름' 주제2 활동 전개도

〈표 2〉 '이름' 주제2 활동목록

주제		활동명	활동유형
이름에는 의미가 있다	이름에는 뜻이 있어요	우리 어린이집(유치원) 이름의 뜻을 알아보아요	조사
		이름의 뜻을 알아보아요 – 가게이름, 회사이름 – 과자나 간식의 이름	조사, 이야기 나누기
		내 이름의 뜻을 이야기해요	
		우리도 이름을 지어요 – 음식의 이름을 지어요 – 자연물의 이름을 다시 지어요	언어 이야기 나누기
		우리도 이름을 지어요 – 우리말 이름으로 다시 지어요 – 어울리는 이름을 지어요	
		성경 속의 이름들	성경이야기
	이름대로 살아요	이름을 닮은 아이	동화
		엄마의 영상편지 – 감사편지 쓰기	비디오 보기 이야기 나누기
		이름을 닮은 아이	노래
		내 이름을 닮은 나의 미래의 모습 그리기	미술

활동1. 우리 어린이집(유치원) 이름의 뜻을 알아보아요

목 표 : 이름에는 뜻이 있다는 것을 안다.

준비물 : 기관 이름의 의미를 설명해 주는 책자, 의미를 설명해 줄 수 있는 사람(예 원장선생님), 필요하다면 조사지와 연필

방 법 :

① 어린이집(유치원)의 이름에 어떤 뜻이 있는지 알고 있는지 물어본다.

- 우리 어린이집(유치원)의 이름은 모두 알고 있는데, 어떤 뜻이 있는지 알고 있니?
- 어떤 뜻이 있는지 어떻게 알아볼 수 있을까?

② 어린이 집 이름의 의미를 알아보기 위해 책자를 찾거나, 적절한 인사를 찾아가보도록 의견을 모은다.

- 우리 어린이집(유치원)의 이름에 어떤 뜻이 있는지 알아보도록 하자, 우선 어떻게 알아보는 것이 좋을까?
- 우리가 어린이 집 이름의 뜻을 알아보는 데 도움을 주실 수 있는 분이 계실까?

③ 책자나 적절한 인사의 설명을 통해 기관의 이름에 담긴 의미를 조사하고 정리한 후, 그 의미를 음미한다.

- 우리 어린이집(유치원) 이름이 갖고 있는 뜻을 알고 나니까 어떤 생각이 드니?

참 고 : 이 활동은 도입 활동이므로 이름이 갖는 의미를 개인적으로 적용하도록 확장하기보다는 이름에는 의미가 있다는 사실을 알도록 하는 데 집중한다.

활동2. 이름의 뜻을 알아보아요 -가게, 회사 이름 조사

목 표 : 이름에는 뜻이 있으며 이름은 곧 꿈이며 소망이라는 것을 안다.

준비물 : 유아교육기관 주변에 있으면서 유아들에게 익숙한 상점의 사진(간판이 보이게), 유아들이게 친숙한 과자, 간식류의 포장지(상호가 보이도록 준비), 혹은 상호가 인쇄된 봉투

방 법 :

① 사진이나 포장재에 쓰인 상호를 같이 확인하고 그 이름에 어떤 뜻이 있을지 생각해 본다.

- 어린이 집 앞에 있는 슈퍼의 이름은 '매일마트' 인데 어떤 뜻이 담겨 있을까?
- 큰 길에 있는 '예삐꽃방' 은 왜 그런 이름을 지었을까?
- 너희들이 좋아하는 과자들이 나오는 회사 이름 '빙그레' 에는 무슨 뜻이 있을까?

② 유아들의 생각을 모아 정리하고, 확인할 수 있는 이름의 뜻을 확인해 본다.

- 우리가 생각한 이름의 뜻이 맞는지 어떻게 알 수 있을까?

③ 가게에 직접 찾아가서 주인에게 묻거나, 회사 홈페이지를 방문하여 확인하고 고객 상담실에 문의 메일을 남겨놓는 방법 등을 사용할 수 있다는 것을 알려주고 유아들과 함께 알아본다.

④ 이름에 담긴 의미는 곧 그 가게나 회사의 꿈이라는 것을 알 수 있도록 유도한다.

확장활동 : 과자 · 간식 이름의 뜻을 알아보아요.

과자, 아이스크림 등 상품화된 간식의 봉지, 포장재 등을 유아에게 주고, 유아들이 잘 먹는 간식들의 이름에 어떤 뜻이 있는지 조사하고 정리해 본다.

- 빙그레 : 모든 사람들이 순수하고 깨끗한 웃음을 빙그레 지을 수 있는 세상이야말로 가장 이상적인 세상이라는 신념을 기초로, 빙그레 제품을 만나시는 모든 사람들이 행복한 미소를 짓기를 꿈꾸며 지은 이름.
- 롯데 : 괴테가 25세에 쓴 『젊은 베르테르의 슬픔』에 나오는 샤롯데처럼 소비자로부터 영원히 매력적이고, 사랑받는 기업, 친숙한 제품 제조를 기원하는 의미의 이름.
- 크라운 : 크라운은 왕관, 으뜸정신, 바른 마음, 감동경영을 추구하여 세계 초일류 회사로 도약하겠다는 이상을 왕관으로 상징한 이름.

시 감상

이름이 있는 이유

임희옥

이매동,
매화나무 두 그루가 서 있었대요.

이레한의원,
치료에 필요한 모든 재료를
하나님께서 주신대요.

샬롬약국,
약을 지으러 오는
모든 아픈 사람들이
평안해진대요.

승리체육관,
시합에만 나가면
모두 승리했으면 좋겠대요.

예린유치원,
예수님의 어린이로 자라기를
선생님이 기도하거든요.

사랑반,
친구들이 서로 사랑하며
지냈으면 좋겠어요.

김예찬,
예수님을 찬양하는
어린이가 되래요.

활동3. 내 이름의 뜻을 이야기해요

목 표 : 자기 이름에 뜻이 있음을 알고 긍정정인 자아개념을 갖는다.
이름에는 지어주신 분의 소망과 기대가 담겨 있다는 것을 안다

준비물 : 집에서 알아온 자기 이름 뜻이 적힌 기록지, 내 이름 문자도 작품

방 법 :

① 내 이름 문자도 작품을 소개하며 집에서 알아온 자기 이름의 뜻을 이야기 한다

- 이름에 어떤 뜻이 있니?

조해미 : 바다처럼 넓고 아름다운 마음을 가지라고 해미라고 지었어요.

소용기 : 멋진 얼굴, 건강한 몸이라는 뜻이에요.

김예은 : 예수님의 은혜로 태어났어요.

② 이름의 의미를 알게 되고 달라진 느낌에 대해 이야기한다

- 이름의 뜻을 알고 나니 기분이 어떠니?

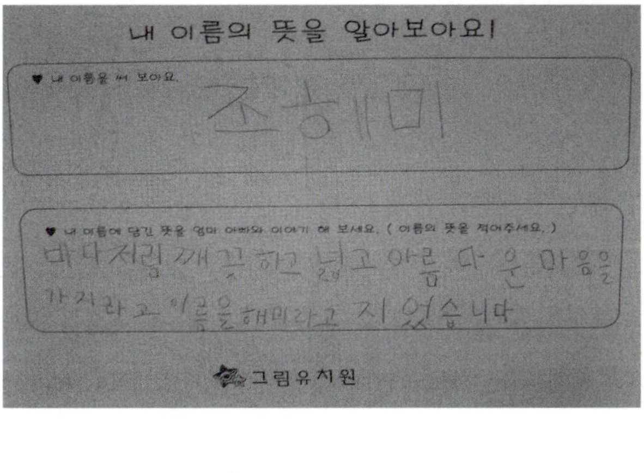
내 이름의 뜻을 알아보아요!

♥ 내 이름을 써 보아요.

조해미

♥ 내 이름에 담긴 뜻을 엄마 아빠와 이야기 해 보세요. (이름의 뜻을 적어주세요.)

바다처럼 깨끗하고 넓고 아름 다 운 마음을 가지라고 이름을 해미라고 지었습니다

그림유치원

활동4. 우리도 이름을 지어요 -음식 이름

목 표 : 이름을 지으려면 그 대상에 관심을 가지게 된다는 것을 안다.

준비물 : 『난 토마토 절대 안 먹어』 그림책(로젠차일드, 2007, 국민서관)

방 법 :

① 그림책을 읽어준다

② 동화에 나온 바꿔 부른 음식 이름들을 유아들과 함께 정리한다.

- 동화에 나오는 오빠는 롤라에게 채소 이름을 어떻게 바꾸어서 이야기해 주었니?

당근 : 오렌지뿅 가지뿅/콩 : 초록방울/감자 : 구름보푸라기

생선튀김 : 바다 냠냠이/토마토 : 달치익 쏴아

③ 이름을 바꿔 부르고 난 결과에 대해 이야기한다.

- 오빠가 이름을 바꿔서 불러주니까 어떤 일이 생겼니?

롤라가 재미있어 해요./채소를 골고루 먹어요.

④ 유아들도 잘 먹지 않는 음식의 이름을 다시 지어보자고 제안하고 각자 이름을 지어본다.

⑤ 바꾸어서 지은 이름과 그 이름이 잘 지어졌는지 이야기를 나눈다. 바꾼 이름을 실제로 사용하는 경험을 제안한다.

확장활동 : 자연물 이름을 지어요

비가 오거나 바람이 부는 날이라면 오늘 오는 비, 오늘 부는 바람은 어떤 이름을 지어줄 수 있을지 이야기를 나눈다. 또한 왜 그런 이름을 붙였는지 이야기한다.

참 고 : 실제로 이름을 바꿔 부르면 후각에 영향을 미친다는 사실이 과학적으로 입증되었다. 다음 기사를 참조하면 유아들이 편식하는 음식의 이름을 바꿔 부르는 경험으로 음식에 대한 혐오감을 줄일 수 있다는 것을 암시한다.

장미를 호박이라 부르면 실제 장미향기 덜 느껴져
英교수팀 '이름 부르기가 후각에 영향 끼쳐'

사물의 이름이 불러일으키는 연상작용이 실제로 냄새를 느끼는 데에 영향을 미친다는 사실이 밝혀졌다. 장미를 호박꽃이라고 부르면 덜 향기롭게 느껴지지만 고약한 냄새를 풍기는 사물에 그럴듯한 이름을 붙이면 냄새도 나아진다는 것이다.

영국 옥스퍼드대 에드 먼드롤스 교수팀은 '체다'와 '암내'라고 각각 이름붙인 치즈의 냄새를 자원봉사자들에게 맡게 하고 이들의 두뇌 움직임을 측정하는 실험을 실시해 이 같은 결과를 얻었다고 BBC가 26일 보도했다. 연구결과는 신경학회지 뉴런에 실렸다. '체다' 치즈 냄새를 맡은 실험 대상자들의 뇌는 냄새를 분석하는 부위가 활성화됐다. '체다' 표시가 되어 있지만 실제로는 맑은 공기 냄새를 맡은 대상자들의 뇌도 같은 부위가 약하게나마 활성화됐다. 그러나 '암내' 표시가 된 치즈나 같은 표시가 돼 있지만 실제로는 맑은 공기 냄새를 맡은 대상자들의 뇌는 이 부위가 전혀 활성화되지 않았다. 연구팀은 숨을 깊게 들이쉬어 냄새를 맡는 행동은 뇌의 '냄새 부위' 활성화에 아무런 영향을 미치지 않았다고 덧붙였다.

롤스 교수는 "이번 실험에서 이름이 후각에 영향을 미친다는 점이 확인됐다."며 "안와전두피질이라는 뇌 부위에서 조절되는 냄새의 쾌감이 후각으로 전이된다."고 말했다. 그는 치매나 교통사고로 인해 안와전두피질이 손상된 사람은 식성이 바뀌어 비만이 될 수도 있다고 지적했다. 포도주 제조업자나 레스토랑 업주들이 맛을 어떻게 표현하느냐에 따라 고객의 미각에도 영향을 미친다는 사실에 착안해 롤스 교수는 '이름과 맛의 소비자 경제학'도 언급했다.

이진 기자 leej@donga.com
〈동아일보〉 2005년 9월 28일자 기사 중에서

활동5. 우리말 이름으로 다시 지어요

목 표 : 물건의 특성이 잘 드러나는 우리말로 새로운 이름을 짓는 경험을 통해 이름은 사물의 특성을 나타내기도 한다는 것을 안다.

준비물 : 외래어 이름을 가진 사물이나 사물의 사진(포크, 믹서, 썬캡, 에어컨, 엘리베이터 등) 준비된 활동지, 필기도구

방 법 :

① 외래어 이름을 가진 준비된 사물이나 사진을 보며 이야기를 나눈다.

- 이 물건을 본 적이 있니?/이름이 무엇인지 알고 있니? "믹서예요"
- 언제 필요한 물건일까? "엄마가 요리할 때 음식을 넣고 갈아요"
- 이 물건의 이름은 우리나라 말이 아닌데 우리가 우리말로 이름을 다시 지어볼까? "윙윙이/갈갈이"
- 왜 윙윙이라고 지었니? "갈 때 소리가 나요"/"뭐든지 갈아지니까요"

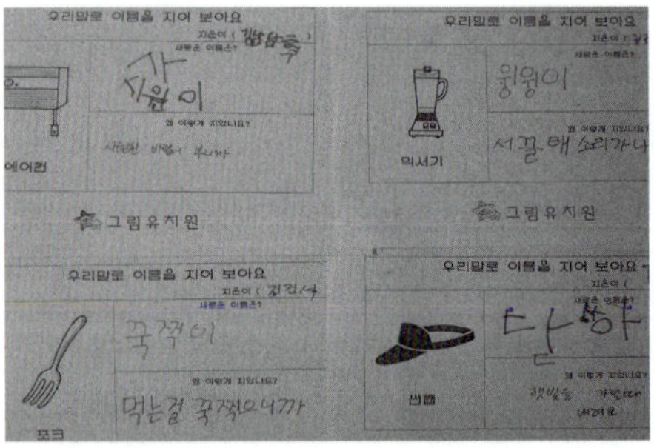

확장활동 : 어울리는 이름을 지어요.

유아들이 만든 작품을 모아서 이름 짓는 활동을 한다.

활동6. 성경 속의 이름들

목 표 : 성경 속 인물의 이름에도 뜻이 있다는 것을 안다
이름에는 지어주신 분의 소망과 기대가 담겨 있다는 것을 안다

준비물 : 인물 이름카드, 그림성경(생명의 말씀사)

방 법 :

① 성경에 나오는 인물들의 그림과 이름카드를 보여주면서 이야기를 나눈다.

② 성경 속 인물의 이름에 담긴 뜻과 그 이름을 갖게 된 배경에 대한 이야기를 간단히 소개한다.

- 아브라함 : 모든 민족의 아버지 (창세기 17:5)
- 사라 : 모든 민족의 어머니 (창세기 17:16)
- 모세 : 물에서 건진 자 (출애굽기 2:10)
- 솔로몬 : 평화롭다 (역대상 22:9-10)

③ 성경인물 중 이름이 바뀌거나 다른 이름을 가진 사람과 그 의미를 소개한다.

- 하나님께서 아브람(존귀한 아버지)을 아브라함(모든 민족의 아버지)으로 바꿔주셨다.
- 솔로몬(평화롭다)은 여디디야(하나님의 사랑을 받은 자)라는 이름도 있었다. (사무엘하 12:24-25)
- 하나님께서 야곱(발뒤꿈치를 잡았다, 속이는 자)을 이스라엘(하나님과 겨루어 이겼다)로 바꿔주셨다. (창세기 25:26, 32:28)
- 예수(하나님은 구원해 주신다)의 이름을 천사는 임마누엘(하나님이 우리와 함께 계시다)이라고 알려주었다. (마태복음 1:23)

활동7. 이름을 닮은 아이

목 표 : 이름에는 이름을 지은 사람의 소망이 담겨 있다는 것을 안다.
이름을 닮는다는 것이 무엇인지 생각한다.

준비물 : 동화자료

방 법 :

① 동화를 듣기 전에 이름 때문에 화가 나거나 마음 상한 일이 있었는지, 또 이름으로 친구를 놀린 적이 있는지 이야기를 나눈다.

② 동화를 들려준다.

③ 동화내용에 대해 이야기를 나눈다.

- 예찬이가 처음에는 기분이 나빴는데 어떻게 해서 기분이 좋아지게 되었니?
- 이름의 뜻을 알고 나서 예찬이가 무슨 생각을 했다고 생각하니?
- 혹시 너희들 중에도 이름의 뜻을 알고 나서 자기 이름이 자랑스럽게 느껴진 친구 있니?

이름을 닮은 아이

김정준

"예찬아! 너 왜 그러고 있니? "
시장에서 돌아오신 엄마가 거실 소파 구석에 웅크리고 앉은 예찬이를 보고 걱정스럽게 물어보셨습니다.

가까이서 보니 예찬이 눈에 눈물이 그렁거립니다.
"우리 예찬이 무슨 속상한 일이 있나보구나."
"엄마, 내 이름은 왜 그래요, 이름 바꿔 주세요!"

엄마는 눈이 동그래져서 물어보셨습니다.
"네 이름이 어때서?"

"아이들이 점심 먹을 때마다 반찬이라고 놀린단 말예요!"
엄마는 웃음이 나오는 걸 참았어요. 예찬이가 너무 속상해하니까요.

예찬이 눈에서 눈물이 떨어져요.
엄마는 예찬이를 가슴에 꼭 안아주셨습니다.
"예찬아, 친구들이 놀려서 네 이름이 싫어졌구나. 그런데 네 이름에는 정말 멋진 뜻이 있는데…."

"무슨 뜻이요?"
예찬이 고개를 들고 엄마를 바라 보았습니다
엄마는 예찬이의 눈물을 닦아주시면서 말씀하셨습니다.

예찬이가 엄마 뱃속에 있고, 아직 이름이 없을 때, 엄마가 많이 아팠단다.
의사선생님이 엄마랑 예찬이가 다 위험할지도 모른다고 하셔서 할아버지, 할머니 그리고 아빠가 아주 많이 걱정을 하셨지.
그래서 목사님께도 말씀을 드리고 외할머니, 외할아버지, 고모와 외삼촌 모두에게도 알렸어.
아빠는 의사선생님께 들은 말씀을 이야기하며 의사선생님보다 더 엄마와 아기를 잘 지켜주실 분의 도움이 꼭 있어야 한다고 했단다.
그 분이 누군지 예찬이는 알까?

예찬이가 얼른 대답했습니다.
"예수님!"
엄마는 예찬이가 기특해서 머리를 쓰다듬어 주셨습니다.

"맞았어. 그래서 목사님과 우리 가족들과 아빠, 엄마의 친구들까지 모두 예수님께 기도를 드렸지. '엄마가 아기를 건강하게 낳을 수 있도록 지켜주세요' 하고 말이야. 그리고 어떻게 되었을까?"
"음, 내가 태어났지!"
예찬이가 어깨를 쭉 펴며 대답했습니다.

"맞아 그래서 할아버지께서는 우리 예찬이가 건강하게 태어난 것은 예수님 덕분이라고 생각하셔서 예수님의 은혜를 찬양하라고 이름을 지어주셨지."

그럼 예찬이의 이름은 무슨 뜻일까?
"예수님 찬양?"

"그래, 맞았어! 우리 예찬이 정말 똑똑하구나.
그리고 네가 예수님을 찬양하는 아름다운 사람이 되었으면 좋겠다는
할아버지의 기대와 소망도 네 이름에 담겨 있단다."

"그럼 나도 이름을 닮아야겠네요?"
"이름을 닮는다구? 그래 그렇구나. 이름처럼 예수님을 찬양하는 예찬이가 되어야겠지.
이름대로 자라면 분명히 너는 이름을 닮은 멋진 어른이 될거야."

"알았어요, 난 꼭 내 이름을 닮은 아이가 될래요. 언제나 예수님을 찬양하는 아이가 되겠어요."

활동8. 엄마의 영상편지

목 표 : 이름에는 소망과 사랑이 담겨 있다는 것을 안다
이름에 담긴 소망대로 된다는 것은 어떤 것인지 생각한다.

준비물 : 엄마의 영상편지(이름의 뜻을 설명하는 비디오 녹화자료), 편지지, 필기도구

방 법 :

① 미리 만들어 둔 어머니의 영상편지를 보고 이야기를 나눈다(녹화자료 제작에 대해 어머니께 미리 안내문을 보내 공지한 후, 등하원 시 어머니가 자녀에게 보내는 영상편지를 제작해 둔다).

- 엄마를 보니까 기분이 어떠니?
- 엄마가 이름을 불러주실 때 어떤 마음이 들었니?
- 엄마가 뭐라고 말씀하셨니?
- 부모님께서 너희 이름을 지으실 때 어떤 마음으로 지으셨을까?

② 이름에 담긴 소망이 이루어지려면 어떻게 해야 할지 이야기를 나눈다.

③ 감사의 마음을 편지나 그림으로 표현할 수 있도록 유도한다.

확장활동 : 이름을 닮은 미래의 내 모습 그리기

- 유아들에게 자신의 이름대로 자라 어른이 된 모습은 어떨지 생각하고 그려보게 한다.
- 유아들이 그린 그림을 보며 어떤 의미를 담고 있는지 이야기를 나눈다.

활동9. 이름을 닮은 아이

목 표 : 자기 이름에 대한 긍정적인 개념을 갖고, 이름에 담긴 소망에 대해 생각한다.

방 법 :

① 노래를 배우기 전에 『이름을 닮은 아이』 동화자료를 보면서 동화를 상기한다.

② 노랫말을 같이 읽어보고 이야기를 나눈다.

- 이름을 생각하고 사랑한다는 것이 어떻게 하는 것일까?
- 녀희도 이름대로 살고 싶다는 생각이 드니? 그렇게 하려면 어떻게 해야 할까?

③ 함께 노래를 부른다.

이름을 닮은 아이

서광일

'이름' 주제를 진행하며

학기 초라 "이름"이라는 주제를 다루기에 적합했다. 이름을 잘 모르고 "오빠야", "야", "저기 저 애"라는 말을 많이 사용했었던 아이들은 이름 주제를 전개하고 나서 친구의 이름을 알고 부르게 되었다. 이름을 사용하는 이유는 부르기 위해서라고 했다. 혼자 사는 사람은 이름이 필요할까? 물었더니 필요 없을 것이라고 말했다. '이름' 주제를 다루면서 유아들은 공동체의 중요성을 알 수 있었다. 교사가 기독교인이 아니라면 방향이 달라질 수 있겠다는 생각을 했다.

부산 YWCA 부설 어린이집 만 4세 반 교사

교사를 위한 Tip

보통 유아들이 미래의 자기 모습을 그릴 때는 '무엇이 되는가?', '어떤 직업을 갖고 있는가?'에 집중하는 경우가 많다. 그러나 이 활동은 '무엇'을 하는 사람에 집중하기보다는 '어떤 인격을 가진 사람'으로 살아가고 있는가에 집중할 수 있도록 유도할 수 있을 것이다. 흔히 유아들에게 장래의 꿈을 이야기하게 할 때 성인들은 인격보다는 직업, 보이지 않는 것보다는 보이는 것, 자신 안에 있는 것보다는 남에게 과시하는 것에 집중하도록 부추긴다. 그러나 참다운 그리스도인은 직업적인 성공과 출세가 아닌 예수 그리스도를 닮은 온전함을 이루는데 그 목적이 있어야 한다. 활동을 통해 유아들은 '의사가 된 해미'가 아니라 '바다처럼 넓고 아름다운 마음을 가진 해미', '예수님의 은혜가 넘치는 예은이'와 같은 보이지 않으나, 보이는 것보다 우선 순위에 두어야 할 '그리스도인으로서 어떻게 살 것인가'에 대한 잠재적인 메시지를 전달받게 될 것이다.

주제3 이름을 통해 더 깊은 교제를 나눌 수 있다

너희는 눈을 높이 들어 누가 이 모든 것을 창조하였나 보라 주께서는 수효대로 만상을 이끌어 내시고 그들의 모든 이름을 부르시나니 그의 권세가 크고 그의 능력이 강하므로 하나도 빠짐이 없느니라 (이사야 40 : 26)
문지기는 그를 위하여 문을 열고 양은 그의 음성을 듣나니 그가 자기 양의 이름을 각각 불러 인도하여 내느니라 자기 양을 다 내놓은 후에 앞서 가면 양들이 그의 음성을 아는 고로 따라오되 (요한복음 10 : 3-4)

하나님께서는 태초에 에덴동산에 단 두 사람을 지으시고 그들의 이름을 지어 부르셨습니다. 이름을 알고 부르는 것은 관계를 맺는 기본입니다. 통성명이라는 말은 교제의 시작을 의미합니다. 이름을 알고 싶은 것은 관심의 시작이며 이름을 부르는 것은 관계의 시작입니다. 오래 전에 헤어졌거나 먼저 세상을 뜬 가족이나 친구의 이름을 나직이 불러보십시오. 소리는 입으로 내었지만 마음이 울리는 것을 느낄 수 있으실 것입니다.

어린이집에 처음 등원한 유아의 이름을 먼저 불러보신 적이 있으신지요? 동그래진 유아의 눈동자를 보신 기억이 있으신지요. 그 아이는 교사에 대한 경계가 줄어듭니다. 그리고 그 유아가 무엇을 좋아하는지 어떤 놀잇감을 좋아하는지 아는 체 해보십시오. 유아와의 사귐이 훨씬 수월해질 것입니다.

마찬가지로 유아교육현장에서는 유아들이 친구와 서로 이름을 부르도록 기회를 주곤 합니다. 이름을 부른다는 것은 단순히 다른 사람과 구별되어진다는 것뿐 아니라 사귐의 시작을 뜻하기 때문입니다. 이름 짓기와 마찬가지로 이름을 부르는 것 역시 사랑의 마음을 보내는 것입니다. 화가 나서 큰 소리로 “야!” 라고 부르시는 일은 없겠지요? 아무 생각 없이 아이가 듣는 가운데 “네가 제일 골칫거리야!”라고 뱉어버리시지는 않겠지요?

무엇보다 선생님들께서는 이 주제에 들어가기 전에 하나님과 당신의 교제를 묵상해 보시기 바랍니다. 하나님이 당신과 교제하기 원하시는 것을 믿으십니까? 그렇다면 하나님은 무엇을 기대하시고 우리와 관계를 맺으시려는 것일까요? 우리 인간들은 서로 누군가를 사귀려고 한다면 최소한 내게 손해를 끼칠 사람은 아닌지 먼저 생각합니다. 그와 관계를 맺는 순간부터 막대한 손해를 감수하고 끝없이 참아야하고 기약 없이 기다리기만 해야 한다면 그 관계를 고려하게 될 것입니다.

그러나 하나님께서는 우리가 얼마나 무기력하고 약하며 믿을 수 없는 존재인지 아시면서 우리에게 먼저 사귀기를 청하십니다. 오히려 그분은 우리를 너무 잘 아시기 때문에 우리를 사랑하십니다. 그리고 우리를 당신의 자녀로 삼아주셔서 하나님을 '아버지' 라 부르는 것을 허락해 주셨습니다. 파스칼은 말합니다. '크리스천은 자신을 창조주 하나님의 아들이라 생각하지만 교만하지 않고, 자신을 벌레에 비유하면서도 비천에 빠지지 않는 존재' 라고요.

놀이를 통해 아이들이 친해지고, 일을 통해 어른들이 관계를 맺고, 만남을 통해 연인들이 가까워지듯 서로를 더 잘 알게 되려면 더욱 깊은 교제를 가지려고 노력해야 합니다. 깊은 교제는 서로를 이해하게 되고 이해한 만큼 가까워질 뿐 아니라 더욱 가까이 있고 싶어집니다. 그리고 서로 닮아갑니다.

우리가 하나님을 닮아 온전해지는 것, 이것이 하나님이 우리에게 원하시는 것입니다. 힘이 없고 약한 작은 아이라도 커다란 아빠의 팔에 안겨 있으면 높은 곳에서 세상을 내려다보고, 험한 비탈길에서 안전하게 느낍니다. 우리가 은혜 안에서 누리는 평안이 그것입니다.

목 표 : 이름을 부르고 친해지는 경험을 통해 하나님과 우리도 서로의 이름을 부르며 깊이 교제할 수 있다는 것을 안다.

소주제 ① 우리는 서로 이름을 불러요

소주제 ② 이름을 부르면 더 친해져요

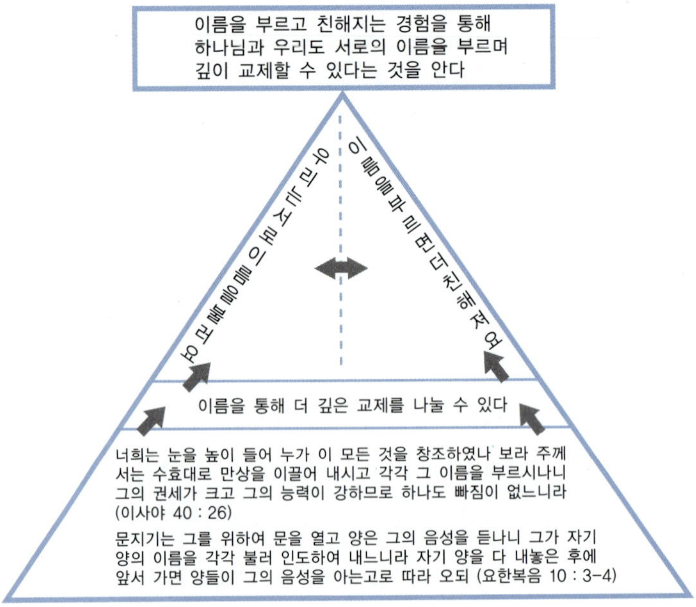

[그림 4] '이름' 주제3 활동 전개도

〈표 3〉 '이름' 주제3 활동목록

주제		활동명	활동유형
이름을 통해 더 깊은 교제를 나눌 수 있다	우리는 서로 이름을 불러요	이름이 궁금해	동화
		친구 이름 부르지 않고 놀아보기	게임
		이름 목걸이 만들기	조형
		친구 이름 채우기 빙고	게임
		내가 이름을 아는 사람은 누구일까? - 누가 내 이름을 알고 있을까?	조사
		내가 좋아하는 이름	노래
		우리 가족과 친척의 이름을 알아보아요 - 가계도 만들기	조사
	이름을 부르면 더 친해져요	내 마음을 전해요	게임
		이름을 부르며 축복해요 - 〈축복송〉 - 친구에게 그림편지를 보내요	노래
		아빠, 아버지	노래

활동1. 이름이 궁금해

목 표 : 서로의 이름을 부르는 것이 사귐의 시작이라는 것을 안다

준비물 : 동화자료

방 법 :

① 친구의 이름을 몰라서 부르지 못한 경험에 대해 이야기를 나눈다.

- 친구의 이름을 몰라서 부르지 못했던 적이 있었니?
- 이름을 모를 때는 어떻게 하면 좋을까?
- 이름을 알 때와 모를 때 어떤 차이가 있었니?

② 동화를 들려준다.

③ 동화에 대해 이야기를 나눈다.

④ 예찬이와 아름이가 서로의 이름을 알게 된 후에 어떤 일이 일어났을지 뒷 이야기를 지어본다.

이름이 궁금해!!

김정준

옆집에 새 친구가 이사 왔어요.
예찬이가 살짝 들여다보았어요. 그 아이는 마루 한 구석에 서 있어요.

'히히, 나랑 놀자고 해볼까?' 그런데 뭐라고 부를까요?
'이름을 모르잖아.'

그렇지! 여기 계속 서 있으면 이름을 알 수 있겠다.

예찬이는 한참 동안 그 집 앞을 기웃거리며 서 있었어요.
하지만 그 아이의 이름을 부르는 소리가 들리지 않았어요.

어떻게 하면 그 이름을 알 수 있을까요? 예찬이는 생각하고 또 생각했어요.
옳지! 이렇게 하면 되겠구나. 예찬이는 종이와 크레파스를 가지고 왔어요.
그리고 편지를 썼어요.

너는 이름이 모니? 205호 송 예찬

예찬이는 편지를 옆 집 대문 앞에 놓았어요.
어!! 그런데 이삿짐 나르는 아저씨가 모르고 발로 밟고 밀어 버리는 게 아니겠어요?

예찬이는 다 구겨진 종이를 펴서 사탕을 쌌어요.
그리고 이삿짐이 쌓여 있는 마당으로 갔어요.

'여기다 둬야지.'
'히히,
예찬이는 사탕을 싼 편지를 서랍장 위에 올렸어요.

이제 아저씨가 그 서랍장을 들고 가셔요.
아저씨가 그 서랍장을 들고 가시는 모습을 보며 예찬이는 가슴이 콩닥거렸어요.
'네가 예찬이니? 나는 ○○야' 하고 그 아이가 놀러올 것을 생각하니 얼굴이 빨개졌어요. 그런데!
"어머, 아저씨, 죄송하지만… 그건 다시 아래층에 내려주세요. 버릴 짐이 잘못 왔네요, 호호호" 옆집 아줌마가 말씀하셔요.
아휴~ 저런
아저씨는 그 짐을 도로 들고 내려와 재활용 쓰레기 쌓아두는 곳에 내려놓았습니다.

"예찬아, 문 닫아
손 씻어라, 저녁먹자"
그날 밤 예찬이는 생각했어요.
그 애 이름이 뭘까요?
단비일까요?

송이일까요?
이름이 정말 궁금해요.
'내일 다시 이름을 알아봐야지.'

다음날 아침, 어린이집 가는 길에 예찬이가 옆집 앞을 지나갔어요.
대문은 꼭 닫혀 있고, 아무 소리도 들리지 않아요.

"예찬아, 늦겠다."
엄마는 앞서 가시다가 늑장을 부리는 예찬이를 재촉하셨어요.
어떻게 하면 예찬이는 그 친구의 이름을 알 수 있을까요?

그런데, 어!! 바로 그 아이가 원장선생님 방에서 나와요.
어어!!! 원장 선생님 손을 잡고 토끼반 교실로 들어가요.

"애들아, 오늘 새 친구가 왔어.
이름은 정아름이야.
아름이와 즐겁게 지내도록 하자"
예찬이는 너무 신났어요. 친구의 이름을 이제는 알 수가 있게 되었으니까요.
'아, 알았다. 저 아이 이름은 정아름이구나!'

"아름아, 난 송예찬이야. 나는 너희 옆집에 산다. 너 이사 오는 거 봤어"
예찬이가 아름이에게 손을 내밀었어요.

예찬이는 이제 아름이와 친해질 수 있을 거예요.
이제 친구의 이름을 아니까요.
이름을 부르며 같이 놀 수 있으니까요.

친구들이 만든 이야기–뒷 이야기 짓기
그래서,

활동2. 친구 이름 부르지 않고 놀아 보기

목 표 : 이름을 부르지 않으면 관계를 맺기 어렵다는 것을 안다.

방 법 :

① 자유선택 활동시간에 유아들과 친구 이름을 부르지 않고 노는 게임을 하자고 제안한다.

- 우리가 자유선택 놀이를 하는 동안 서로의 이름을 부르지 않고 놀아보도록 하자.

② 시간을 정해 놓고 그 시간 동안은 서로의 이름을 부르지 않고 놀고 난 후 서로의 경험과 생각을 나눈다.

- 이름을 부르지 못하는 데 꼭 불러야 할 때는 어떻게 했니?

 '야' 라고 했어요.

 가까이 가서 쳤어요.

- 친구가 '야' 라고 부르거나 치면 기분이 어땠니?
- 그러면 뭐라고 부르면 좋겠니?

교사를 위한 Tip

이 활동은 주제1에서 이미 했던 활동이지만 앞에서는 이름이 있기 때문에 의사소통이 편하다는 기능적인 면에 초점을 맞춘다면 이번에는 이름이 서로에게 친밀감을 느끼는 데 중요한 역할을 한다는 것을 이해하게 하는 데 목적이 있다. 그러므로 같은 활동이지만 다시 한번 해보도록 권한다.

활동3. 이름 목걸이 만들기

목 표 : 친구 이름의 뜻을 알고 부르면 교제가 더 깊어진다는 것을 안다

준비물 : 이름판, 목걸이 끈, 필기도구

방 법 :

① 각자 이름의 뜻을 나타내는 이름 목걸이를 만들자고 제안한다.

- 너희들의 이름과 이름의 뜻을 알리는 목걸이를 만들어보자.

② 이름을 쓰고 이름의 뜻을 생각하며 그림을 그린다.

(이름을 닮은 미래의 나의 모습을 그린 그림을 활용할 수도 있다)

③ 자기 이름의 뜻이 담긴 목걸이를 서로 소개한다.

④ 이름 목걸이 사용방법에 대해 이야기를 나눈다.

- 친구 이름을 부를 때 목걸이를 보며 불러주자.
- 이름을 부를 때 어떤 마음으로 부르면 좋을까?

"사랑하는 마음으로"

"소중하게 여기는 마음으로"

⑤ 이름 목걸이를 사용한 후 기분이 어땠는지 이야기를 나눈다.

- 친구가 이름을 어떻게 불렀을 때 기분이 좋았니?
- 친구의 이름을 부를 때는 기분이 어땠니?
- 친구가 이름을 불러주는 것과 그냥 '야' 라고 부르는 것과 어떻게 달랐니?

⑥ 이름이 우리에게 어떤 일을 해주는지 알게 된 것을 이야기한다.

교사를 위한 Tip

이 활동은 앞의 친구 이름 부르지 않고 놀아보기 활동과 연계를 지어 경험하면 이름을 부르면서 서로가 더 친밀감을 느끼게 된다는 것을 이해하는 데 훨씬 도움을 줄 것이다.

시 감상

축 생일 !

임희옥

구슬처럼 입이 동그래서
구슬이라고 지을까.

장미처럼 뺨이 붉어서
장미라고 지을까.

눈이 너무 빛나서
별이라고 지을까.

오래 오래 기다려서 찾아왔으니
기쁨이라고 지을까.

주의 은혜로 태어났으니
주혜라고 지어야지.

활동4. 친구 이름 채우기 빙고

목 표 : 서로의 이름을 부르는 것이 교제의 시작이라는 것을 안다.

준비물 : 빙고 게임 활동지, 연필, 유아들의 사진 복사한 것, 풀

방 법 :

① 빙고 게임 활동지를 소개한다.

- 여기 활동지에 이름을 알고 싶은 친구의 이름을 쓰는 게임이야
- 자기가 이름을 쓰는 것이 아니라 친구에게 가서 친구의 이름을 써달라고 하는 거야.
- 친구의 사진을 먼저 붙이고, 그 친구에게 가서 이름을 써달라고 해도 괜찮아
- 이름을 쓸 수 없을 때는 여기 이름표를 보고 이름을 써도 돼.

② 게임방법을 설명한다.

- 친구에게 뭐라고 말하면서 써달라고 하면 좋을까?
  - 그래, 먼저 내 이름은 ○○○야, 너랑 친구하고 싶은데, 네 이름은 뭐니? 이렇게 물어보면 좋겠다.
- 친구가 이름을 써달라고 하면 어떻게 하면 좋을까?

③ 친구에게 가서 이름을 받는 과정에서 서로 친해질 수 있다는 것을 암시한다.

④ 활동을 하면서 느낀 것을 이야기 나눈다.

교사를 위한 Tip

사진 자료에는 유아의 이름만을 썼지만, 글씨를 모르는 유아들의 참여를 유도할 수 있도록 유아의 사진을 복사해서 붙이고 이름을 쓰게 하는 것이 더 좋다. 사진을 붙여두면 이름을 쓰지 못할 경우에 교사가 도움을 주는 것이 보다 용이할 것이다.

시 감상

이름 빼고 불렀다

임희옥

사랑 유치원 친구야!
100명이 돌아보았다.

민들레반 친구야!
20명이 바라보았다.

바지 입은 친구야!
10명이 돌아보았다.

짧은 머리 친구야!
7명이 돌아보았다.

친한 친구야!
3명이 남았다.

구은지!
은지가 웃으며 손을 흔들었다.

활동5. 내가 이름을 아는 사람은 누구일까? 누가 내 이름을 알고 있을까? 조사하기

목 표 : 이름을 안다는 것은 그 사람과 교제가 있다는 것임을 안다.
나는 이름을 모르지만 내 이름을 아는 사람도 있다는 것을 안다.

준비물 : 칠판

방 법 :

① 유아들이 이름을 알고 있는 사람이 얼마나 되는지 이야기해 본다.

② 유아가 이름을 알고 있는 사람들을 어떻게 묶을 수 있는지 분류해 본다.
가족(부모, 형제자매), 친척, 친구, 이웃, 선생님 등

③ 유아는 그 사람의 이름을 모르는데 자신의 이름을 알고 있는 사람은 누구인지 생각해 본다.

- 유아들은 부모, 형제자매, 친구의 이름은 잘 알고 있지만 조부모, 교사(특히 다른 반 교사), 이웃, 친척(이모, 고모, 외삼촌, 작은 어머니, 외숙모 등)들의 이름은 잘 모르고 있을 것이다. 유아가 이름을 몰라도 그들을 어떤 호칭으로 부르면 그것이 이름을 대신하게 되며 그들이 유아의 이름을 알 때 거기에는 서로 교제가 있다는 것을 발견하도록 돕는다.

④ 유아교육기관 내에서 유아가 이름을 알 수 있는 사람들의 이름을 알아본다.

교사를 위한 Tip

유아들은 자기 이름을 알고 있는 사람은 좋은 사람이라고 생각하고 쉽게 믿어버리며 특히 외모가 단정한 여자가 친절한 태도로 접근할 때 경계심이 현저하게 줄어드는 경향이 있으므로 이름을 알고 있다고 해서 다 좋은 사람이 아니며, 유괴범이나 기타 가해를 입힐 수 있는 성인이 이름을 먼저 알고 접근할 수도 있다는 점도 알려주는 것이 좋겠다.

활동6. 내가 좋아하는 이름

목 표 : 사랑하는 사람의 이름을 부르면 마음이 기뻐진다는 것을 안다.

방 법 :

① 내가 좋아하는 이름에는 어떤 이름들이 있는지 생각하게 한다.

② 그 이름을 좋아하는 이유는 무엇인지, 그 이름을 부르면 마음이 어떤지 이야기를 나눈다.

③ 노랫말을 같이 읽어보고 함께 불러본다.

- 너희가 또 부르면 마음이 기뻐지는 다른 이름은 어떤 것이니?
- 엄마 대신 다른 이름을 넣어서 노래를 불러보자.

④ 함께 노래를 부른다.

시 감상

너로 인해 행복했다

임희옥

아이야
네가 우리 곁에 와 행복했다.

몇 번이고 넘어지면서도
뒤뚱뒤뚱 걸어주어 행복했다.

어린 단풍나뭇잎 같은 손으로
빠이빠이 흔들어주어 행복했다.

가방을 메고 유치원으로 가는 모습을
바라볼 수 있어서 행복했다.

삐뚤 삐뚤 써서 준
어버이날 카드가 행복하게 해주었다.

무엇보다
네가
엄마(아빠)라고 불러주어서 너무 행복했다.

내가 좋아하는 이름

서광일

활동7. 우리 가족과 친척의 이름을 알아보아요 : 가계도 만들기

목　표 : 가계도를 만들면서 가족 내에서의 자신의 위치와 관계에 대해 알아본다.
자신의 이름 외에도 여러 호칭이 있다는 것을 안다.

준비물 : 활동지, 가계도 자료, 『나』(김정준 지음) 동시 자료

방　법 :

① 사전에 집에서 조사해 온 활동지를 보며 친척들과 자신과의 관계에 대해 이야기한다.

- 이번에 가계도를 만들면서 처음 알게 된 가족이나 친척의 이름이 있니?
- 네가 이름을 모르는 그분들을 너는 누구라고 부르니?

② '나' 동시를 읽고 난 후, 친척 간에 부르는 간단한 호칭들을 이야기해 본다.

- 그분들은 너의 이름을 알고계시니? 너는 그 사람과 어떤 관계이니?
  (할아버지, 할머니와 손자, 손녀, 고모, 이모, 삼촌과 조카, 사촌)

③ 자신의 가계도에 대해 이야기한다.

④ 유아의 위치에 따라 여러 호칭이 생기며 그것이 다 자신을 일컫는 말임을 가계도를 보며 이해하도록 돕는다.

- 어머니, 아버지한테 너는 무엇이니?
  "아들/딸"
- 할아버지 할머니한테는 무엇이니?
  "손자/ 손녀"
- 고모나 삼촌, 이모한테는 너는 무엇이니?
  "조카"
- 우리 이름이 있지만 또 우리가 누구인지 알려주는 다른 이름도 많이 있구나.

시 감상

나

김정준

나는
엄마, 아빠가 보면 우리 '딸'
동생이 보면 '누나', 오빠가 보면 '동생'
할아버지, 할머니가 보면 신통한 '손녀'
고모, 삼촌, 이모가 보면 '조카'
사촌동생이 보면 '사촌언니'
사촌언니가 보면 '사촌동생'

우리 강아지가 보면 '주인집 아이'
앞집 아줌마가 보면 '뒷집 아이'

슈퍼 아저씨가 보면 '네모어린이집 어린이'
원장선생님이 보면 '사랑반 어린이'
목사님이 보면 '믿음교회 유치부 어린이'

외국 사람이 보면 '대한민국 어린이'
우주인이 보면 '지구인'
예수님이 보시면 '사랑하는 나의 친구'

하나님이 보시면
'기뻐하는 나의 딸!!

시 감상

누구를 부르세요?

임희옥

엄마
배가 아파요.

엄마는
내 머리에 손을 얹고, 배를 쓸어줍니다.

하나님 아버지, 우리 아기를 치료해 주세요.

나는 엄마를 부르고
엄마는 하나님 아버지를 부릅니다.

하나님 아버지는 힘들 때 누구를 부르세요?

교사를 위한 Tip

유아에게 자신의 이름 이외에 자기를 부를 수 있는 다른 호칭(이름)이 있다는 것을 알게 하는 것은 다음 소주제인 '우리는 하나님의 이름을 불러요' 로 연결하는 사전 활동이 될 수 있다. 하나님도 그분의 속성과 능력에 따라 다른 이름(호칭)으로 불린다는 것을 유아들에게 소개할 때 이 활동을 상기시키는 것이 도움이 될 것이다.

활동8. 내 마음을 전해요

목 표 : 친구의 이름을 부르면 내 마음이 전해진다는 것을 경험한다.

준비물 : 공이나 두루마리 휴지(휴지가 공보다 마음이 전해지는 것을 시각화할 수 있으나 휴지를 낭비한다는 생각이 든다면 공으로 할 수도 있다.)

방 법 :

① 게임방법을 설명하고 게임을 한다.

- 친구의 이름을 부르고, 하고 싶은 말을 하면서 휴지를 굴리는 거야.
- 친구에게 휴지가 쭉 펼쳐지는 것처럼 네가 친구 이름을 부를 때 네 마음이 전해진다.
- 친구에게 뭐라고 말하면 좋을까?

  "○○아 사랑해"

  "○○아 고마워"

  "○○아 미안해"

② 게임을 하면서 느낀 것들을 이야기한다.

- 친구의 이름을 부르면서 너희 마음을 전하니까 어떤 기분이 드니?
- 친구가 이름을 불러주면 기분이 어떠니?

활동9. 이름을 부르며 축복해요

목 표 : 친구의 소중한 이름을 부르며 축복하면 내 마음도 기쁘다는 것을 안다.

준비물 : 친구의 이름카드 혹은 이름 목걸이

방 법 :

① 오늘 함께 축복해 줄 유아의 이름을 부른다(주제가 전개되는 동안 모든 유아들이 한번 이상 축복받을 수 있도록 배려하되, 결석했다 온 친구, 이사가는 친구, 동생을 본 친구 등 특별한 일이 있는 친구도 축복한다).

② 친구에게 어떻게 축복해 주고 싶은지 이야기를 나눈다.

"안아줘요./눈을 봐요./손을 잡아줘요"

③ 노래에 친구 이름을 넣어서 축복송을 불러준다

④ 노래를 부른 후 느낌을 이야기한다

- 친구에게(손을 펼쳐, 안아주면서, 눈을 보며) 노래를 불러주니 마음이 어떠니?
- 친구들이 불러주는 노래를 들으니 기분이 어떠니?

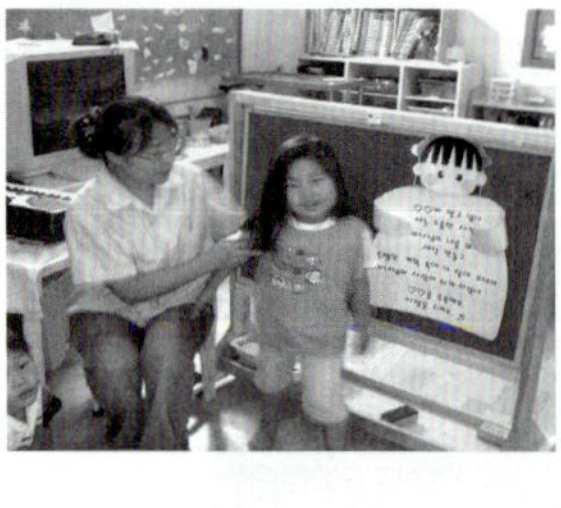

확장활동 : 친구에게 그림편지를 보내요.

친구에게 축복하는 자기 마음을 전할 그림 편지를 써서 편지를 전달하고 그 경험을 나눈다.

사랑해 축복해(축복송)

최정문 작사
김형진 작곡

♩= 96 (사랑스럽게)

※ 출처 : 어린이 경배와 찬양 450, 칼라뮤직.

활동10. 아빠, 아버지

목 표 : 내 이름을 아시는 아버지(하나님)께서 내 모든 것을 아신다는 것을 알려준다

준비물 : 노래자료

방 법 :

① 내 이름을 아시고, 나의 모든 것을 아시는 분은 누구실지 묻는다.

② 노랫말을 같이 읽어보고 이야기를 나눈다.

- 아빠가 내 마음을 아신다고 느껴질 때가 있었니?
- 아빠가 나를 사랑하시는 것을 어떻게 알 수 있을까?

③ 함께 노래를 불러본다.

④ '아빠 아버지' 를 '아빠 하나님' 으로 바꿔서 불러보고, 또 하나님을 이렇게 부를 수 있다는 것을 알려주고 난 후, 하나님을 생각하며 노래를 다시 불러본다.

아빠 아버지

서광일

주제4 하나님의 이름을 찬양한다

여호와의 이름을 찬양할지어다 그의 이름이 홀로 높으시며 그의 영광이 땅과 하늘 위에 뛰어나심이로다 (시편 148 : 13)

세상의 살아 있는 모든 것들 중에 유일하게 초월적 존재를 찾아 추구하고 그것을 발견하면 경배하고 찬양하는 것이 인간입니다. 백년을 넘게 사는 동물이 있다지만 그들이 추구하는 것은 '여기 그리고 지금' 입니다. 사람만이 영원을 사모하고 전능하신 분을 고대하며 눈에 보이지 않는 저 너머를 동경합니다. 그것은 하나님께서 유일하게 하나님을 닮은 형상으로 사람을 직접 지으시고 생기를 불어넣으셔서 동역자로 삼으셨기 때문입니다.

예배의 대상을 잘못 선택했을 때 인간에게는 공허한 시간과 허무한 결실을 얻게 됩니다. 사람의 제일 되는 목적은 하나님을 영광되게 하는 것이며 이를 통해 우리가 소원하는 모든 것을 얻게 되지만, 사람들은 때로 소원하는 것에 눈이 팔려 원래의 목적을 상실하게 됩니다. 그때부터 삶은 곤고해지고 무기력해집니다. 에덴동산에서 하와를 부추기고, 광야에서 예수님을 시험하던 사단은 여전히 우리에게 속삭입니다. '네 영광과 네 이름을 얻을 기회를 주겠노라' 고 합니다.

삶의 여러 고비마다 우리들은 하나님의 모습을 새롭게 발견합니다. 큰 병에 걸려 하나님께 간절히 매달려본 사람이라면 치료하시는 하나님을 만나 보셨을 테고, 홀로 외로워 가슴 무너지는 슬픔을 겪은 사람이라면 위로하시는 하나님을 만나보셨을 것입니다. 동지 하나 없이 전쟁터 같은 삶의 현장에서 하나님의 도우심을 맛본 성도라면 승전 깃발 같은 하나님을 알 것입니다. 의심의 구렁텅이에서 어느 날 홀로 하나이시고 절대주권자이신 하나님을 만난 사람이라면 티끌과 같은 자신을 하나님 앞에 내려놓고 통곡을 하셨을 것입니다. 두려운 마음으로 낯선 문제에 부딪혔을 때 예비하시는 하나님을 만나고 그 기쁨을 찬양해 본 적은 없으신지요?

우리가 하나님과 교제를 갖는다는 것은 하나님을 더욱 알아간다는 의미이고, 힘써 알기 위해 하나님께서 우리에게 주신 말씀을 묵상하는 것입니다. 하나님의 이름이 무엇인지, 그 이름의 의미가 무엇인지, 그 이름으로 하나님을 부르게 된 사연과 역사를 알고 더욱 그분에 대해 이해하게 됩니다. 기도를 통해 그분을 부르고 우리 곁에 임재하시기를 소원합니다. 더욱 알수록 사랑하게 되고 그래서 찬양이 절로 나오며 가깝게 있고 싶어지며 그리고 그분을 닮아가고자 합니다.

"여호와의 이름을 찬양할찌어다. 그 이름이 홀로 높으시며 그 영광이 천지에 뛰어나시도다" (시편 148 : 13)

목 표 : 찬양 받으시기에 합당하신 하나님의 이름을 불러 그 분을 찬양한다.

소주제 ① 우리는 하나님의 이름을 불러요

소주제 ② 하나님만이 찬양 받으실 분이셔요.

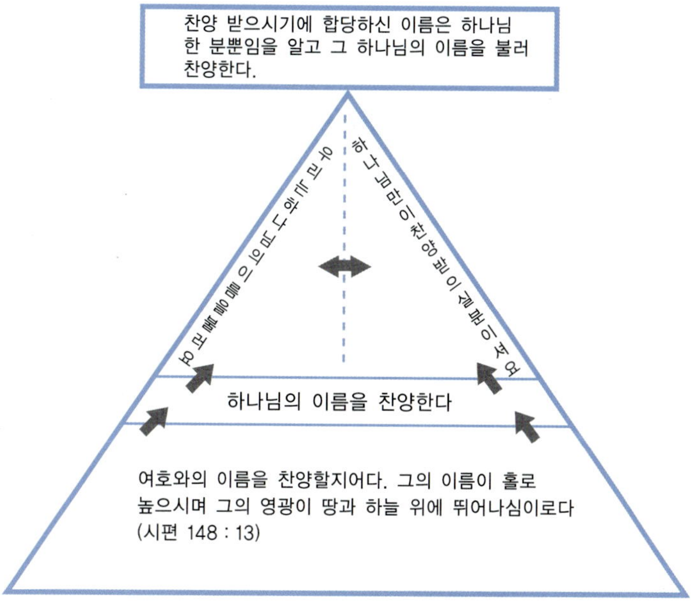

[그림 5] '이름' 주제4 활동 전개도

〈표 4〉 '이름' 주제4 활동목록

주제		활동명	활동분류
하나님의 이름을 찬양한다	우리는 하나님의 이름을 불러요	하나님의 이름을 찬양해요	성경재화
		하나님도 이름이 있어요 : 하나님의 이름을 지었어요	정보주기
		하나님은 어떤 분이실까? : 여호와 라파의 하나님 : 여호와 이레의 하나님 : 여호와 샬롬의 하나님	간증 나누기
		하나님의 이름	노래
	하나님만이 찬양 받으실 분이셔요	하나님이 우리 이름을 먼저 부르셨어요	성경이야기
		하나님은 어떤 분이실까? : 우리도 하나님의 이름을 불러요	연작시 짓기
		예수님의 이름은	노래
		하나님의 이름을 찬양해요 : 기도하는 손	기도
		세상에서 가장 아름다운 이름은?	조사

활동1. 하나님의 이름을 찬양해요

목 표 : 하나님의 이름을 부르고 찬양한다

준비물 : 동화자료

방 법

① '주제1의 활동1, 모든 것에는 이름이 있어요' 활동을 상기하며 우리가 알고 있는 이름이 얼마나 많은지 이야기를 나눈다.

- 우리가 알고 있는 이름이 얼마나 많았니?
- 그 이름들은 다 어떻게 생겨났을까?
- 누군가가 이름을 지어주지 않았는데 스스로 이름을 가질 수 있을까?

② 동화를 들려준다.

③ 동화에 대해 이야기를 나눈다.

하나님의 이름을 찬양해요

김정준

세상에 있는 모든 것은 다 이름을 가지고 있지만
처음부터 이름이 있었던 것은 아니었어요.
아담은 새로운 것을 볼 때마다 이름 짓기를 계속했고
아담의 아이들과 그 아이들도 계속 이름을 지었지요.

내 이름은 아빠, 엄마가 지어주셨어요.
어떤 친구는 할아버지께서 이름을 지어주셨대요.
어떤 사람들은 바람의 이름을 지어주거나 감기 이름을 짓기도 한대요.
그래서 이 세상에 있는 모든 것들은 이름이 있어요.
우리 어린이집 이름은 누가 지었을까요? 원장님이 지으셨나요?
우리 반 이름은 우리가 지었어요.
우리 집 강아지 이름은 우리 가족이 함께 지었어요.

그런데 아무도 이름을 지어주지 않았는데
스스로 이름을 가진 분이 계셔요.
그 분은 이 세상이 생기기 전부터 계셨대요.
그 분이 이 세상을 만드셨대요.
그리고 자기 이름을 우리에게 알려주셨어요.
이름을 알아야 우리가 부를 수 있으니까요.
이름을 불러야 친해질 수 있으니까요.
그 분은 누구실까요?

바로 여호와 하나님이셔요.

세상에 있는 모든 것은 다 하나님이 만든 거래요.
산에 나무도, 들에 피는 풀꽃들도, 그리고 산과 강과 바다도 모두 하나님이 만드셨어요.
나도 하나님이 만드셨어요.

하나님이 다스리는 우주가 얼마나 크고 넓을까요?
그리고 그 속에 있는 나는 얼마나 작을까요?
그런데 어마어마하게 크신 하나님이 어리고 작은 나의 이름을 먼저 부르셨대요.

내가 하나님의 이름을 모를 때에도
나의 이름을 불러 주시고 나를 사랑한다고 말씀하신대요.
내가 하나님의 이름을 부르지 않을 때에도
나의 이름을 부르시면서 너무너무 기쁘다고 말씀하신대요.
그리고
나의 아버지가 되어주신다고 약속하셨대요.

스스로 계신 여호와 하나님!
끝없이 넓은 우주의 주인이신 하나님께서
나의 아버지가 되어주신대요.
나는 너무 신나요.

여호와 하나님!
이 세상에 하나님 같은 분은 아무도 없어요
이 세상에 하나님 같은 분은 하나님 한 분뿐이셔요.
하나님만 진짜 왕이에요.

왜냐하면
온 세상을 만드셨으니까요.
나를 만드셨으니까요.
내 이름을 아시고 사랑해 주시니까요.
그리고—
나의 아버지가 되시니까요.

아빠, 아버지 나의 하나님

"여호와의 이름을 찬양할찌어다 그 이름이 홀로 높으시며 그 영광이 천지에 뛰어나심이로다" (시편 148 : 13)

활동2. 하나님도 이름이 있어요 : 하나님의 이름을 지었어요

목 표 : 하나님께는 여러 이름이 있다는 것을 안다

준비물 : 『나』 동시자료, 그림성경

방 법 :

① 주제3에서의 가계도 자료를 보여주며 유아의 위치를 나타내는 호칭에 대해 이야기한다.

– 우리의 이름은 하나이지만 우리를 부르는 다른 이름이 있다고 했던 것 기억하니?

② 하나님께도 여러 가지 이름이 있다는 것을 그림성경을 보며 이야기한다.

여호와 : 구약성서에 기록된 하나님의 이름

(정확한 발음은 알 수 없으나, 그렇게 불렀을 것으로 짐작한다.)

엘샤다이 : 전능하신 하나님 (창세기 28:3)
여호와 이레 : 준비하시는 하나님 (창세기 22:14)
여호와 라파 : 치료하시는 하나님 (출애굽기 15:26)
여호와 삼마 : 함께하시는 하나님 (에스겔 48:35)
여호와 샬롬 : 여호와는 나의 평강 (사사기 6:24)
여호와 닛시 : 여호와는 나의 깃발 (출애굽기 17:15)

③ 사람들이 하나님의 이름을 다르게 부른 까닭이 무엇일까 생각해 보도록 유도한다.

교사를 위한 Tip

하나님의 이름은 매우 다양하다. 성경에 나온 하나님의 주요 이름 세 가지는 엘로힘, 여호와, 아도나이 이다. 이 세 가지 이름 외에도 하나님은 여러 이름을 가지고 계신다. 하나님은 자신의 본성의 다른 면들을 보여 주시거나 우리와 맺으신 여러 관계들을 보여주기 위해서 서로 다른 이름을 계시하신다(예 엘 샤다이, 여호와 라파...) 또한 하나님의 능력과 은혜를 경험한 성경 속의 인물들이 그들이 경험한 하나님을 찬양하며 부른 여러 호칭들도 하나님의 이름으로 사용하고 있다(예 여호와 닛시, 여호와 이레...). 하나님의 이름 중 몇몇을 살펴보면 다음과 같다.

엘로힘(Elohim) – 하나님, 강한 창조주

성경에서 하나님을 지칭할 때 사용한 첫 이름이 엘로힘이다. "태초에 하나님(엘로힘)이 천지를 창조하시니라"(창 1 : 1) 엘로힘은 히브리어로 강한 자, 창조자를 뜻하는 El(엘)과 맹세로 자신을 구속하다는 뜻인 alah에서 파생한 말이다. 그러므로 엘로힘은 가장 뛰어난 존재. 참 창조주, 완전한 존재, 영원하신 분을 의미한다.

여호와(Jehovah) – 스스로 존재하는 자

여호와는 성경에서 두 번째로 하나님을 지칭하는 이름이다. "여호와 하나님이 천지를 창조하시던 날에" (창 2 : 4). 성경에서 빈도수가 가장 높은 이름이며, 성경 전체를 통하여 하나님은 언제나 스스로를 여호와로 칭하신다. 여호와는 '존재하다(to be)', '되다(to become)'의 의미를 가진 히브리 동사 hayah에서 유래하였다. 출 3 : 14에서 하나님이 '스스로 있는 자(I am that I am)'라고 말씀하셨을 때 이 어원이 두 번 반복된다. 이는 여호와 라는 하나님의 이름은 '스스로 존재하는 자'이며 '스스로 계시하는 자'라는 뜻이 함축되어 있는 것이다.

아도나이(Adonai) – 주, 주인

여호와를 직접 부르기를 두려워 한 유대교인들이 대신 아도나이라 불렀다. 아도나이는 히브리어 Adon에서 왔는데 이는 노예들을 소유한 주인, 혹은 남편을 묘사할 때 사용된 말이다. 성경에서 아도나이를 처음 사용한 인물은 아브라함이다. 하나님이 아브라함에게 약속을 주신 10년 후에도 약속이 이루어지지 않자 아브라함이 하나님께 "주 여호와(아도나이 여호와)여 무엇을 내게 주시려 하나이까" (창 15 : 2) 라고 기도한다. 성경에서 아도나이(주인)는 하나님과 신자와의 관계를 설명한다. 하나님, 곧 주인은 우리를 돌볼 자원과 능력을 소유하고 계시며 종은 필요한 도움을 받기 위해 주인과의 관계에 의지할 특권이 있다는 의미이다.

여호와 닛시(Jehovah Nissi) – 승리하시는 하나님

여호와 닛시는 여호와는 나의 깃발(The Lord is my banner)이라는 뜻으로 승리의 하나님을 의미한다. 이스라엘은 아말렉과의 첫 전쟁에서 모세가 손을 들면 이스라엘이 이기고 모세가 손을 내리면 아말렉이 이겼다(출 17 : 11). 모세가 지쳐 아론과 훌이 대신 그의 손을 붙들어 올려 이스라엘이 승리하였고 승리를 기념하기 위해 모세가 세운 제단에 붙인 이름이 여호와 닛시이다(출 17 : 15). 여기에는 승리를 주신 여호와에 대한 확신이 표시되어 있다.

여호와 이레(Jehovah-jireh) – 준비하시는 하나님

아브라함이 모리아산에서 이삭을 번제로 드리려 할 때, 하나님께서 그 대신 양을 준비해 주신 사건에서 아브라함은 그 산을 '여호와 이레'라 이름하였다(창 22 : 14). 인생의 모든 필요를 채워주시는 분이 여호와 이레의 하나님, 즉 우리의 필요를 알고 미리 준비하시는 하나님이시다.

여호와 샬롬(Jehovah Shalom) – 평강의 하나님

여호와 샬롬은 기드온이 '너는 안심하라 두려워 말라 죽지 아니하리라'는 하나님의 말씀을 받았을 때 쌓은 제단에 붙인 이름이다(삿 6 : 24). 기드온은 하나님으로부터 미디안에서 이스라엘을 구하라는 벅찬 임무를 받고 두려움에 떨고 있었던 때였다. 하나님은 인생에 큰 파고를 느낄 때 여호와 샬롬(평강의 하나님)으로 우리에게 다가오신다.

여호와 삼마(Jehovah shammah) – 함께 하시는 하나님

여호와 삼마는 에스겔서의 가장 마지막 장절 48 : 35에 나온다. 에스겔이 예루살렘 성전의 이상적 재건을 예언한 후 그 성읍의 이름을 여호와 삼마라하였다(겔 48 : 35). 이는 여호와께서 거기에 계시다라는 뜻으로 하나님의 임재를 확신한 것이다.

엘 샤다이 (El Shaddai) – 전지전능의 하나님

창세기 17 : 1에서 하나님은 아브람에게 전지전능한 분으로 자신을 계시하신다. "나는 전능한 하나님(엘 샤다이)이라 너는 내 앞에서 행하여 완전하라" 엘 샤다이는 창조주의 뜻을 가진 Elohim을 축약한 El과 히브리어로 '전능한'의 뜻을 가진 Shaddal를 결합시킨 복합 이름이다. 엘 샤다이라는 이름에는 우리의 필요를 채우시는 강한 능력을 가지고 부드럽게 다가오시는 하나님의 두가지 속성을 함축하고 있다.

여호와 라파 (Jehovah Rophe) – 치료의 하나님

하나님은 출 15 : 26을 통하여 마라의 쓴물을 고치신 후 자신을 치료의 하나님, 여호와 라파로 나타내신다. "너희가 너희 하나님 나 여호와의 말을 청종하고~내 모든 규례를 지키면 ~모든 질병의 하나도 너희에게 내리지 아니하리니 나는 너희를 치료하는 여호와(여호와 라파)임이니라" (출 15 : 26). "내 영혼을 소생시키시고" (시 23 : 3) 구절에서는 육체뿐 아니라 마음과 영혼까지도 온전케 회복시키시는 치료의 하나님을 만날 수 있다.

활동3. 하나님은 어떤 분이실까? : 여호와 라파의 하나님

목 표 : 하나님은 우리의 질병을 아시고, 치료해 주실 수 있는 전능하신 분이라는 것을 안다.

준 비 : 유아들이 잘 알고 있는 인사로서, 치료하시는 하나님에 대해 자신의 경험을 이야기해 줄 수 있는 사람(교사가 직접 하는 것이 가장 좋지만 그렇지 못할 때 다른 사람을 찾아본다)

방 법 :

① 몸이 아팠다가 나았던 경험에 대해 이야기를 나눈다.

② 몸이 아팠는데 하나님께서 그 병을 낫게 해주셨다고 생각되었던 적이 있는지 물어보고, 유아들 중에 하나님께서 치료해 주셨다고 느꼈던 경험이 있으면 같이 나눈다.

③ 교사 자신의 경험이나, 다른 사람의 경험을 같이 나눈다.

④ 아픈 친구나 친구의 가족이 있다면 이름을 부르고 함께 기도한다.

확장활동 1 : 여호와 이레의 하나님
필요를 알고 공급해 주신 경험을 같이 나눈다.

확장활동 2 : 여호와 샬롬의 하나님
불안하거나 걱정되는 일이 있는데, 마음의 평안을 주신 경험을 같이 나눈다.

교사를 위한 Tip

활동3과 확장 활동은 형식면에서 같은 활동이라고 볼 수 있다. 그러나 하나님의 여러 가지 성품에 대해 유아들이 이해할 수 있는 기회가 되므로 유아들의 마음에 닿는 생생한 간증을 교사와 나눌 수 있다면 매우 의미 있는 활동이 될 것이다. '간증'이라고 하면 반드시 뭔가 거창한 내용을 말해야 할 것 같은 부담감이 있을 수 있다. 그러나 작은 간증이라도 가능한 교사가 학급이나 교사 자신에게 일어났던 최근의 경험들을 유아들과 나눌 수 있는 시간이 되길 권한다. 작고 세미한 일에도 섭리하신 하나님을 느끼고 증거할 수 있다면 더 귀한 간증이 되리라 믿는다. 물론 치료하시는 하나님, 준비하시는 하나님, 평강의 하나님 이외의 다른 하나님의 성품에 대해 간증을 나눌 수 있다. 유아들은 자신이 의미 있다고 생각하는 사람(교사)과의 나눔을 통해 하나님을 더 잘 알아갈 수 있다. 많은 위대한 신앙의 사람들은 어려서부터 부모의 간증을 통해 그 하나님이 자신에게도 동일하신 하나님임을 체험하면서 성장했다.

간증을 나누는 경험은 교사 자신이 하나님이 어떻게 일하시는지에 대해 더 민감해질 수 있는 계기가 될 것이다. 교사의 간증은 교실에 임재하시며 우리와 함께 하시는 하나님을 경험할 수 있도록 이끌어주는 중요한 경험이 되므로 본 주제가 아니더라도 교사가 경험하고 느꼈을 때 생생하게 들려주기를 바란다.

하나님의 이름

서광일

활동4. 하나님의 이름

목 표 : 하나님은 모든 일을 하실 수 있는 분이며 우리는 그의 자녀이기 때문에 하나님이 늘 함께 하신다는 것을 안다.

준비물 : 노래자료

방 법 :

① 하나님의 이름이 여러 개 있다는 것이 어떤 의미가 있다고 생각하는지 물어본다.

- 하나님의 이름은 왜 여러 가지 일까?

② 노랫말을 같이 읽어보고 이야기를 나눈다.

- 몸이 아플 때 왜 하나님의 이름을 부를까?
- 맘이 아플 때 왜 하나님의 이름을 부를까?

③ 함께 노래를 불러본다.

④ 언제 하나님의 이름을 부르는지, 또 언제 부를 수 있을지 이야기를 나눈다.

교사를 위한 Tip

하나님은 선한 사람, 경건한 사람, 완성된 사람만 찾아오시는 분이 아니시다. 실패한 사람, 죄지은 사람, 연약한 사람에게 찾아오시고 그 이름을 부르셨고, 그들에게 살길을 열어주셨다. 아담이 선악과를 따먹고 죄 중에 있을 때, 가인이 동생 아벨을 죽이고 나서 하나님은 그들의 이름을 먼저 부르시고 그들을 찾아오셨으며, 거룩한 엘리제사장이 아닌 아무 것도 모르는 어린 사무엘을 찾아오셨다. 하나님께서는 그들을 책망하러 오신 것이 아니다. 그가 누구인지, 즉 그들의 신분이 무엇(하나님의 사랑하는 자녀)인지 다시 한번 상기하게 하기 위하여 또한 어떻게 하나님의 자녀답게 살아야할지 생각하고 하나님과의 관계를 회복할 길을 열어주시기 위하여 찾아오셨다. 우리가 하나님을 기쁘시게 못할 때, 연약하고 좌절할 때 죄 중에서 헤맬 때 하나님께서는 우리의 이름을 부르시고 찾아오신다. 바로 나의 삶 깊은 곳에 하나님의 자녀로서 어떻게 살아가야 할지 다시 한번 생각하고 하나님과의 관계를 회복하여 다시 살아갈 힘을 주시기 위해 오신다. 유아들이 '지금 나를' 찾아오시는 하나님을 만날 수 있도록 계속 기도하자.

활동5. 하나님이 우리 이름을 먼저 부르셨어요

목 표 : 우리가 하나님의 이름을 부르기 전에 하나님이 먼저 우리를 알고 이름을 부르셨다는 것을 안다.

준비물 : 그림 성경

방 법 :

① 하나님이 아담, 가인, 사무엘의 이름을 부르시고 찾아오시는 장면의 성경 이야기를 들려준다. (창세기 3 : 1-21; 창세기 4 : 1-15; 사무엘상 3 : 1-14)

② 하나님이 언제 어떻게 사람을 찾아오셨는지 이야기를 나눈다.

- 하나님이 아담(가인, 사무엘)을 언제 찾아오셨니?

③ 아담이나 가인을 찾아오신 하나님이 지금 우리를 찾아오실지 이야기를 나눈다.

- 아담이나 가인이 잘못했을 때 찾아오신 하나님은 내가 잘못했을 때도 찾아오실까?
- 하나님은 아담과 가인을 왜 찾아가셨을까? 야단치러 찾아가셨을까?
- 하나님이 아담과 가인, 사무엘을 찾아오실 때, 먼저 어떻게 하셨니?
  "이름을 부르셨어요"
- 하나님이 나의 이름을 부르고 찾아오실 수 있을까? 그걸 어떻게 알 수 있을까?

하나님께서 아담을 찾아오시는 장면 (창세기 3 : 1-21)

아담이 그 아내와 함께 동산 중앙에 있는 실과를 따먹고 난 후, 동산을 거니시는 여호와 하나님의 음성을 들었지만 동산 나무 사이에 숨어있었다.

"여호와 하나님이 아담을 부르시며… 네가 어디 있느냐"라고 물으나, 아담은 "내가 벗었으므로 두려워하여 숨었나이다"라고 대답한다. 하나님께서는 불순종에 대한 심판을 선언하시나, 더불어 아담과 그 아내를 위하여 가죽옷을 지어 입히신다. 하나님께서는 인간에게 옷을 지어입히시기 위해 죄 없는 짐승을 죽여 피흘리게 하셨다.

하나님께서 가인을 찾아오시는 장면 (창세기 4 : 1-15)

아담은 가인과 아벨을 낳았는데, 가인은 농사하는 자였다. 가인은 땅의 소산으로 제물을 삼아 여호와께 드렸고, 아벨은 양의 첫 새끼와 그 기름을 드렸으나, 여호와께서 아벨의 제물은 열납하시고 가인의 제물은 받지 않으셨다. 가인은 하나님께 심히 분하여 안색까지 변했다. 하나님께서는 "네가 선을 행하면 어찌 낯을 들지 못하겠느냐 선을 행치 아니하면 죄가 문에 엎드리느니라 죄의 소원은 네게 있으나 너는 죄를 다스릴찌니라"고 경고하셨다. 그 후 가인은 죄의 소원대로 들에서 그 아우 아벨을 쳐 죽였다. 여호와께서 가인에게 찾아오셔서, '네 아우 아벨이 어디있느냐'라고 물으시나 가인은 그 때에도 회개하지 않고 '내가 알지 못하나이다. 내가 내 아우를 지키는 자니이까'라고 항변한다. 하나님은 가인에게 벌을 내리시지만 가인은 자기를 만나는 사람이 자기를 죽일까 두렵다고 호소하자 그를 보호하시는 표를 주시고 죽임당함을 면케 하신다.

하나님께서 사무엘을 찾아오시는 장면 (사무엘상 3 : 1-14)

어머니 한나의 서원으로 태어난 사무엘은 젖을 뗀 후(당시에는 지금처럼 일찍 젖을 떼지는 않았을 것이다.) 엘리 제사장을 섬기며 실로에 머물렀다. 사무엘이 밤에 잠들기 위해 누웠는데 하나님께서 사무엘을 부르셨으나 사무엘은 엘리 제사장이 부르는 것으로 알고, 세 번이나 엘리에게 간다. 엘리는 하나님께서 사무엘을 부르신다는 것을 깨닫고, '누웠다가 그가 너를 부르시거든… 여호와여 말씀하옵소서 주의 종이 듣겠나이다'라고 대답하라고 이른다. 하나님은 엘리 제사장이 아니라 어린 사무엘을 찾아오셨다.

활동6. 하나님은 어떤 분이실까? : 우리도 하나님의 이름을 불러요

목 표 : 하나님이 우리의 이름을 부르시듯 우리도 하나님의 이름을 부를 때 하나님과의 사귐이 시작된다는 것을 안다

하나님의 속성을 생각한다.

준비물 : 여러 가지 색의 띠종이, 필기도구

방 법 :

① 하나님이 어떤 분이신지 이야기해 보자고 제안한다.

② 사람들이 하나님의 이름을 다르게 불렀듯이 우리도 하나님이 어떤 분인지 이야기하면 그것이 하나님의 또 다른 이름이 될 수 있다는 것을 알려준다.

③ 유아들이 '○○하신 하나님' '○○의 하나님' 이라고 표현하도록 유도한다.

④ 유아들이 표현한 말을 띠종이에 쓴다.

⑤ 띠종이를 모아 큰 종이에 붙이고 같이 읽어본다.

활동7. 예수님의 이름은

목 표 : 예수님의 이름을 알고, 그분이 우리를 사랑하신다는 것을 안다.

준비물 : 노래자료

방 법 :

① 예수님이 누구인지 물어본다.

- 너희들 예수님이 누구인지 아니?
- 언제 그 이름을 들어보았니?

  "기도할 때"

- 왜 예수님의 이름으로 기도할까?

  우리가 잘못한 것이 많은데, 예수님이 우리 대신 그 잘못한 벌을 받아서, 우리 죄가 다 없어졌기 때문이야.

② 노랫말을 같이 읽어보고 이야기를 나눈다.

- 예수님의 이름을 왜 사랑이라고 했을까?
- 예수님은 우리를 사랑하시기 때문에 우리를 대신해서 우리가 받아야 할 벌을 다 받으셨거든. 우리가 하나님을 '아버지' 라고 부를 수 있는 것은 예수님 때문이야

③ 함께 노래를 불러본다.

④ 예수님의 다른 이름을 우리가 짓는다면 뭐라고 할까?

"기쁨"

⑤ 사랑 대신, 기쁨이나, 행복과 같은 말을 넣어서 노래를 불러본다.

예수님의 이름은

※ 출처 : 남서울교회 유아부 찬양집.

활동8. 하나님의 이름을 찬양해요 : 기도하는 손

목 표 : 하나님의 이름을 부르며 기도를 드리면 하나님께서 기뻐하시고 들으신다는 것을 안다.

준비물 : 기도하는 손

방 법 :

① 하나님을 기쁘시게 하는 것에 대해 이야기를 나눈다

② 기도하는 손을 소개한다

- 먼저 '하나님 아버지' 하고 이름을 부르는 거야
- 그 다음엔 '감사합니다' 라고 감사한 것을 말씀드리면 돼
- 그렇게 하려고 하지 않았는 데 잘못한 것, 실수한 것을 '용서해주세요' 라고 하고
- 우리 힘으로 할 수 없는 것을 '도와주세요' 라고 말씀드리자
- 마지막으로 '예수님 이름으로 기도합니다 아멘' 이라고 하면 기도가 된다.

③ 우리가 예수님 이름으로 기도하는 이유(주제4의 활동9에서 설명)와 아멘의 뜻을 설명한다.

- 아멘은 '맞아요, 그대로 이뤄주실 줄 믿습니다' 라는 뜻이야

④ 기도하고 싶은 내용을 넣어 기도한다.

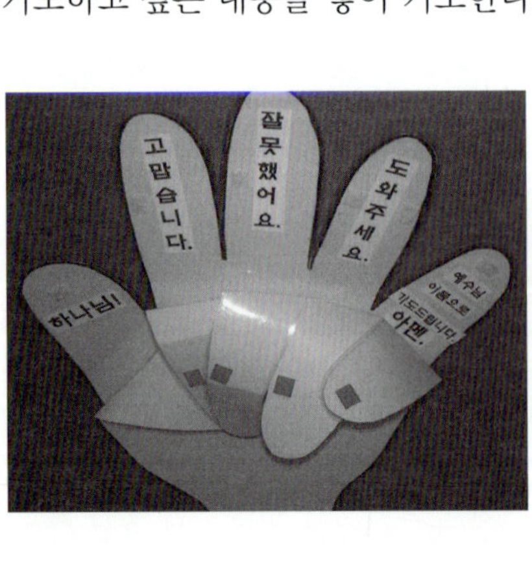

활동 9. 세상에서 가장 아름다운 이름은?

목 표 : 세상에 많은 이름들 중에 내게 중요한 이름이 무엇인지 생각해 본다.
하나님의 이름이 아름답다는 것을 안다.

준비물 : 그래프 판, 활동지, 매직펜, 스티커

방 법 :

① 세상에 있는 많은 이름 중에서 꼭 기억해야 할 아름다운 이름이 무엇인지 조사해 보게 한다.

② 유아들이 조사해 온 내용을 기초로 가장 아름답다고 말하는 이름을 그래프 판에 쓴다.

③ 유아들이 가장 아름답다고 생각하는 이름에 스티커를 붙여서(한 사람 당 세 장씩) 어떤 이름이 가장 아름다운 이름인지 알아본다.

세상에서 가장 아름다운 이름은?

☆	☆				
☆	☆	☆			
☆	☆	☆	☆	☆	
☆	☆	☆	☆	☆	☆
☆	☆	☆	☆	☆	☆
엄마	아빠	하나님	예수님	선생님	어린이집 (유치원)

교사를 위한 Tip

그래프를 만들어보면 아마도 대부분의 유아들은 가장 아름다운 이름은 부모님이라고 한다. 실제로 현장에서 적용해 볼 때 유아들은 부모님 이름과 당시 방영하던 사극에 등장하던 역사적인 인물(이순신, 선덕여왕)을 많이 이야기 하였다. 그러므로 유아들에 스티커를 세 장씩 주어 부모님 이외에 다른 이름은 무엇이 있는지 생각해 보도록 유도하되, 가능하면 드라마에 등장하는 이름들은 배제할 수 있도록 유도한다. 오늘날 매스컴은 인간의 사고를 지배하며 특히 선과 악에 대한 판단이 어려운 유아들에게 많은 영향을 미친다. 이는 대체로 인간의 영적 성장을 방해하기 때문에 유아의 영성을 다루는 교사는 이에 대해 경계해야 한다. 유아들의 대답이 주로 부모님이나 선생님, 역사적 이름으로 국한될 때 그런 분들을 우리에게 주신 분이 바로 하나님이며, 우리가 하나님을 아버지라고 부를 수 있는 것은 예수님 때문이라는 것을 유아들이 알 수 있도록 설명해 준다. 이 활동은 어떤 이름이 가장 많은 스티커를 얻었는지에 집중하지 않고, 우리가 기억해야 하는 아름다운 이름은 무엇인지 서로 생각을 나누면서 하나님과 예수님의 이름이 우리가 기억해야 할 아름다운 이름이라는 것을 유아들에게 상기시키는 시간을 만드는 데 의미를 두어야 할 것이다.

기독교 유아교육과정 개발에 참여하며

주간 교육계획안이 나가고 한참 프로그램이 진행되고 있을 때 어떤 자모님께서 알림장에 다음과 같은 건의를 해 오셨다.
"교육계획안에 종교교육이 많은 것 같습니다. 이야기를 나누는 것은 좋지만 동화, 찬양까지 있다는 것은 좀 심하다고 봅니다."
나는 이렇게 답장을 써 드렸다
「YWCA가 기독교 단체이며 예전부터도 항상 하루 일과 중 기도와 찬양을 하였고, 새소식반 운영 등 아이들에게 예수님의 사랑을 전하고 있었습니다. 이번 교육 활동은 "기독교 유아교육과정 개발"연구로 실시하게 되었습니다. 이해 부탁드립니다.」

일주일 뒤 또 같은 분께서 이런 글을 적어 주셨다.
"상수는 누굴 닮아서 이렇게 잘 생겼어?"하고 우연찮게 물었는데 상수가 "응, 하나님"이라고 대답했어요, 그러면서 "엄마, 십자가 알아? 예수님이 사는 곳이야."라고 했습니다. 저희 부부는 굉장히 충격을 받았습니다. 종교는 자유인데 믿지 않는 저희로서는 이해하기가 힘듭니다"
믿지 않으시는 부모님은 놀라셨겠지만, 나로서는 어렸을 때부터 들었던 그 믿음의 씨앗을 커서도 잊지 않을 거라는 확신이 들었고, 어린 아이였을 때 복음을 심어주는 일이 얼마나 가치 있는 일인가를 깨닫게 되었다.
몇 달 뒤 여름캠프를 다녀올 때의 일이다. 버스 안에서 마침 "이름"주제를 다루면서 배웠던 "야곱의 축복"이 흘러나왔다. 뒷자리에 앉아 있던 여자 아이가 "선생님"하면서 어깨를 툭툭 친다. "선생님 그런데요 저는 이 노래만 부르면 눈물이 나와요."한다. "왜 그러니, 슬퍼서 그러니?" 물으니, "아니요, 하나님"하면서 눈을 비빈다. "하나님이 왜?", "하나님이 사랑해서요."라고 했다. 그 말을 듣는 순간 마음이 울컥하였다. 찬양을 통해서 아이들의 마음을 움직여 주시는 것에 감동하며….

청주 YWCA 어린이집 만 4세 반 교사

자 원 목 록

어린이 성경

머레이 와츠 저 · 헬렌 칸 그림(2005). 이야기 성경. 서울 : 주니어김영사.

셀리나 헤이스팅즈 글 · 에릭 토마스 그림(1999). 성경전과(신약). (최원준 역). 서울 : 홍성사.

셀리나 헤이스팅즈 글 · 에릭 토마스 그림(2000). 성경전과(구약). (최원준 역). 서울 : 홍성사.

케네스 테일러 글 · 다이애너 캐치폴 그림(2001).초롱초롱 그림성경. 서울 : 생명의 말씀사.

그림책

로렌 차일드(2002). 난 토마토 절대 안 먹어. 서울 : 국민서관.

수잔보아스(2001). 내 이름은 럭키보이. (노경실 역). 서울 : 교학사.

신시아 라일런트 글 · 캐드린 브라운 그림(2004). 이름 짓기 좋아하는 할머니. (신형건 역). 서울 : 보물창고.

야마구치다오(2002). 내 이름은 멍구. (정미영 역). 문학동네(구). 포도원(도).

최양숙(2002). 내 이름이 담긴 병. 서울 : 마루벌.

퀘인틴블레이크(2005). 내 이름은 자가주. (김경미 역). 서울 : 마루벌.

키챠리만(2002). 해님에게 이름을. (최강석 역). 서울 : 교학사.

폴라제티(2004). 내 이름을 찾아주세요. (햇살과 나무꾼 역). 서울 : 대교베텔스만.

교사를 위한 책

데이비드 윌커슨(2002). 하나님의 이름에 비상구가 있다. (남근수 역). 서울 : 생명의 말씀사.

워렌 위서스비(1998). 예수님의 이름. 서울 : 은성.

케이 아더(1999). 하나님의 이름. 서울 : 프리셉트.

웹 사이트

인터넷 이응노 미술관 http : //www.ungnolee-museum.org/2004/main.asp

하나님의 꼬맹이들 http : //cafe.godpeople.com/eslove

11장

풀 – 식물

01 주제 설명

풀은 어디에나 있습니다. 길가 모퉁이, 아무도 보는 이 없는 구석진 곳에도, 도심 한 가운데 바삐 지나가는 사람들 곁에도, 지금 있는 곳이 어디든지 한걸음만 내디디면 풀이 있습니다. 때로는 하나 둘 듬성듬성, 때로는 빽빽하게 밭을 이루고 있습니다. 나약하고 하찮아서 어떤 이들은 이 풀을 잡초라고 부릅니다. 아무도 심고 가꾸지 않아도 저절로 나서 자라는 대수롭지 않은 풀이라고 여깁니다. 그러나 지천에 널린 풀이라지만 누구나 그 풀을 만나는 것은 아닙니다. 아주 작은 것이라도 귀히 볼 수 있는 눈을 가진 사람만이 풀을 만날 수 있습니다. 자연에 대한 경이로움이 마음 가득한 사람만이 풀을 만나고 즐길 수 있습니다.

하나님이 천지를 창조하시던 셋째 날, 땅에게 식물을 내라고 말씀하셨습니다. 땅은 말씀대로 풀과 씨 맺는 채소와 열매 맺는 나무를 냈습니다. 그때부터 땅은 풀을 내며 풀은 온 땅에 가득합니다. 땅에 녹색의 카펫을 깔아놓은 듯 풀은 온 지구를 덮고 있습니다. 그 종류는 실로 대단합니다.

우리들이 잘 아는 콩, 벼, 호박과 같은 한해살이풀, 유채나 애기똥풀, 냉이와 같은 두해살이풀들, 둥굴레와 토끼풀, 쇠뜨기와 같은 여러해살이풀 등 풀들은 저마다 생명을 유지하고 이어가는 방식을 달리 갖고 있습니다. 또한 쑥, 냉이 민들레, 괭이밥, 제비꽃과 같이 봄에 꽃이 피는 풀들이 있는가 하면 달개비, 강아지풀, 달맞이꽃과 같이 여름에 꽃이 피는 풀, 산구절초, 산국, 국화, 투구꽃과 같이 가을에 꽃이 피는 풀도 있고, 얼음새풀이라고도 불리는 복수초는 겨울에 꽃이 핍니다. 하얗게 피어나는 개망초, 냉이, 노란 꽃다지, 뱀딸기꽃, 민들레, 주황빛의 원추리꽃과 능소화, 푸른빛의 달개비와 보랏빛 좀비비추(소옥잠), 자주빛의 며느리 발톱꽃이나 금낭화, 분홍빛 익모초, 적자색의 할미꽃 등 색깔 또한 다양합니다. 잎이 둥근 것, 긴 것, 끝이 뾰족한 것, 톱니처럼 삐죽삐죽한 것, 씨가 둥근 것과 납작한 것, 뿌리가 긴 것과 수염처럼 가느다란 것 등 그야말로 '각양각색' 이라는 말이 다양한 풀들을 한 마디로 설명하는 가장 적절한 말일 것입니다.

나약해 보이는 풀은 말할 수 없이 강하기도 합니다. 채 추위가 가시기 전 척박하고 얼어 있는 흙을 뚫고 돋아나는 새싹과 돌 틈이나 아스팔트 틈 사이에서도 여리디 여린 풀이 자라는 모습을 볼 수 있습니다. 어떻게 그 여린 새싹이 돌을 들어 올렸을까요? 풀의 생명력에 놀라움을 감출 수 없습니다. 어느 집 지붕 위, 기와 틈에서 자라는 풀, 심지어는 아파트 베란다 물받이에 몸을 기대어 자라는 풀을 만나면 대단한 생명력에 놀라움과 즐거움을 더합니다.

하나님이 만드신 수많은 식물 중에서 사람들은 어떤 풀들을 잡초라고 이름하며 하찮게 여기고 아무짝에도 쓸모없고 다른 식물이 자라거나 다른 일에 방해가 된다고 없애려고 합니다. 그래서 제초제를 개발하고 여러 방법을 고안하여 풀을 없애려고 하지만 오랜 세월이 지났어도 풀은 아직도 건재합니다.

풀은 한 개체가 수만 개의 씨앗을 가지고 있습니다. 벼가 한 포기에 1,000여 개 정도의 쌀알이 맺히는 것에 비해 강아지풀은 10,000개, 냉이는 38,500개, 쇠비름은 52,000개, 명아주는 무려 72,000개의 씨앗이 맺힙니다. 또한 씨앗의 수명도 매우 길어서 흙속에서 씨앗이 살아있는 기간이 강아지풀은 20년, 털비름은 40년, 어저귀는 60년 이상 씨앗으로 살 수 있답니다. 실로 놀라운 일이 아닐 수 없습니다.

이 세상의 거의 모든 체제는 희소한 것이 가치 있다고 말하며 희소한 자원에 관심을 둡니다. 그러나 하나님은 귀하고 가치 있는 것들을 아주 풍부하게 주셨습니다. 그래서 누구나 누릴 수 있도록 하셨습니다. 풀도 바로 그런 것입니다.

지구상에 존재하는 수많은 풀은 우리의 먹을거리입니다. 하나님께서 우리에게 먹으라고 주신 것입니다. 대략 8만 종의 식물이 식용임에도 불구하고 우리는 쌀, 옥수수, 밀, 단 3종만으로 인류 절반의 식량을 조달하고 있습니다. 그런데도 사람들은 많은 풀들을 잡초라고 말하고 싫어합니다. 참으로 모순된 일입니다. 하나님은 우리에게 아주 다양한 먹을거리를 주셨습니다. 날마다 색다른 맛을 즐기며 영양을 상호보완하여 건강하게 지내라고 수많은 종류의 풀을 먹을 수 있도록 하셨습니다. 풀밭은 하나님이 주신 식탁이며 음식점입니다. 쑥, 민들레, 돗, 달래, 씀바귀, 괭이밥... 모두 우리의 먹을거리입니다. 지금 일하고 있는 유아교육기관 바로 옆의 흙이 있는 곳으로 나가 보십시오. 유아들과 함께 여러 종류의 풀을 캐서 비빔밥을 만들어 먹을 수도 있고 전을 붙이거나 국을 끓이거나 생채로 먹을 수도 있을 것입니다. 셀 수 없는 다양한 먹을거리를 주신 하나님께 자연스레 감사하며 여러 가지 맛을 느끼며 즐거움을 만끽할 수 있을 것입니다.

참깨, 들깨, 피마자, 유채라고 불리는 풀에서는 우리 식생활에 꼭 필요한 기름을 얻으며 동시에 그 깻묵은 사료와 비료로 쓰여 우리의 먹을거리가 더욱 풍성해지도록 남김없이 쓰입니다. 또한 메밀꽃, 유채, 호장근, 민들레, 골무꽃, 엉겅퀴는 꿀을 얻을 수 있는 밀원식물입니다.

하나님이 주신 풀밭은 약국이기도 합니다. 민들레는 창종이나 자상을 치료하고 애기똥풀은 습진이나 부스럼같은 피부질환에 효과가 있으며, 냉이는 이뇨작용과 해열작용, 도라지는 해소, 천식, 거담, 지혈효과가 있는 것으로 알려져 있으며 이 밖에도 많은 풀들이 민간이나 한방에서 질병을 치료하는 데 오래도록 사용되어 왔습니다. 지금도 한의학에서는 약용풀을 이용하며 양의학에서도 풀을 포함한 식물에서 직접 추출한 약이 전체 약의 절반가량 된다고 합니다.

또한 풀은 우리가 생활에 필요한 많은 물건을 만들어 내는 재료가 되어줍니다. 왕골의 대는 아름다운 화문석이 되며 등심초라고도 하는 골풀은 방석과 돗자리를 짜는 재료입니다. 일본인들이 쓰는 다다미라는 것도 바로 이 골풀을 이용한 것입니다. 또한 수세미는 그 열매 속의 섬유질로 신발 바닥의 깔개나 슬리퍼, 바구니, 모자의 속을 짜는 재료가 될 뿐만 아니라 선박기관의 갑판 세척에도 쓰입니다.

우리는 또한 풀을 통해 기쁨을 얻습니다. 풀밭의 풋풋한 내음, 옷깃을 스치는 풀의 사각거리는 소리, 잔잔한 바람에 물결치는 봄맞이꽃, 손등을 간지럽히는 강아지 풀, 몸을 치장하는 토끼풀과 옷에 붙일 수 있는 한삼덩굴, 우산을 만드는 바랭이와 노란 그림을 그릴 수 있는 애기똥풀, 그리고 어린이들의 여린 숨결로 '호' 불면 멀리 날아가는 민들레 씨앗은 유아들을 가르치는 교사라면 누구에게나 고맙고 소중한 좋은 교재이자 교구입니다.

풀은 다른 창조물들과 관계를 맺음으로 살아갑니다. 저 혼자 살아갈 수 없습니다. 하나님께서 그렇게 창조하셨습니다. 하나님께서 풀을 통해 지상의 모든 피조물들은 서로 관계를 맺고 살아가야 한다고 말씀하시는 듯 합니다. 흙, 공기, 물, 햇빛, 벌과 나비, 지렁이 등 많은 피조물들의 도움이 없다면 풀은 존재할 수가 없습니다.

풀은 빗물에 씻겨 내려가거나 바람에 날아갈지도 모르는 광물질과 영양분을 잡아둠으로써 다른 식물이 쉽게 이용하도록 토양을 유지해줍니다. 풀의 뿌리는 깊은 곳까지 내려가 양분을 흡수함으로써 흙의 모세관을 만들어 줍니다. 흙을 비옥하게 만들어 땅속 동식물에게 훌륭한 환경을 제공하는 것도 풀입니다. 벌과 나비에게 꿀을 주며 또한 그 과정에서 수분을 흡수하며 서로 도우며 살아가는 아름다운 관계를 보여줍니다. 풀은 죽은 후에도 퇴비가 되어 흙을 비옥하게 하고 다른 식물이 자라는 데 양분을 제공합니다. 죽음이 끝이 아니며 죽음이 삶의 또 다른 과정임을 풀을 통하여 하나님께서 말씀하고 계십니다. 죽음도 아름답게 만드신 하나님의 멋진 계획에 감탄할 뿐입니다.

풀은 하나님께서 우리 인간들이 살아가는 지구를 덮어주신 카펫으로 주셨습니다. 그 카펫은 땅속의 생명체를 덮어주는 이불이 됩니다. 이른 봄 수많은 풀은 겨우내 언 땅을 부드럽게 만듭니다. 무성한 여름 풀밭은 동물들의 가장 이상적인 은신처입니다. 새들은 씨와 열매를 좋아합니다. 풀이 자라는 땅은 다른 곳보다 일찍 따뜻해지므로 눈보라치는 겨울날 사슴은 풀밭으로 몸을 숨깁니다.

하나님께서는 우리에게 하나님의 창조물들을 맡기셨습니다. 풀도 우리가 다스려야 할 하나님의 창조물입니다. 하나님께서 우리를 사랑하셔서 풀을 잘 다스리라고 하셨을 것입니다. 풀이 없는 곳에서는 우리도 살 수 없으니까요. 풀을 통하여 얻는 유익과 기쁨이 얼마나 큰지 하나님은 알고 계시니까요. 풀을 통하여 하나님의 임재를 알게 되고 그 분의 솜씨를 찬양할 수 있으니까요. 그런데 인간의 이기심으로 풀은 죽어가고 있습니다. 제초제를 쓰고 기계로 깎고 흙을 없애고 더 넓은 길을 만들고 강력한 살충제를 개발하면서 풀은 점점 자랄 곳을 잃어가고 있습니다. 경제의 논리 속에서 사람들의 관심은 풀에서 멀어지게 되었습니다. 그러나 이러한 삶이 초래하는 결과들을 보며 사람들은 하나님의 창조질서를 다시 생각하고 회복하고 싶어합니다. 웰빙이나 참살이, 녹색혁명 등 여러 가지 이름으로 풀을 재발견하고자 합니다.

너무나 작아서 꽃이라기보다는 점에 가까운 무수한 풀꽃들도 정갈하게 제 모양을 다하고 있고 그 속에 암술과 수술이 모두 다 제자리에 있는 것을 보며 하나님의 오묘한 솜씨에 탄성이 나옵니다. 확대경을 통해서야 볼 수 있는 작은 풀씨 하나하나를 보며 생명의 질서를 주신 하나님께 절로 감사가 나옵니다. 수많은 풀이 제각각의 잎과 꽃으로 창조주 하나님을 선포하고 있습니다. 연약하기 이를 데 없지만 불어오는 산들바람에 춤을 추며 돌보시는 하나님을 찬양하는 자신을 보라고 사람들에게 말해 주고 있습니다. 하나님께서는 고등식물과 하등식물로 분류하지 않으시고 아름드리나무나 풀 한 포기가 똑같이 귀하다고 말씀하고 계십니다. 그 하나님을 찬양합니다.

02 성경말씀

하나님이 이르시되 땅은 풀과 씨를 맺는 채소와 각기 종류대로 씨 가진 열매 맺는 나무를 내라 하시니 그대로 되어 땅이 풀과 각기 종류대로 씨 맺는 채소와 각기 종류대로 씨 가진 열매 맺는 나무를 내니 하나님이 보시기에 좋았더라 (창세기 1 : 11-12]

하나님이 그들에게 복을 주시며 하나님이 그들에게 이르시되 생육하고 번성하여 땅에 충만하라, 땅을 정복하라, 바다의 물고기와 하늘의 새와 땅에 움직이는 모든 생물을 다스리라 하시니라 하나님이 이르시되 내가 온 지면의 씨 맺는 모든 채소와 씨 가진 열매 맺는 모든 나무를 너희에게 주노니 너희의 먹을거리가 되리라 또 땅의 모든 짐승과 하늘의 모든 새와 생명이 있어 땅에 기는 모든 것에게는 내가 모든 푸른 풀을 먹을거리로 주노라 하시니 그대로 되니라 (창세기 1 : 28-30)

누가 홍수를 위하여 물길을 터 주었으며 우뢰와 번개 길을 내어 주었느냐 누가 사람 없는 땅에, 사람 없는 광야에 비를 내리며 황무하고 황폐한 토지를 흡족하게 하여 연한 풀이 돋아나게 하였느냐 비에게 아비가 있느냐 이슬방울은 누가 낳았느냐 (욥기 38 : 25-28)

땅을 돌보사 물을 대어 심히 윤택하게 하시며 하나님의 강에 물이 가득하게 하시고 이같이 땅을 예비하신 후에 그들에게 곡식을 주시나이다 주께서 밭고랑에 물을 넉넉히 대사 그 이랑을 평평하게 하시며 또 단비로 부드럽게 하시고 그 싹에 복을 주시나이다 (시편 65 : 9-10)

그가 가축을 위한 풀과 사람을 위한 채소를 자라게 하시며 땅에서 먹을 것이 나게 하셔서 사람의 마음을 기쁘게 하는 포도주와 사람의 얼굴을 윤택하게 하는 기름과 사람의 마음을 힘있게 하는 양식을 주셨도다 (시편 104 : 14)

그가 구름으로 하늘을 덮으시며 땅을 위하여 비를 준비하시며 산에 풀이 자라게 하시며 (시편 147 : 8)

예수께서 비유로 여러 가지를 그들에게 말씀하여 이르시되 씨를 뿌리는 자가 뿌리러 나가서 뿌릴새 더러는 길 가에 떨어지매 새들이 와서 먹어버렸고 더러는 흙이 얕은 돌밭에 떨어지매 흙이 깊지 아니하므로 곧 싹이 나오나 해가 돋은 후에 타서 뿌리가 없으므로 말랐고 더러는 가시떨기 위에 떨어지매 가시가 자라서 기운을 막았고 더러는 좋은 땅에 떨어지매 어떤 것은 백 배, 어떤 것은 육십 배, 어떤 것은 삼십 배의 결실을 하였느니라 귀 있는 자는 들어라 하시니라 (마태복음 13 : 3–9)

03 주제에 따른 개념과 주제 개념도

1) 개념

(1) 풀은 수많은 종류가 있다.

① 풀은 수많은 종류가 있어요

② 하나님이 풀을 창조하셨어요

(2) 풀에는 생명이 있다.

① 풀에는 생명이 숨어 있어요

② 풀은 자라고 번성해요

(3) 풀은 우리에게 기쁨을 준다.

① 풀은 먹을 수 있어요

② 풀은 풍성한 기쁨을 줘요

(4) 하나님의 창조질서에 감사드린다.

① 서로 도우라 하셨어요

② 우리에게 돌보라 하셨어요

③ 하나님의 창조질서에 감사드려요

2) 성경에 기초한 주제 전개도

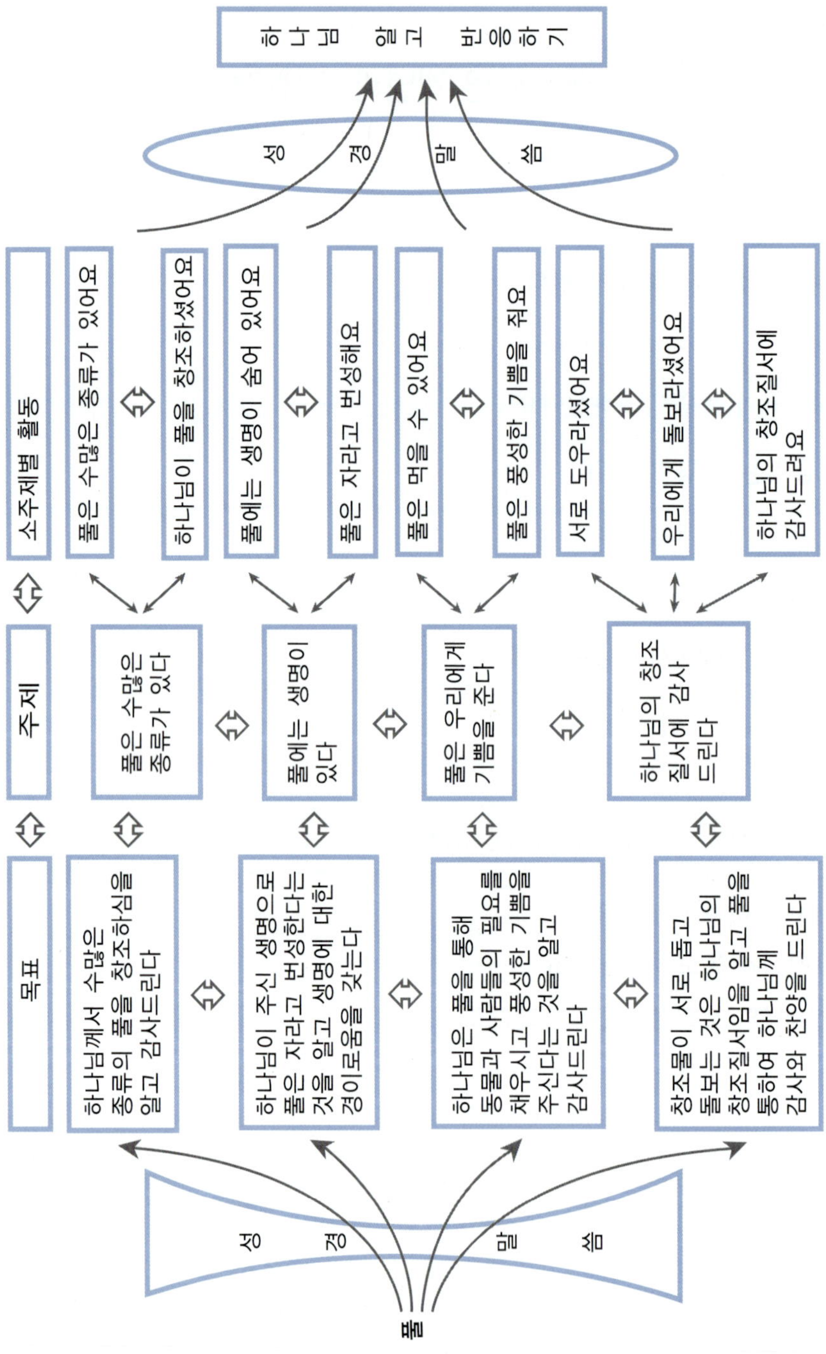

[그림 6] '풀' 주제 전개도

04 활동의 실제

주제1 풀은 수많은 종류가 있다

하나님이 이르시되 땅은 풀과 씨 맺는 채소와 각기 종류대로 씨 가진 열매 맺는 나무를 내라 하시니 그대로 되어 땅이 풀과 각기 종류대로 씨 맺는 채소와 각기 종류대로 씨 가진 열매 맺는 나무를 내니 하나님이 보시기에 좋았더라 (창세기 1 : 11–12)

태초에 하나님이 천지를 창조하실 때 혼돈 가운데 있는 세상에 제일 먼저 빛을 만드셨습니다. 그리고 어둠과 분리하셨습니다. 다음날엔 궁창을 만드시고 궁창 위의 물과 아래의 물로 나누셨어요. 또 다음 날엔 천하의 물을 모아 바다로 만드시고 뭍을 드러나게 하셨습니다. 그렇게 햇빛과 물과 흙을 만드신 후에 땅에게 식물을 내라고 말씀하셨습니다. 풀이 자랄 수 있도록 준비하시고 풀을 보내셨습니다. 하나님은 말씀으로 만드시고 보시기 좋았더라고 하셨습니다. 땅은 창조주의 말씀대로 풀과 씨 맺는 채소와 열매 맺는 나무를 냈습니다. 그때부터 땅은 풀을 내며 지금도 풀은 온 땅에 가득합니다.

어떤 풀꽃은 따뜻한 봄에 어떤 풀꽃은 추운 겨울에 핍니다. 봄에 피는 풀들도 이른 봄 짧은 햇살을 바라고 고개를 내미는 풀이 있는가 하면 봄철 내내 햇볕 따뜻한 곳에서 자라다가 햇볕이 뜨거워지면 금새 기운을 잃는 풀도 있습니다.

어떤 풀은 한 계절 겨우 지내다 사라지는가 하면 어떤 풀은 해마다 같은 자리에서 피고, 지고를 반복합니다. 잎사귀 모양도 각양각색이고 크기도 제 각각이며 색깔 또한 천차만별입니다. 향기가 진한 풀꽃도 있고 색깔만 아름다운 꽃도 있습니다. 심지어는 동물들이 먹기 싫어하는 독특한 맛을 가진 풀도 있습니다.

풀은 어디에나 있습니다. 그러나 누구나 그 풀을 만나는 것은 아닙니다. 아주 작은 것이라도 귀히 볼 수 있는 눈을 가진 사람과 자연에 대한 경이로움이 마음 가득한 사람들은 작은 풀을 보며 경탄합니다. 은혜가 충만할 때 날마다 대하던 세상이 특별히 아름답게 느껴지는 것처럼 자연에 대한 경이로움으로 대하는 풀은 새롭습니다.

유아들과 날마다 풀밭 나들이를 해보십시오. 공기가 오염되었다고는 하나 그래도 하루 종일 교실에서 머무는 것보다는 바깥이 훨씬 우리를 건강하게 합니다. 또한 하나님이 만드신 자연을 교실에서 그림이나 사진이나 말로 설명하기에는 너무나 불충분합니다. 자연이 가장 좋은 학습장이며 하나님과의 교제의 장입니다. 유아들을 풀밭으로 초대합니다.

목 표 : 하나님께서 수많은 종류의 풀을 창조하심을 알고 감사드린다.
소주제 ① 풀은 수많은 종류가 있어요.
소주제 ② 하나님이 풀을 창조하셨어요.

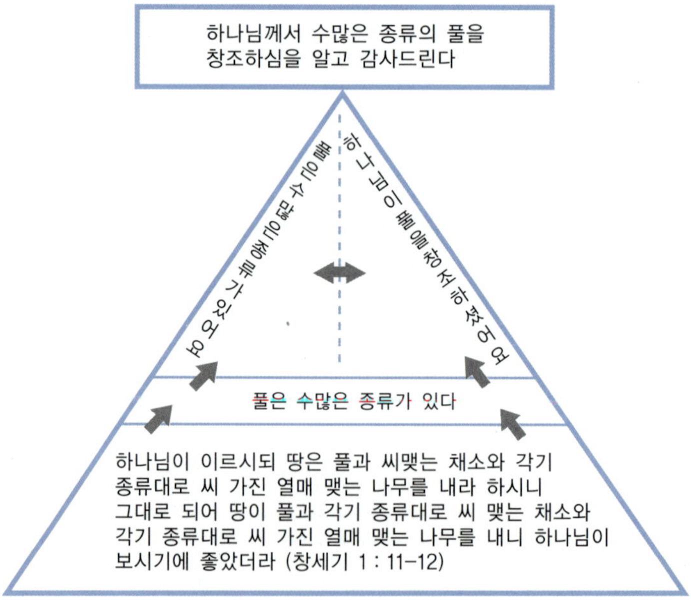

[그림 7] '풀' 주제1 활동 전개도

〈표 5〉 '풀' 주제1 활동목록

주제		활동명	활동분류
풀은 수많은 종류가 있다	풀은 수많은 종류가 있어요	내가 알고 있는 풀이 있어요	경험 나누기
		풀은 저마다 달라요	관찰과 채집
		뿌리도 서로 달라요	관찰과 채집
		우리가 알고 있는 풀, 모르는 풀	게시
		풀잎은 모두 달라요	관찰과 그림
		풀을 다양하게 표현해요	작업
		이름을 지어주세요	동화
		풀 이름의 유래가 있어요	정보주기
	하나님이 풀을 창조하셨어요	풀과 나무가 처음 생긴 날	성경 재화
		창조의 셋째 날	비디오 감상
		세상에 풀이 생겨났어요	자료 모으기
		풀이 되어보아요	표현 활동
		누가 내셨나	재구성
		모두 모두 다 달라요	노래

활동1. 내가 알고 있는 풀이 있어요

목 표 : 수많은 종류의 풀이 있다는 것을 안다.

준비물 : 카메라, 식물도감, 주변에서 볼 수 있는 풀 사진

방 법 :

① 유아들과 함께 풀밭을 산책하며 풀을 자연스럽게 경험하는 기회를 갖는다. 이때 유아들이 흥미 있어 하는 풀을 사진 찍어둔다.

② 산책 시 찍어둔 사진을 보며 이야기를 나눈다.

- 이 풀을 본 적이 있니? 그래, 우리가 산책할 때 보았던 풀이지.
- 이 풀의 이름이 뭔지 알고 있니?

③ 교사는 미리 식물도감에서 사진 찍은 풀을 찾아보고 유아들과 이야기를 나눈다.

- 이 책은 수많은 풀을 사진을 통해 우리에게 알려주는 책이란다. 식물도감이라고 하지.
- 이 풀이 식물도감에 나와 있는지 한번 찾아보자.
- 이 풀은 어디서 자라는지 언제 꽃이 피는지 선생님이 읽어 볼테니까 잘 들어보자.

④ 유아들과 식물도감에서 찾아본 풀에 책갈피를 해서 도서영역에 비치한다.

⑤ 풀에 관한 유아들의 사전 경험을 그림으로 표현해 보기도 한다.

할머니 집에서 할머니랑 해바라기 캐서 화분을 만들었어요

작은 아빠랑 속리산에 가다가 길 옆에 풀을 많이 보았어요

활동2. 풀은 저마다 달라요

목 표: 다양한 풀을 관찰하고 채집한다.

준비물: 식물도감, 휴대용 확대경* , 신문지, 두꺼운 책

방 법:

① 식물도감과 준비물을 챙겨서 풀밭으로 나간다.

② 여러 종류의 풀을 관찰하고 식물도감으로 찾아본다.

③ 꽃과 잎 등 풀의 작은 부분을 확대경을 통해 세밀히 살펴본다.

"꽃이 너무 예뻐요", "꽃 속에 뭐가 있어요"

"잎이 뾰족뾰족해요", "와! 잎에 하얀 털이 나 있어요"

④ 모양이 서로 다른 풀들을 채집해서 풀의 생김새가 어떤지 서로 비교해 본다.

- 우리들이 찾은 풀들을 신문지 위에 모아보자
- 풀들이 어떻게 생겼는지 자세히 살펴보자
- 서로 모양이 어떠니? 다른 점은 무엇이지? 비슷한 점은 없니?
- 두꺼운 책 속에 넣었다가 나중에 다시 관찰해 보자

⑤ 떨어진 풀꽃과 채집한 풀을 관찰영역에 두고 탐색해 본다.

* 문방구에서 파는 확대경은 확대율이 높지 않고 렌즈가 선명하지 않아 풀을 관찰하기 적합하지 않다. 광학기기나 카메라 전문점에서 확대율이 ×8, ×10 정도인 휴대용 확대경을 구입하는 것이 좋다.

활동3. 뿌리도 서로 달라요

목 표 : 우리가 이미 아는 풀과 모르는 풀을 분류해 본다.

준비물 : 투명한 병 여러 개, 삽

방 법 :

① 풀을 뿌리채 상하지 않도록 삽으로 채집한다.

② 물에 흔들어 깨끗이 씻는다.

③ 투명한 병에 물을 담고 풀을 꽂아놓는다. 뿌리가 선명하게 보인다.

④ 여러 종류의 풀을 위와 같은 방법으로 채집하여 투명한 병에 꽂는다.

⑤ 풀을 보며 이야기를 나눈다.

- 풀을 보니 너희들 마음이 어떠니?
- 이 풀은 어떻게 생겼는지 한번 이야기해 보자.
- 뿌리들은 어떻게 다르니?

⑥ 병을 옮겨서 아는 풀과 모르는 풀을 분류해 본다.

- 이 중에 너희들이 아는 풀이 있니?
- 모르는 풀도 있니?
- 아는 풀은 이쪽, 모르는 풀은 다른 쪽에 한번 놓아보자.

⑦ 관찰영역에 식물도감과 같이 두어 모르는 풀을 찾아보도록 한다. 투명한 병이 넘어지지 않도록 찰흙으로 밑면을 넓게 지지해 준다.

⑧ 뿌리채로 관찰할 수 있는 좋은 경험이다. 세밀히 관찰하고 그림으로 표현해 본다.

시 감상

너의 풀

임희옥

내 이름이 없다고
'잡초' 라고 부르지 마세요.

내가 이름이 없는 것은
당신이 못 본체 지나가서 랍니다.

내가 이름이 없다고
'이름 없는 풀' 이라고 부르지 마세요.

내가 이름이 없는 것은
당신이 지어주지 않아서 랍니다.

내 이름이 없다고
'그냥 들풀' 이라고 부르지 마세요.

당신이 보아주고
이름 지어주고
불러주면
내 이름은
(당신)의 풀이 되니까요.

활동4. 우리가 알고 있는 풀, 모르는 풀

목　표 : 풀을 새롭게 알아가는 기쁨과 관심을 갖는다.

준비물 : 게시판, 작은 OHP 필름, 여러 색깔의 네임펜

방　법 :

① '우리가 알고 있는 풀' 게시판을 만든다.
'우리가 모르는 풀이 아직도 너무 많아요' 라는 글을 함께 써 놓는다.

② 유아들이 아는 풀을 작은 OHP필름에 그림을 그려 풀 이름과 함께 게시한다. 이때 풀 사진이나 식물도감 등을 보며 풀의 특징을 잘 나타내도록 돕는다. OHP 필름을 이용해 풀 사진을 베껴 그려도 좋다. (활동11에서 사용해도 좋다.)

③ 유아들이 새로 알게 된 풀이 생길 때마다 그림을 그리고 풀 이름을 써서 게시한다.

④ 날마다 풀 그림이 늘어나고 풀에 관심이 지속되며 풀을 알아가는 기쁨을 누린다.

연계활동 : 풀 이름표 만들기

① 유아들이 아는 풀이 많아진 후 각자 좋아하는 풀을 선택한다.

② 7×11cm 정도의 빳빳한 종이에 선택한 풀 그림을 그린다.

③ 목걸이를 하여 걸고 다닌다.

④ 서로 풀 이름을 불러준다. 유아들이 풀과 친숙해지는 데 도움이 된다.

교사를 위한 Tip

유아들이 풀을 관찰하고 세밀하게 그릴 때 풀 전체를 대상으로 하는 것은 다소 어렵다. 먼저 풀잎으로 시작하는 것이 좋다. 잎은 싹이 나는 순간부터 일대기를 마칠 때까지 관찰과 채집이 용이하고 평면이어서 베껴 그리기도 용이하다. 풀잎을 잘 관찰하고 그려본 후 잎차례를 관찰해도 좋다.
잎차례는 잎이 줄기에 붙는 순서를 나타낸 것이다.
줄기채로 잎을 채집하여 관찰해 본 후 세밀하게 그려본다. 잎차례에는 어긋나기, 마주나기, 돌려나기, 뭉쳐나기 등이 있다.

활동5. 풀잎은 모두 달라요

목 표 : 관찰을 통해 풀잎의 생김새가 모두 다르다는 것을 안다.

준비물 : 다양한 풀잎, 비닐, 펜, 활동지

방 법 :

① 교사가 준비한 다양한 종류의 풀잎을 보며 이야기를 나눈다.

- 이 풀잎은 어떻게 생겼니? "삐쭉해요", "삐뚤삐뚤해요"
- 이 풀잎이랑 이 풀잎을 한번 만져보자. "이건 부들부들해요"
- 냄새 맡아보자. "풀 냄새 나요", "이건 아무 냄새도 안 나요"

② 유아들과 풀밭으로 나가서 마음에 드는 풀잎을 채집한다.

③ 채집한 풀잎을 자세히 관찰한다.

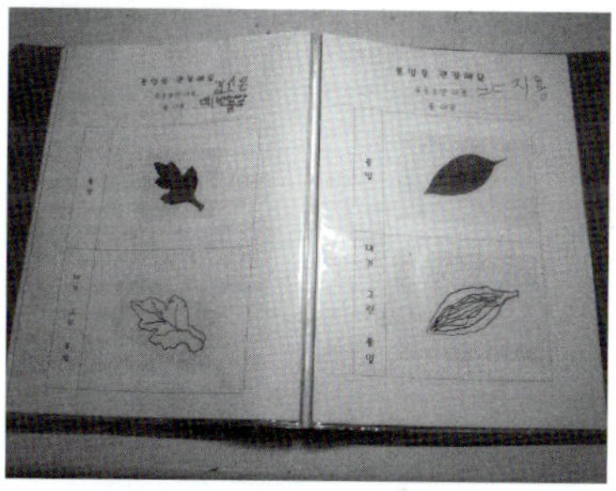

- 눈을 감고 풀잎을 천천히 만져보자.
- 냄새도 맡아보자. 얼굴에도 살짝 대보자.
- 잎 가장자리는 어떻게 생겼니?
- 잎 안에 있는 줄은 뭘까? 손가락으로 줄을 따라 가 보자.
- 잎 안에 있는 줄은 잎에 물과 양분을 전달하는 길이란다. 잎맥이라고 하지.

④ 풀잎 위에 비닐을 덮은 후 풀잎을 자세히 베껴 그린다. 이때 비닐이 움직이지 않도록 테잎을 붙여야 한다.

⑤ 활동지에 실제 풀잎을 투명시트지로 틈이 없게 눌러 붙이고 비닐에 그린 풀잎도 붙인다.

⑥ 풀 이름을 모르는 경우에는 함께 알아보도록 한다.

⑦ 파일에 꽂아 영역에 비치한다.

활동6. 풀을 다양하게 표현해요

목 표 : 다양한 작업도구로 풀을 표현해 본다.

준비물 : 파스텔화(풀 세밀화, 가는 펜, 파스텔),
수묵화(수묵담채화, 화선지, 먹물, 펜, 붓, 수채화물감)
찰흙조형(풀 그림 복사본, 색찰흙)

방 법 :

① 파스텔로 풀을 표현해 본다.

- 풀을 세밀하게 그린 세밀화를 감상한다.
- 가는 펜으로 풀을 그린다.
- 파스텔의 사용법을 알려준다.
- 파스텔로 채색한다.
- 파스텔 고착액을 뿌린다.

② 수묵화를 그린다.

- 풀을 표현한 수묵담채화를 감상한다.
- 화선지에 먹물을 떨어뜨린 후 불어서 줄기를 표현한다.
- 펜으로 꽃을 표현한다.
- 수채물감을 옅게 풀어 채색한다.

③ 색찰흙으로 풀을 표현한다.

- 풀 그림 복사본을 나누어준다.
- 풀 그림 복사본 위에 색찰흙을 붙여 줄기와 꽃을 표현한다.
- 어느 정도 마르면 접착제로 붙인다.

시 감상

달라서 친구다

임희옥

커다란 친구가
가느다란 친구에게 말했습니다.
비가 많이 오면
내 밑에 숨으렴.

가느다란 친구가
커다란 친구에게 말했습니다.
난 햇볕을 잠시만 만나도 되니까
마음껏 네 팔을 펼치렴.

큰 친구가
작은 친구에게 말했습니다.
방금 지나간 아빠 독수리를 보았니?
내가 근사한 모습을 들려줄게.

작은 친구가
큰 친구에게 말했습니다.
방금 지나간 아기 개미를 보았니?
내가 귀여운 모습을 이야기해 줄게

달라서
둘이는 친구랍니다.

활동7. 이름을 지어주세요

목 표 : 수많은 종류의 풀이 있다는 것을 안다.

준비물 : 동화 『이름을 지어주세요』, 동화 속에 나오는 풀 그림 또는 사진자료

방 법 :

① 동화를 듣기 전에 그림자료를 통해 동화 속에 나오는 풀에 관해 이야기를 나눈다.

(동화 속에 나오는 풀은 백합, 용설란, 구절초, 참깨꽃, 부추꽃, 튤립, 은방울꽃이다.)

- 이 풀은 꽃이 어떻게 생겼니? 꽃은 무슨 색이지? 잎은 어떤 모양이니?
  이 풀과 이 풀은 어디가 다르니? 이 풀의 이름은 ○○○이란다.

② 동화를 들려준다.

③ 동화내용에 관해 이야기를 나눈다.

④ 비슷해 보이지만 다른 종류의 풀들도 아주 많다는 것을 알게 된다.

⑤ 동화 속에 나오는 풀을 식물도감에서 찾아 책갈피를 해둔다.

이름을 지어주세요

임희옥

토끼가 깡충깡충 민둥산 허리춤을 가로질러 달렸습니다.
봄볕이 따사로워서 움츠리고 있던 등을 펴고 달리기 운동을 하고 있는 참입니다.
"음 ~ 봄 잎 냄새, 달콤하지 뭐야"
토끼는 토끼풀 잎을 킁킁거리며 냄새를 맡아봅니다.
푸른 하늘 아래 의젓하게 서서 살랑살랑 연두빛 잎손을 흔드는 미루나무 아래에서 잠시 누워도 봅니다.

그리곤 다시 가파른 산등성이를 걸어 들어가 혼자만 아는 숲 속 샛길을 따라 달립니다.
오르락 내리락 깡충깡충 달리는 재주를 으쓱으쓱 뽐내며 요리조리 달립니다.

"가만 이건 무슨 냄새지?"
어디선가 향기로운 꽃냄새가 났습니다.
"우와! 분명 꽃이 가득 핀 곳이 있는 거야."
토끼는 킁킁 냄새를 맡으며 찾아갔습니다.

커다란 소나무 숲에
작은 햇살이 비취는 곳에
딱 한 포기의 꽃이 피어있었습니다.
"응? 겨우 한 송이가 피었잖아! 이 꽃이 뭐지? 이렇게 조그만 꽃에서 그렇게 진한 향기가 났다니!"

토끼는 꽃의 냄새도 맡아보고 잎사귀도 조금 뜯어먹어 보았습니다.
조그만 꽃잎을 찬찬히 살펴보기도 하였습니다.

다음 날 아침 체조마당에서 토끼는 친구들에게 어제 본 꽃 이야기를 하였습니다.
"너희들 아래 산등성이 소나무 숲에서 조그만 하얀 꽃을 본적이 있니?"

"꽃 이름이 뭔데?"
"이름은 모르겠어. 처음 본 꽃이었어."

"어떻게 생겼어?"
"음, 하얀 꽃이 달렸어"
"아, 백합이구나"
여우가 아는 체 대답하였습니다.

"아닌 것 같아. 백합보다 꽃송이가 훨씬 작았거든."
숲 속 친구들은 각자 자기가 아는 꽃 이름을 대었습니다.

다람쥐가 말했습니다.
"용설란일까?"
"아니야 잎사귀가 얇고 부드러워. 그리고 그 꽃은 한 대에 여러 송이가 달렸어. 용설란은 한 대에 한 송이씩만 피잖아?"
풀 이름을 많이 아는 다람쥐가 얼른 다시 말했습니다.
"그럼 구절초구나."
"아니야 구절초는 갈래꽃이잖아, 그 꽃은 통꽃이었어."

곁에서 기린이 말했습니다.
"참깨 꽃이구나!"
"아니 참깨 꽃은 여러 송이가 모여서 피었잖아. 이 꽃은 꽃대에 줄을 서서 한 줄로 피었던 걸."

사자가 말했습니다.
"그럼 부추 꽃인가?"
"아니야 , 잎사귀 모양이 달랐어 . 커다랗고 매끈하게 생겼어.
그리고 잎사귀가 두 장씩 마주보고 자랐어. "

여우가 이번에는 큰 소리로 말했습니다.
"잎사귀가 크고 마주보고 있다면 분명 튤립일거야."
"아냐 아냐. 튤립은 꽃대가 똑바로 서있지? 그 꽃은 꽃대가 휘어져 있었어."

그때서야 부끄럼장이 나비가 말했습니다.
"나도 그 꽃을 본적이 있어. 나중에 빨간 열매가 달린 것도 보았어."

토끼가 반가와서 말했습니다.
"나도 봤어. 향기가 얼마나 진하던지 정신이 어지러울 지경이었단다."

기억력이 좋은 원숭이가 말했습니다.
"아, 그럼 봄에 나무그늘 밑에 자라고 갈래가 없는 하얀 통꽃을 휘어진 꽃대에 피우며 빨간 열매를 달고 두 장의 넓은 잎을 가지고 있으며 향기가 너무 짙어서 숲 속 친구들이 온통 정신을 잃는 꽃이구나. 하지만 '봄에 나무그늘 밑에 자라고 갈래가 없는 하얀 통꽃을 피우며 빨간 열매를 달고 두 장의 넓은 잎을 가지고 있는 향기가 너무 짙어서 숲 속 친구들이 온통 정신을 잃는 꽃'이라고 부르기엔 너무 이름이 길잖아?"

맞아요, 봄에 나무그늘 밑에 자라고 갈래가 없는 하얀 통꽃을 휘어진 꽃대에 피우며 빨간 열매를 달고 두 장의 넓은 잎을 가지고 있는 향기가 너무 짙어서 숲 속이 온통 정신을 잃는 꽃이라고 부르기엔 너무 이름이 길었어요.

봄에 나무그늘 밑에 자라고 갈래가 없는 하얀 통꽃을 휘어진 꽃대에 피우며 빨간 열매를 달고 두 장의 넓은 잎을 가지고 있는 향기가 너무 짙어서 숲 속이 온통 정신을 잃는 꽃의 이름을 짓는 일은 아담아저씨의 일이었습니다.

"아담아저씨에게 찾아가자 "
아저씨는 꽃과 나무 동물들에게 이름을 지어주고 있었습니다.

아담아저씨는 동물들과 함께 그 꽃을 보기 위해 숲 속을 찾아갔습니다.
토끼 뒤에 나비, 여우와 다람쥐 기린과 사자 그리고 원숭이가 아저씨의 뒤를 따랐습니다.

아담아저씨는 골똘히 생각했습니다. 하나님께서 좋은 생각을 주시겠지요?
동물들은 눈을 반짝이며 아담아저씨의 얼굴을 바라보았습니다.
꽃모양이 방울처럼 생겼구나, 그리고 꽃 색깔이 마치 은가락지처럼 하얗구나....
방울꽃, 은가락지꽃, 은방울꽃?
그게 좋겠다. 은방울꽃!
동물들도 모두 손뼉을 치며 좋아했어요.

이제 숲에 있는 동물들은 더 이상
'봄에 나무그늘 밑에 자라고 갈래가 없는 하얀 통꽃을 휘어진 꽃대에 피우며 빨간 열매를 달고 두 장의 넓은 잎을 가지고 있는 향기가 너무 짙어서 숲 속 친구들이 온통 정신을 잃는 꽃'이라고 부르지 않아도 되었습니다. 은방울꽃, 이름이 있으니까요.

활동8. 풀 이름의 유래가 있어요

목 표 : 풀 이름이 지어진 유래를 안다.

준비물 : 풀 사진 또는 실물

방 법 :

① 교사는 미리 풀 이름의 유래를 알아둔다.

② 풀을 보며 풀 이름의 유래에 대해 이야기를 나눈다.

- 풀 이름에는 재미있는 이름이 참 많지? 어떤 풀 이름이 생각나니?
- 이 풀은 이름이 뭐지? "강아지풀이요"
- 왜 강아지풀이라고 이름 붙여졌을까?
- 강아지풀은 강아지 꼬리를 닮았다고 붙여진 이름이란다. 한번 만져보자.

교사를 위한 Tip

풀이름의 여러 유형

- 꽃이 피는 시기에서 유래된 이름 예 봄맞이꽃은 꽃 이름 그대로 이른 봄에 피는 꽃이라는 뜻이다. 제비꽃은 그 개화 시기가 제비가 돌아올 무렵에 핀다하여 붙여진 이름이다.
- 색깔과 향기에서 유래된 이름 예 애기똥풀은 줄기를 꺾어보면 알 수 있듯이 식물체에서 황색 즙액이 나오는데, 이것이 마치 애기똥과 같다 해서 붙인 이름이다.
- 맛과 성분에서 유래된 이름 예 피막이풀은 피가 날 때 지혈시키는 성분이 있어서 붙여진 이름이다. 지혈초라고도 한다 : 마데카솔 포장지에 있는 풀 그림이 피막이. 질경이는 질기다고 해서 붙여진 이름이다. 괭이밥은 육식을 하는 고양이들이 소화가 잘 안되면 뜯어먹는 풀이라고 하여 붙여진 이름이다. 괭이밥의 신맛이 소화를 돕는다고도 한다. 토끼풀은 연한 잎을 토끼가 특히 좋아해서 붙여진 이름이다.
- 생김새에서 유래된 이름 예 강아지풀은 강아지의 꼬리를 닮았다고 해서 붙여진 이름이다. 별꽃은 꽃잎이 별과 같은 모양이어서 붙여진 이름이다. 닭의장풀 또는 달개비는 닭 벼슬을 닮아서 부르는 이름이다.

* 풀이름은 전설에 의한 유래가 많지만 전설에 의한 풀 이름 유래는 유아들에게 들려주지 않는 것이 좋다. 재미로 들려주기에는 위험성이 높다. 이는 하나님께서 풀을 창조하셨다는 사실에 혼란을 주기 때문이다.

활동9. 풀과 나무가 처음 생긴 날

목 표 : 하나님의 창조질서 안에서 창조가 이루어졌다는 것을 안다.

준비물 : 동화 『풀과 나무가 처음 생긴 날』

방 법 :

① 성경을 근거로 재화한 이야기 『풀과 나무가 처음 생긴 날』을 들려준다.

② 이야기를 듣고난 후 하나님께서 풀을 창조하신 것은 하나님의 계획과 질서에 따른 것임을 이야기한다.

- 하나님께서 식물을 만드시기 전에 세상은 어땠니?
- 하나님께서 풀을 어떻게 창조하셨니?
- 하나님께서 말씀하시니 어떻게 되었니? "그대로 되었어요"
- 그래서 창조의 셋째 날 세상은 어떻게 바뀌었니?
- 하나님께서 왜 이렇게 세상을 창조하셨을까?
- 이야기를 듣고 어떤 생각이 드니?

풀과 나무가 처음 생긴 날

김정준

아주 아주 먼 옛날
이 세상은 빛과 어두움만 있었어요.
빛이 찾아오면 세상은 환한 낮이 되었고 밤의 어두움은 한꺼번에 사라졌어요.

푸른 하늘이 맑고 높아, 손을 뻗으면 금새라도 차가운 물이 뚝뚝 떨어질 것 같았고요.
퐁퐁 솟아나는 샘물과
졸졸 노래하는 시내
힘차게 흘러가는 강물이 모여 마침내 바다를 이루었지요
하지만 넓은 땅에는 아무 것도 없었어요.
그저 커다란 산과 작은 동산, 넓은 밭은 검은 흙들만 쌓여 있었어요.

그 날에
하나님의 말씀이 온 세상을 감돌았어요.
말씀은 바람처럼 샘가를 돌아 시냇가를 만지고 강가에 머물더니
이내 굽이쳐 돌아 붉은 산을 쓰다듬고
강물이 지나가는 텅빈 땅을 휘감았어요.
빛은 더 눈부시게 검붉은 온 땅을 비추었고 .
말씀이 닿는 곳곳마다 시내는 더 아름다운 노래를 불렀지요.

하나님의 말씀이 신비한 노래처럼 온 세상에 퍼지자, 마치 그 말씀에서 빨려나오듯
아기 숨결보다 부드러운 연두빛 풀들이 돋아나기 시작했어요.
풀은 조금씩 조금씩 마치 아기의 손톱이 자라는 것처럼 천천히 퍼졌어요

민들레 질경이 돗나물 냉이 달개비 앵초 괭이밥 사랑초
강아지풀 명아주 쇠비름 어저귀 도라지 달맞이꽃 토끼풀 애기똥풀
노루오줌 감자난초 깽깽이풀 너도바람꽃 솜나물 각시붓꽃 꽃다지 노루귀

풀은 마치 휘감아 돌아가는 말씀을 놓치지 않으려는 듯
재빨리 자라며 퍼지기 시작했어요.
풀은 땅위에 주단을 까는 것처럼 한꺼번에 자라났지만
거칠지 않았고, 혼자 비쭉 솟아오르지도 않았어요.
풀은 너무 빠르게 자라서 아마 누군가가 그 모습을 보았다고 해도
언제 얼마나 자란다고 제대로 말할 수 없었을 거예요

각시원추리 꿀풀 기린초 바위취 범부채 엉겅퀴 하늘말나리
궁궁이 개망초 좀싸리 쑥부쟁이 딱지꽃 끈끈이주걱 개미취
둥근잔대 마름 박하 쓰레기풀 산부추 쥐꼬리망초 갈퀴나물
들깨나물 미역취 비수리 자루쓴풀 큰망초 털도깨비바늘 복수초

풀들이 자라는 곳곳에 갑자기 풀보다 웃자라는 무엇이 보였어요.
나무였어요.
나무는 위로 위로 솟구쳐 오르더니 하늘에 떠다니는 조각구름을 잡으려는 듯
아름답게 여러 개의 팔을 벌렸고 일제히 잎사귀를 내어 풀과 함께 아름다운 노래를 부르고 끝없이 퍼져서 온 땅을 울렸어요
아름답게 메아리를 이루자 꽃이 피어났어요

미리 약속이나 한 듯 꽃망울이 터지더니
달콤한 꽃향기가 들판에 가득하게 되었어요.
누군가 그 들판에 서 있었다면 입 속 가득, 코 속 가득 향기로운 꽃내음에 취해
혼자 있어도 마냥 행복했을 거예요.
얼마나 많은 꽃들이 수백 가지 색깔로 피었는지 누군가 보았다 해도
그대로 다 말할 수는 없었겠지만 말예요.

불어오는 바람에 꽃잎이 춤을 추고, 그 춤은 꽃비가 되어 온 하늘을 덮었어요.
흩날리는 꽃잎들의 아름다운 합창이 울려 퍼지자 꽃잎이 떨어진 자리에는
맛난 열매들이 꿈을 꾸며 맺혔어요.
달콤한 앵두가 될 연한 연두빛이 도는 구슬,
아기 석류와 작은 버찌, 어린 사과와 귤, 귀여운 배와 밤과 감~
열매는 아직 너무 어려서 그것이 무엇인지 누군가 보아도 알 수 없었겠지만
어린 열매들은 이미 다 알고 있었어요.

말씀이 심어주신 꿈이 있었기 때문이에요.
이제 막 태어난 햇님이 솟아오르면
온 세상은 반갑다고 손짓하는 초록빛 나뭇잎으로 뒤덮였고,
후둑후둑 보슬보슬 비가 내리면 간지럽다고 몸을 비트는 풀들은
이불처럼 온 땅에 깔려있었죠.

풀과 나무는 저마다 노래를 불러요.
저마다 다른 노래를 부르지만 그 노랫소리는 마치 한 목소리로 부르는 것처럼
듣는 사람의 마음에 하나의 노래로 들린답니다.

"하나님, 따스한 햇님과, 장난꾸러기 바람을 주셔서 감사해요.
간지러운 빗방울과 맛있는 흙을 주셔서 감사해요.
감사하신 하나님께 나는 무얼 드릴까요?
하나님 말씀이 심어주신 꿈을 따라 세상에서 하나밖에 없는 꽃을 피울래요.
하나님 불어넣으신 말씀대로 알차고 아름다운 열매를 맺을래요.
그리고 작지만 강한 씨를 맺어 영원히 하나님께 노래를 불러드릴래요"

들판에 나가 눈이 닿는 구석구석까지 바라보세요.
발밑에 솟아나는 초록빛 새싹을 만져보세요.
그리고 귀기울여보세요.

쉬이이이이잇~
풀과 나무의 기쁜 찬양이 들리지 않나요?

하나님이 이르시되 땅은 풀과 씨 맺는 채소와 각기 종류대로 씨 가진 열매 맺는 나무를 내라 하시니 그대로 되어 땅이 풀과 각기 종류대로 씨 맺는 채소와 각기 종류대로 씨 가진 열매 맺는 나무를 내니 하나님이 보시기에 좋았더라.
(창세기 1 : 11-12)

활동10. 창조의 셋째 날

목 표 : 하나님이 식물을 창조하신 것을 보며 경이로움으로 느낀다.

준비물 : 창조와 관련된 영상물 (DVD 「놀라운 하나님의 창조」 전 3편 중 3편 '창조의 꽃 사람' 앞부분, 한국비디오선교센터, 1995)

방 법 :

① 교사는 미리 비디오를 보며 유아들과 감상할 부분을 정한다.

② 비디오를 보기 전에 유아들과 이야기를 나눈다.

- 하나님이 세상을 창조하실 때의 모습을 상상해 보자

③ 비디오를 감상한 후 유아들과 이야기를 나눈다.

- 창조의 모습을 보니 어떠니? 어떤 생각을 하게 되었니?
- 하나님은 식물을 창조하실 때 어떤 마음이셨을까?

교사를 위한 Tip

480~560nm 파장의 가시광선을 녹색이라 부른다. 녹색은 자연과 생명의 근원적인 색이다. 지구상의 모든 생명활동의 기본이 되는 에너지를 생산하는 식물의 주된 색이며, 산과 숲 그리고 나무와 풀을 상징하는 자연의 대표적인 색이다. 무엇보다 녹색은 우리의 신체와 정신을 변화시키고 우리의 삶 속에서 다양한 기능과 역할을 하고 있는 색이다. 녹색은 시각적 편안함과 정서적 안정감을 주는 색이라고도 한다.

인체반응비교실험에서 적색광보다 녹색광에서 인간이 가장 편안한 상태에서 발생한다는 뇌파인 α파의 양이 증가하고 맥박수가 감소한다는 결과를 얻었다. 녹색은 인간에게 안정감을 주는 색이라는 것을 입증한 것이다. 또한 적색광과 녹색광과의 시자극 차이를 첨단 과학장치인 기능적 자기공명영상(MRI)장치로 촬영한 뇌 사진을 통해 비교해 본 결과 녹색이 적색보다 시각적인 자극이 적은 편안한 색이라는 것을 확인할 수 있었다. 그러나 도시공간 건물의 색을 측정해 본 결과 현재 우리의 환경색은 회색이 주종이라는 것을 실증적으로 확인했다. 회색은 반환경적인 공해와 오염의 상징으로, 우리에게 자연과, 자연을 상징하는 색인 녹색이 더욱 필요하다는 것을 확인시키고 있다. 그래서 도시에서는 인위적인 녹색을 도시 곳곳에 의도적으로 사용하고도 있다. 그렇다면 인위적으로 칠해진 녹색과 자연의 녹색이 가진 근본적인 차이는 무엇인가? 실제 측색을 통해 비교해 보면 인위적으로 칠해진 녹색의 대부분이 채도와 명도가 높아 시각적, 정서적으로 편하지 않은 녹색인 것으로 드러났다. 무엇보다 녹색의 중심은 살아 있는 자연의 색이어야 한다는 것이다. 인위적 녹색들이 오히려 자연의 녹색, 식물의 녹색의 진정한 힘을 약화시키고 있는 것이다.

KBS 환경스페셜 125회 '녹색의 비밀' 중 일부 발췌

활동11. 세상에 풀이 생겨났어요

목 표 : 하나님이 창조하신 풀이 많다는 것을 안다.

준비물 : OHP, 작은 OHP용지, 펜, 천지창조 이야기에 사용할 배경그림 (하늘, 바다, 산, 언덕, 평지, 나무, 풀)

방 법 :

① 천지창조 이야기에 사용할 하늘과 바다 밑그림, 산, 언덕, 평지 등의 밑그림, 나무그림을 유아들과 함께 OHP용지에 그려둔다.

② 작은 OHP용지에 유아들이 풀을 하나씩 그려 준비한다.

③ 유아들이 하늘과 바다 밑그림, 땅 밑그림, 풀그림, 나무그림 등을 가지고 있다가 교사의 이야기에 맞추어 OHP에 놓는다.

④ 풀과 나무로 가득 찬 세상을 보고 서로 느낌을 이야기한다.

하나님께서 세상을 만드시던 둘째 날이었어요.
"하늘과 바다가 생겨라" 하시니 말씀대로 하늘과 바다가 생겼어요. (창 1 : 6–7)
창조의 셋째 날이 되었어요.
하나님께서는 "온 세상의 물이 한곳으로 모이고 땅이 드러나라 "하셨어요(창 1:9).
하나님 말씀대로 땅이 드러났어요. 높은 산, 언덕, 넓은 들판도 생겨났어요.
그리고는 하나님께서 "땅은 풀과 각기 종류대로 씨 맺는 채소와 각기 종류대로 씨 가진 열매 맺는 나무를 내라"(창 1 : 11) 하셨어요. 그러자 민들레, 강아지풀, 고들빼기, 망초, 토끼풀, 애기똥풀, 제비꽃, 엉겅퀴, 배향초, 쑥부쟁이, 질경이, 여뀌, 냉이, 달개비, 봉숭아, 머위…가 땅에서 나왔어요.
(유아들이 가지고 있는 풀그림을 차례차례 불러준다)
그리고 아름드리 나무도 땅에서 생겨났어요.
하나님이 만드신 온 세상이 풀과 나무로 가득 찼어요.
멋진 세상을 만드신 하나님! 감사합니다!

활동12. 풀이 되어보아요

목 표 : 창조의 셋째 날을 막대그림으로 표현해 본다.

준비물 : 풀그림, 나무젓가락, 배경음악, 밤색계통의 넓은 헝겊들, 의자, 책상

방 법 :

① 유아들이 각자 자신이 좋아하는 풀을 그린 후 나무젓가락에 붙인다.

② 땅을 표현하기 위해 의자나 책상, 교구장 등을 넓은 헝겊으로 덮어놓는다. 이때 높고 낮은 곳, 넓은 곳, 바위 틈 등 표현하도록 할 수 있는 한 다양한 형태로 만들어 둔다.

③ 미리 배경음악을 들려주며 창조의 셋째 날에 대한 이야기를 들려준다. 음악의 분위기와 이야기의 전반적인 흐름을 미리 알게 하기 위해서이다.

④ 유아들을 두 집단으로 나누어 한 집단은 신체표현을 하고 다른 한 집단은 감상을 한다.

⑤ 표현하는 유아는 직접 만든 풀그림 막대를 들고 땅 뒤에 숨는다.

⑥ 음악이 나오면 교사의 이야기에 맞추어 몸은 숨긴 채 그림막대만을 내밀어 표현한다.

팔과 손의 움직임으로 풀이 자라는 모습을 나타낸다.

이때 교사는 유아들의 움직임을 보며 이야기를 가감한다.

산과 들에는 아무 것도 없었어요.
바다에서 오르는 수증기로 땅은 촉촉했어요.
하나님께서 이렇게 말씀하셨어요.
"땅은 풀과 씨 맺는 채소와 씨 가진 열매 맺는 나무를 각기 종류대로 내라"
(창 1 : 11)
그러자 놀라운 일이 일어났어요.
아무 것도 없던 땅에서 무언가 움직이기 시작했어요.
작고 여린 연초록의 풀들이 솟아나기 시작한 거예요.
높은 산에서도 풀이 솟아났어요.
낮은 언덕에서도 풀이 솟아났어요
바위 틈에서도 풀이 솟아났어요.
들판에서도 풀이 솟아났어요.
풀은 점점 자랐어요.
온 세상은 예쁜 꽃들로 환해졌어요.

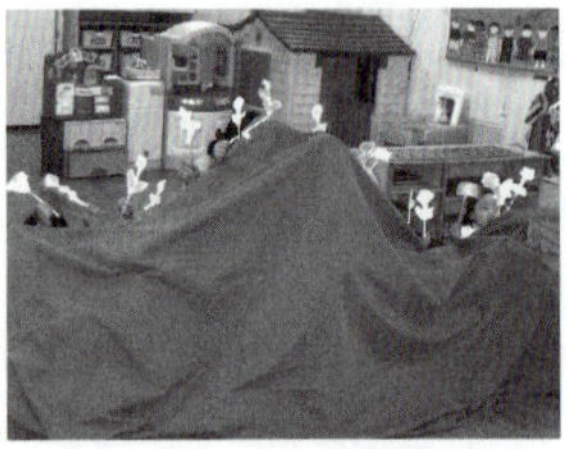

햇빛이 비치자 풀들은 조금씩 더 자라기 시작했어요.
솔솔 바람이 불자 풀들은 이쪽으로 저쪽으로 춤을 추기 시작했어요.
풀들은 이렇게 말하고 있었어요
"우리를 만들어주신 하나님! 감사합니다!"

활동13. 누가 내셨나

목　표 : 수많은 풀을 하나님이 창조하심을 알고 찬양드린다.

준비물 : 풀 사진

방　법 :

① 풀 사진을 보며 하나님께서 만드신 수많은 풀들을 알아본다.

② 교사와 유아가 다음과 같이 화답한다.

교사 : 예쁜 별꽃은 누가 내셨나?

유아 : 온 세상을 만드신 하나님이 내셨지

교사 : 쑥부쟁이, 망초 누가 내셨나?

유아 : 온 세상을 만드신 하나님이 내셨지

③ 익숙해지면 교사는 푸른 잔디 꽃밭은(어린이 찬송가 330장) 노래의 리듬대로 말을 하고 유아들의 대답도 노래의 리듬대로 말해준다.

④ 리듬이 익숙해지면 노래로도 불러본다.

⑤ 교사와 유아의 역할을 바꾸어서도 해본다.

활동14. 모두 모두 다 달라요

목 표 : 하나님의 놀라운 솜씨를 찬양한다.

준비물 : 식물도감, 풀 사진

방 법 :

① 풀 사진을 보며 이야기를 나눈다.

- 우리나라에는 어마어마하게 많은 종류의 풀이 자라고 있단다.
- 이 풀들은 모양이 다 같을까?

  "꽃이 다 달라요", "색깔이 여러 가지예요."

  "잎도 어떤 건 뾰죽하고 어떤 건 동그래요", "뿌리도 달라요"
- 빛깔이나 향기는 어때?
- 누가 이 많은 풀들을 모두 다 다르게 만드셨을까?

  "하나님이요"

  "하나님이 다 다르게 만드셨어요."

② '모두 모두 다 달라요' 노래를 배워서 부른다.

모두 모두 달라요

서광일

'풀' 주제를 진행하며

'풀' 수업은 YWCA 어린이집에서는 낯설지 않은 수업이다. 나 역시 '들꽃' 이란 수업을 하였기에 또 우리가 여러 가지 풀꽃에 대해 조사할 때 풀의 지도자료를 참고했는데 우리가 해왔던 풀꽃들의 개념이 있어서 조금 더 편안하고 가벼운 마음으로 수업을 했던 것 같다.

텃밭을 가꾸기 위해 도입을 텃밭으로 시작했는데 이 부분을 먹을 수 있는 풀 수업에 넣었다면 좀 더 효과적이지 않았을까 하는 생각이 들고 아이들이 더욱 풀꽃에 관심을 가졌을거란 생각이 들었다.
처음엔 주변의 풀꽃들을 보며 '와, 예쁘다!' 하고는 뒤돌아서는 아이들이 많았다. '무슨 꽃일까? 어떻게 생겼니?' 하고 물어보면 말이 없었다.

수업을 하면서는 우리 주변의 꽃들을 먼저 찾아봐서인지 아이들이 이름을 알기 시작했고 산책이나 바깥놀이 시 꽃들에게 관심을 가지기 시작했다. 또 집 주변에서 보는 꽃들이 어린이집 주변에 있을 때는 굉장히 즐거움을 느꼈고 그 풀꽃들의 이야기나 이름들을 즐겨 불렀다.

풀꽃에서 기독교 교육과정을 할 때는 아이들의 기도 속에서나 이야기를 할 때 늘 하나님이 있는 것 같아서 기독교인이 아닌 교사라도 편안하게 아이들과 한 것 같다.
풀꽃 수업을 하면서 작년에도 생각을 했지만 처음 시작하는 교사에게는 부담이 많을거란 생각을 한다.
일단 교사가 풀꽃에 대해 관심이 있어야 하고 그 풀들의 이름이나 특징을 파악해야 한다는 생각을 했다. 그리고 교사가 풀에 대해 갖고 있는 관심을 아이들에게도 이야기해 줄 수 있어야 했다. 이 수업을 하면서 다시 한번 크게 느낀 점은 교사가 많이 생각하고 또 연구도 많이 하고 아이들과의 적극적인 상호작용도 필요한 것 같다.

부산 YWCA 부설 어린이집 만 5세 반 교사

주제2 풀에는 생명이 있다

하나님이 이르시되 땅은 풀과 씨 맺는 채소와 각기 종류대로 씨 가진 열매 맺는 나무를 내라 하시니 그대로 되어 땅이 풀과 각기 종류대로 씨 맺는 채소와 각기 종류대로 씨 가진 열매 맺는 나무를 내니 하나님이 보시기에 좋았더라 (창세기 1 : 11-12)

두 장의 여린 떡잎이 얇은 마분지 위에 얹힌 사과를 들어 올리는 사진을 보신 적이 있는지요? 풀은 나약해 보이지만 대단한 생명력을 가지고 있습니다. 때로는 아스팔트가 갈라진 보이지 않을 만큼 작은 틈새에서도 얼굴을 내밉니다. "나 여기 있어요, 하나님께서 주신 흙과 빛과 물이 있어 하나님을 찬양하고 있어요!" 라고 외치듯이. 사람들이 제 먹을 것을 얻고 더 나아가 축재하기 위해 온갖 비료와 약품을 개발하고 기발한 영농법을 이용하여 기르는 농사는 자칫 망치기 쉽습니다. 그러나 깊은 숲 속의 풀들은 돌보아주는 사람 하나 없는데도 홍수 때나 가뭄에도 무서울 만큼 제 영역을 확보하고 있습니다. 관상용 식물을 일정한 용기에 담아 키우면 한두 개체까지만 제대로 자라고 그 이상은 죽습니다. 그런데 풀은 여러 개체를 함께 심으면 서로 몸을 낮추고 서로 키를 작게 하여 함께 살고 함께 씨를 맺습니다. 생육환경에 맞추어 유연하게 살아가는 탁월한 능력 또한 풀을 오랜 세월 동안 건재하게 만든 비결입니다.

하나님은 바람과 벌레와 동물의 피부를 이용하여 풀이 자신의 땅을 넓혀갈 수 있도록 만들어주셨습니다. 씨가 밑으로 수북히 떨어지면 널리 퍼뜨리지 못하니까요. 한 개의 풀 속에는 수 만개의 씨앗을 가지고 있습니다. 아니 풀 뿐만 아니라 사람을 비롯한 모든 생명체들은 똑같이 수많은 가능성을 가지고 있습니다. 하나님께서 땅에 충만하도록 명하셨으니까요.

이 세상 법칙은 희소한 것이 가치 있다고 생각하며 자신이 소유한 것을 다른 사람이 갖지 않기를 바랍니다. 그러나 하나님은 귀하고 가치 있는 것들을 아주 풍부하게 주셨습니다. 공기가 그렇고 물이 그렇고 풀이 그렇습니다. 풀은 그렇게 자라 사람의 식물이 되도록 하셨습니다. 생명력을 주셔서 온 땅에 널리 퍼지도록 하셨습니다. 첫 사람 아담이 살던 동산은 이 법칙으로 다스려지던 동산이었습니다.

사람이 하나님을 떠나 살아도 여전히 풀은 번성하여 사람과 동물에게 기쁨이 되도록 자신을 하나님께 맡기고 있습니다. 풀에게는 자유의지를 주시지 않은 하나님은 그 누구보다 사람을 사랑하신 것이 틀림없습니다.

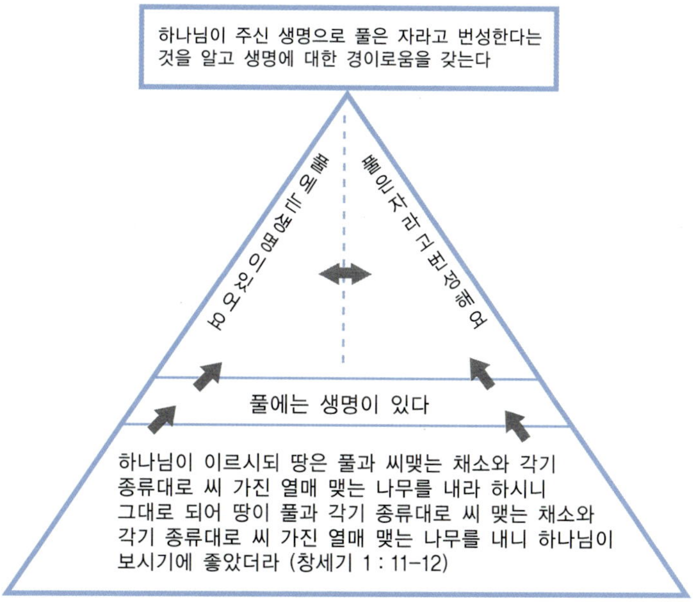

[그림 8] '풀' 주제2 활동 전개도

〈표 6〉 '풀' 주제2 활동목록

<table>
<tr><th colspan="2">주제</th><th>활동명</th><th>활동분류</th></tr>
<tr><td rowspan="14">풀에는 생명이 있다.</td><td rowspan="7">풀에는 생명이 있어요</td><td>수많은 씨앗이 있어요</td><td>탐색</td></tr>
<tr><td>색연필은 언제 싹이 나요?</td><td>동화</td></tr>
<tr><td>생명 있는 것, 생명 없는 것</td><td>이야기 나누기</td></tr>
<tr><td>오래 지나도 생명이 있을까요?</td><td>실험</td></tr>
<tr><td>잘라도 생명이 있을까요?</td><td>실험</td></tr>
<tr><td>풀은 이런 곳에서도 자라요</td><td>관찰</td></tr>
<tr><td>생명의 힘은 놀라워요</td><td>실험</td></tr>
<tr><td rowspan="7">풀은 자라고 번성해요</td><td>씨앗은 어떻게 자랄까요?</td><td>예측하여 표현</td></tr>
<tr><td>풀이 날마다 달라져요</td><td>관찰</td></tr>
<tr><td>똑같은 씨가 얼마나 많아질까요?</td><td>실험</td></tr>
<tr><td>풀 지도를 만들어요</td><td>조사</td></tr>
<tr><td>자연보물을 찾아요</td><td>탐색</td></tr>
<tr><td>씨앗이 멀리 멀리 퍼져요</td><td>비디오 감상</td></tr>
<tr><td>멀리 멀리 퍼져라</td><td>노래</td></tr>
</table>

활동1. 수많은 씨앗이 있어요

목 표 : 하나님이 씨 맺는 풀을 종류대로 각각 창조하셨다는 것을 안다.

준비물 : 씨앗 담을 크고 넓은 그릇, 채반, 여러 종류의 씨앗

방 법 :

① 먼저 알이 굵은 씨앗부터 순차적으로 채반에 붓는다.

② 유아들이 자연스럽게 씨앗을 가지고 놀며 탐색한다.

"손으로 주무르니까 간질간질해요!", "모래 놀이 같다!", "재미있어요!"

"데굴데굴 해요", "채반을 흔들면 비 오는 소리가 나요"

"엄마가 쌀 씻는 거 같아요", "이 콩 우리 집에도 있는데"

③ 채반 밑에 그릇을 받친 후 상추, 배추 등 작은 씨앗을 붓는다.

"와! 밑으로 떨어져요", "너무 작아요"

④ 그릇으로 떨어진 작은 씨앗을 가지고 놀며 탐색한다.

"손에 붙어요", "먼지 같아요"

⑤ 씨앗을 가지고 놀이를 한 후 이야기를 나눈다.

- 이 그릇에 있는 걸 다 뭐라고 할까? "씨요", "그럼 옥수수도 씨예요?", "땅콩도 심으면 나요?"
- 이 씨는 서로 어떻게 다르니?
- 이 씨들을 심으면 어떻게 될까?
- 이 씨는 누가 만드셨을까?

⑥ 씨앗을 과학영역에 비치하여 세밀히 관찰하도록 한다.

참 고 : 유아들은 여러 종류의 옥수수, 땅콩, 쌀, 콩 등을 알고 있지만 그것이 씨앗이라고는 생각하지 않는다. 여러 농작물도 초본식물, 즉 풀이다. 풀밭에서 나는 풀씨뿐 아니라 채소의 씨, 곡식도 많이 준비한다.

활동2. 색연필은 언제 싹이 나요?

목 표 : 풀을 자라게 하는 것은 생명이라는 사실을 안다.

준비물 : 동화『색연필은 언제 싹이 나요?』그림자료

방 법 :

① 동화를 들려준다.

② 동화내용에 관해 이야기를 나눈다.

- 동화에서 어떤 것이 자랐니?
- 자라지 않는 것은 무엇이었니?
- 자라는 것과 자라지 않는 것은 무슨 차이 때문이었니? "생명이요"

색연필은 언제 싹이 나요?

김정준

예찬이 집 베란다에는 작은 화분들이 아주 많이 있어요.
고모가 주신 난초 화분도 있고요.
예찬이가 태어나기 전부터 할머니께서 가꾸셨던 군자란도 있어요.
그런데 요즘엔 작은 화분이 아주 많이 생겼어요
그건 바로 바이올렛 화분이에요.

바이올렛 화분은 작년에 누나가 학교에서 키운다고
"쑥쑥화원"에서 산 것인데요.
지금은 집에 바이올렛 화분이 스무 개도 넘어요.
왜 그렇게 많아졌냐구요?
그게 아주 간단한데 신기했어요.

누나가 보라색 화분을 학교에 가져가기 전
어머니는 잎사귀 두 장을 줄기 채 '똑, 똑' 부러뜨리시더니
화분에 심으셨어요.
"엄마, 왜 잎사귀를 자르셔요?"
예찬이가 놀라서 물었지요.
"음 이렇게 심어놓으면 뿌리가 내리고 다시 자란다고 쑥쑥화원 아줌마가 그러셨어"

그런데 한 달쯤 지난 어느 날
어머니는 오래 화분 앞에 앉아계셨어요.
예찬이도 어머니 옆에 살그머니 앉았어요 .
그런데 '어! 이게 뭘까요?'
바이올렛 잎사귀 밑둥에 아주 작은 잎사귀들이 뾰족뾰족 솟아있었어요.
"와, 엄마 정말 싹이 났어요"
"그렇지? 이제 이게 자라면 언젠가 여기서도 꽃이 필거야"
"응, 이상해요, 엄마. 잎사귀에서 어떻게 싹이 나고 꽃이 펴요?"

"바이올렛은 원래 그렇대, 씨를 심기도 하지만 이렇게 줄기를 나누거나 포기를 나누어도 싹이 나고 퍼지게 된대.
"그럼 이 분홍꽃도 해봐요."
"그래, 네가 한번 해볼래? 잎사귀 하나를 골라서 줄기 밑동을 잘라, 이렇게"
"이제 어떻게 해요?"
"여기 화분에 심어두는 거야. 너무 얕거나 깊게 심지 말고, 줄기 끝을 흙에 꽂아"
"그래, 이제 물을 주고, 흙이 쓸려 내려가지 않게 잘 만져주면 돼"

그때 예찬이 눈이 동그래지고 좋은 생각이 떠올랐어요.
'내가 왜 그 생각을 못했을까? 맞아, 색연필도 심으면 작은 색연필이 돋아 날거야, 레고 블록은 어떨까? 작은 레고 블록이 점점 자라서 큰 블록이 되면 히히히—
잃어버렸을 때마다 찾지 않고 필요할 때 따서 쓰면 되겠네—, 와, 멋진데'
예찬이는 어머니께 화분을 두 개 더 얻어서, 색연필과 레고 블록도 정성껏 심고 물을 주었어요.

"예찬아, 너 뭐하니?"
"색연필이랑 레고도 심어요, 바이올렛처럼 싹이 나면 좋잖아요"
어머니는 눈이 둥그래졌다가 빙긋 웃으면서 지나가셨지만 예찬이는 보지 못했어요.
며칠 뒤 예찬이는 자기가 심은 화분들을 들여다보았지만
아무 일도 일어나지 않았어요.

"우와! 엄마, 제 화분에도 싹이 났어요"
드디어 예찬이 바이올렛에서도 싹이 돋았어요.
귀이개만한 잎사귀들이 올망졸망 모여 있었지요.

하지만 색연필화분과 레고 블록 화분에는 아직 싹이 돋지 않았어요.
"아휴, 색연필과 레고는 딱딱해서 싹이 돋는 데 시간이 걸리나봐요"
"그래? 그럴까?" 어머니는 그저 그렇게 말씀하시고 빙긋 웃으셨어요.

다음 날도 또 다음 날도
예찬이는 열심히 색연필과 레고 화분을 들여다보았지만 아무 일도 일어나지 않았아요.

예찬이는 살그머니 색연필을 잡아당겨 보았어요.
색연필 꼭지는 물에 퉁퉁 불고 흙이 묻은 채 쑥 빠져나왔어요.

이번에는 바이올렛 잎사귀를 잡아당겨 보았어요.
바이올렛은 비록 어린 새싹이지만 꼼짝하지 않고 땅에 단단히 박혀있었어요.
어느새 옆에서 예찬이를 보고 계시던 어머니가 말씀하셨어요.
"예찬아, 뭐하니?"
"엄마, 바이올렛은 벌써 싹이 나서 자라는데, 색연필과 레고는 언제쯤 싹이 날까요?"
"예찬아, 색연필과 레고도 싹이 날까?"
"네, 흙에 심어놓았잖아요."
"여기 이 돌도 흙에 심으면 싹이 날까?
그럼 왜 사람들은 뭐든 다 땅에 심지 않을까?"
"음, 음, 그건—, 잘 모르겠어요"

"예찬아, 세상에는 생명이 있는 것도 있지만 생명이 없는 것도 있단다.
하나님께서 만드신 풀과 나무, 사람과 동물은 생명이 있단다.
생명이 있는 것은 태어나고 자라서 번성하고 늙고 죽어.
하나님께서 그렇게 만드셨단다.
그런데, 돌맹이나 쇠붙이 같은 것은 생명이 없단다.
자라지도, 늙지도 죽지도 않지
하나님께서 그렇게 만드신 거야.

예찬이는 이제 알았어요.
생명이 있는 것은 자라고 번성하지만 생명이 없는 것은 그렇지 않다는 것을.
풀이 자라고 많아지는 것은 생명이 있기 때문이에요.
생명이 있는 것이 번성하는 것은 아주 신기한 일이지만 하나님께는 쉬운 일이에요.
하나님이 그렇게 하셨기 때문이에요.

활동3. 생명 있는 것, 생명 없는 것

목 표 : 하나님이 만드신 식물에는 생명이 있음을 안다.

준비물 : 풀꽃 화분, 조화 화분(생화와 조화가 같은 종류의 꽃이면 더욱 좋다), 사과, 모형사과, 칼

방 법 :

① 두 개의 화분을 보며 이야기를 나눈다.

- 두 개의 화분은 무엇이 다르니?
- 꽃 색깔, 잎 모양 등 눈에 보이는 것 말고 다른 것이 또 있니?
- 이건(생화) 하나님이 만드신 것이고, 이건(조화) 사람이 만든 것이란다.
- 시간이 지나면 하나님이 만드신 꽃은 어떻게 될까? 조화는 어떻게 될까?
- 무엇 때문에 이렇게 다를까?
- 하나님이 만드신 꽃에는 조화에는 없는 것이 있는데 그게 뭘까?
- 사람은 진짜 꽃과 똑같이 조화를 만들 수는 있지만 딱 한 가지는 만들 수 없단다.
- 그게 무엇일까? "생명이요."

② 사과와 모형사과를 보며 이야기를 나눈다.

- 이 사과와 저 사과는 무엇이 같을까 무엇이 다를까?

  "이건 진짜 먹을 수 있는 사과이고 이건 가짜 사과예요. 먹을 수 없어요."
- 칼로 한번 잘라보자. 진짜 사과 속에는 생명이 보인단다.
- 사과 속 어디에 생명이 숨어 있는 걸까?

  "씨예요", "씨를 심으면 사과가 열려요."
- 가짜 사과를 잘라보자. 가짜 사과에는 생명이 있니?

  (모형과일은 대부분 스티로폼 위에 색칠을 한 것이다.)

시 감상

아침 이슬

임희옥

이른 아침
할아버지 따라 나선
논두렁 풀섶에서
유리처럼 반짝이는 구슬을 보았다.

주머니에 넣어가
엄마한테 드리려는데

손에 쥐면 부숴지고
호오 불면 사라져서
가만히
보기만 했다.

풀잎은 아침마다
유리알을 만든다.

활동4. 오래 지나도 생명이 있을까요?

목 표 : 씨앗 속에는 생명이 숨어 있다는 것을 안다.

준비물 : 씨앗(전년도에 유아들과 함께 받아놓은 씨가 있다면 더욱 좋다), 씨 심을 도구

방 법 :

① 준비한 씨앗을 보여주며 이야기를 나눈다.

- 이것은 무슨 씨앗일까?
- 언제 받아 둔 씨앗이지? (혹 교사가 준비한 것이라면 씨 수확한 때를 알려준다.)
- 작년 가을에 받아두었으니까 벌써 6개월이나 지났네. 굉장히 오래 되었구나.
- 채소와 과일은 오래 지나면 어떻게 되니? 그럼 이 씨는 괜찮을까?
- 그동안 혹시 이 씨앗을 돌봐준 사람 있니? 아무도 없구나.
- 우리는 며칠 밥을 먹지 않으면 배가 고픈데 이 씨앗은 먹을 것도 주지 않고 돌봐준 사람도 없이 이렇게 종이에 싸서 서랍 속에 넣어두었는데 어쩌지?
- 이 씨는 죽었을까? 살았을까? 왜 그렇게 생각하니?
- 어떻게 하면 이 씨앗이 죽었는지 살았는지 알 수 있을까? 땅 속에 심어보자.

② 싹이 나오는 순간을 보기 위해 샬레에서 키운다.

③ 씨앗이 싹이 터서 눈으로 확인할 수 있을 때 다시 한번 이야기를 한다.

"씨앗이 살았어요!", "생명이 있어요!"

- 어떻게 그렇게 오랫동안 살아있을 수 있었을까?
- 누가 이 씨에게 생명을 주시고 죽지 않도록 돌보아 주셨을까?

"하나님이 지켜주셨어요."

활동5. 잘라도 생명이 있을까요?

목 표 : 씨앗이 아닌 부분으로도 생명이 번성된다는 것을 안다.

준비물 : 당근, 무, 양파, 칼, 샬레, 배양기, 바이올렛, 바이올렛을 심을 화분

방 법 :

① 당근을 보여주며 이야기를 나눈다.

- 이 당근은 살아있을까? 죽었을까? 생명이 있을까? 없을까?

  "살았어요", "죽은 것 같아요, 오래 됐으니까요"

② 당근을 유아들이 보는 앞에서 반으로 자른 후 같은 질문을 한다.

- 당근은 살아있을까? 죽었을까? 생명이 있을까? 없을까?

  "죽었어요", "선생님이 잘랐잖아요"

- 한번 만져보자.

  "살아있는 거 같아요. 여기가(자란 단면) 부드러워요."

- 이 당근이 살아있는지를 알아보려면 어떻게 하면 좋을까?

③ 당근을 샬레에 키워본다.

④ 무, 양파, 감자, 고구마 등도 위와 동일하게 활동을 진행한다.

⑤ 바이올렛은 잎으로도 번성한다.

- 바이올렛 잎을 한 장 따서 흙에 심는다.
- 자라며 바이올렛 잎이 많아진다.
- 또 잎을 따서 다른 화분에 옮겨 심는다.

참 고 : 이 과정은 여러 달의 시간이 필요하다. 관심을 놓치지 않는다면 생명이 번성하는 것을 직접 볼 수 있는 좋은 교육의 기회가 된다.

활동6. 풀은 이런 곳에서도 자라요

목 표 : 풀은 강한 생명력을 갖고 있다는 것을 안다.

준비물 : 여러 모양의 액자틀(가운데를 여러 모양으로 뚫어 원하는 풀을 집중해서 볼 수 있게 만든 우드락 액자, 액자 크기는 A4 정도), 디지털카메라

방 법 :

① 교사는 미리 주변을 둘러보며 척박한 곳에서 풀이 자라는 곳을 알아둔다.

② 풀을 관찰하러 나가기 전에 풀 한 포기와 돌을 가지고 다음과 같은 이야기를 나눈다.

- 돌과 풀을 한번 만져보자.
- 이 돌과 이 풀은 어느 것이 더 강할까?
- 여린 풀이 단단한 돌을 뚫고 나와 자랄 수 있을까?
- 풀이 아스팔트 틈에서는 자랄 수 있을까?

③ 액자틀을 가지고 밖으로 나간다. 액자틀을 이용해서 풀을 찾아본다.

④ 예상치 못하는 곳에서도 풀이 자라고 있음을 관찰하고 사진을 찍어둔다.
(아스팔트 갈라진 곳, 돌 틈, 인도와 차도 사이, 담장….)
유아들은 풀이 아주 다양한 곳에서 자라고 있다는 것을 알게 된다.

⑤ 풀의 강한 생명력에 대해 이야기를 나눈다.

- 여린 새싹이 어떻게 아스팔트 틈, 돌 틈을 뚫고 나왔을까?
- 담장 사이에서 자라는 풀은 어떻게 뿌리를 내릴 수 있었을까?
- 언 땅을 들고 빼꼼히 새싹이 나올 수 있었던 힘은 무엇일까?
- 풀보다 돌이 더 단단한데 돌을 이길 수 있는 힘은 무엇일까? "생명이요"

시 감상

봄

임희옥

꼼지락 꼼지락
지렁이 체조에
흙이 기지개를 켜고

꽃 뿌리 큰 숨을 쉬고 나면
봄이 들판에서
달음박질한다.

봄이 와서
좋은 건
꽃과 풀 뿐일까.

활동7. 생명의 힘은 놀라워요

목 표 : 풀은 강한 생명력을 갖고 있다는 것을 안다.

준비물 : 샬레, 솜, 강낭콩

방 법 :

① 새싹의 힘을 알아볼 수 있는 실험을 한다.

- 샬레에 솜을 깔고 물을 적신다.
- 강낭콩을 샬레 가득 넣고 솜에 살짝 묻어둔다.
- 샬레 뚜껑을 덮고 양지에 놓아둔다.
- 강낭콩에 싹이 나면서 샬레 뚜껑이 들린다.

② 유아들과 이야기를 나눈다.

- 샬레 뚜껑을 누가 들어 올렸니?

활동8. 씨앗은 어떻게 자랄까요?

목 표 : 씨앗을 관찰하고 어떻게 자랄지 예측하여 표현해 본다.

준비물 : 몇 종류의 씨앗, 그림 그릴 도구

방 법 :

① 씨앗을 탐색하고 관찰한 후 이야기를 나눈다.

- 이 씨를 심으면 어떻게 될까?
- 이 씨는 어떻게 자랄 것 같니?

"이 씨는 작으니까 키도 작을 것 같아요"

"이 씨는 조그만 노란 꽃이 필 것 같아요"

② 씨앗이 어떻게 자랄지 예측하여 그림을 그려본다.

- 실제 씨앗을 활동지에 붙인다.
- 씨앗이 클 경우 그림을 그릴 때 씨앗이 떨어지거나 그림에 방해가 되므로 씨앗 붙일 위치를 표시해 두고 그림을 다 그린 후 씨앗을 붙인다.
- 씨앗에서부터 줄기를 연결해서 예측한 것을 그린다.
- 뿌리도 예측해서 그려본다.

③ 그림을 그린 후 풀씨의 이름을 알려주고 실제로 어떻게 자라는지를 사진으로 보여준다. 예측하여 유아들이 그린 것과 실제 사진을 비교하여 본다.

④ 실제로 씨앗을 심어서 키워본다.

관련활동 : 씨앗으로 여러 가지 활동을 해요.

① 밑그림을 그리고 씨앗을 붙여서 조형활동을 한다.

② 씨앗을 비커에 분류해 본다. 모양별, 색깔별, 표면상태별, ⋯.

③ 확대경으로 씨앗을 보며 특징대로 그려본다.

"햇빛도 있고 비도 와야 해요"

"큰 씨에는 큰 꽃, 작은 씨에는 작은 꽃"

"뿌리가 자라고... 콩도 달려요. 콩 하나를 위에 붙여야 돼요"

씨앗을 붙이고 빵 돌아 선을 그었다. 무엇인지 묻자, "흙!" 오른쪽 옆엔 나비

교사를 위한 Tip

풀의 한살이

풀의 한살이를 이야기할 때 유아의 수준에 맞게 꽃의 구조를 알려주는 것이 좋습니다. 꽃 속에는 암술과 수술이 있는데 수술의 꽃가루가 암술머리에 묻어 암술대를 타고 씨방에 안착하는 시점부터 씨앗이 맺힙니다. 열매는 씨방이 자란 것으로 씨를 포함하지요. 우리가 딸기나 토마토 등 과일을 먹을 때 버리게 되는 과일 꼭지는 꽃받침이었으며 먹는 부분은 씨방이 자란 열매랍니다. 꽃가루받이를 하지 않으면 열매와 씨를 맺지 못합니다. 창조세계가 생육하고 번성하기 위해 꽃과 벌, 나비가 서로 도우며 지내도록 하신 하나님의 섭리입니다.
모든 생명이 죽음을 맞이하듯이 풀 한 포기의 생명도 씨를 맺는 것으로 죽음을 맞습니다. 그러나 수많은 씨를 맺어 널리 퍼뜨리며 더 많은 생명으로 태어납니다. 또한 풀은 죽은 후 부엽토가 되어 흙을 비옥하게 하여 다른 생명을 돕습니다. 죽음이 끝이 아니며 생명의 연장임을 알려줍니다. 하나님의 계획은 죽음도 아름답습니다.

활동9. 풀이 날마다 달라져요

목 표 : 풀이 성장하는 모습을 날마다 관찰한다.

준비물 : 풀의 한살이를 소개한 책, 디지털카메라, 나무젓가락과 색끈

방 법 :

① 풀의 한살이를 소개한 책의 사진을 보며 이야기를 나눈다.

• 풀의 한살이 : 씨앗 → 싹 → 잎과 줄기 → 꽃 → 열매 → 새로운 씨앗

이때 꽃의 구조를 알려주는 것은 씨를 어떻게 맺는지를 아는 중요한 지식이다.

② 풀의 한살이를 관찰할 풀을 정해 본다. 이때 꽃과 씨의 변화가 뚜렷한 민들레와 같은 풀을 선택하는 것이 좋다.

③ 풀 둘레를 나무젓가락과 색끈을 이용해서 작은 울타리를 쳐둔다.

④ 2~3일에 한 번씩 풀을 관찰하며 사진을 찍어둔다.

⑤ 사진을 출력하여 날짜와 함께 게시해 둔다.

⑥ 특징적인 변화가 일어날 때마다 유아들과 이야기를 나눈다.

- 전에 찍은 사진과 비교해 보자. 무엇이 달라졌니?
- 줄기 끝에서 올라오는 건 뭘까?
- 꽃이 시들어가네. 이제 꽃이 있던 자리에 무엇이 생기는지 잘 관찰해 보자.
- 시들어 떨어진 꽃잎은 어떻게 될까?

⑦ 활동이 끝난 후 나무젓가락과 색끈을 회수한다.

⑧ 실내에서 키우는 식물로 관찰해도 좋다. 이때는 식물 앞쪽에 아크릴 판을 세우고 식물이 변하는 모습을 계속 같은 위치에서 아크릴판에 직접 따라 그려본다.

『꽃씨』(이태선 시)를 함께 감상해 보세요.

활동10. 똑같은 씨가 얼마나 많아질까요?

목 표 : 하나의 씨가 번성하여 무수히 많아진다는 것을 안다.

준비물 : 강낭콩이 자라는 과정 사진, 강낭콩, 화분

방 법 :

① 강낭콩이 자라는 과정을 찍은 사진을 보며 이야기를 나눈다.

② 강낭콩을 보며 이야기를 나눈다.

- 이 콩을 심으면 어떻게 될까?
- 이 콩을 심어서 자라면 콩이 열릴까? 콩이 몇 개나 열릴 것 같니?
- 콩이 열리면 처음 심은 콩과 닮았을까?
- 이 콩이 자라서 똑같이 닮은 콩이 생긴다면 이 콩을 아빠 콩이라고 부르면 어떨까?
- 나중에 닮은 콩이 나오면 뭐라고 부를까? 그래, 아들 콩이라고 부르자.

③ 나중에 수확한 콩이 화분에 심은 콩과 똑같이 닮았는지 비교해 보기 위해서 콩 몇 개는 남겨둔다. 유아들과 의논하여 아빠 콩 보관장소를 정하고 잘 보관한다.

④ 화분에 콩을 심는다. 싹이 나와 어느 정도 자라면 하나만 남기고 나머지는 솎아낸다.

⑤ 당번을 정하여 콩을 잘 키우며 자라는 것을 관찰한다.

⑥ 꼬투리가 영글면 화분별로 콩을 수확하며 콩 개수를 적어둔다.

⑦ 보관해 둔 콩과 수확한 콩을 비교해 본다.

- 이 콩은 보관해 둔 콩과 닮았나 한번 보자. 어떠니?

  "닮았어요.", "아빠 콩하고 아들 콩하고 똑같아요", "아빠하고 나하고 닮았는데"

- 아들 콩을 다시 심으면 또 똑같이 닮은 콩이 나올까?

  "네", "그럼 손자 콩이에요."

⑧ 수확한 콩을 심어서 또 다시 번성하는 것을 보는 경험은 매우 중요하다.

활동11. 풀지도를 만들어요

목 표 : 주변에서 같은 종류의 풀이 자라는 곳을 찾아 풀지도를 만든다.

준비물 : 유아교육기관 주변 지도, 색깔 스티커

방 법 :

① 교사가 미리 주변의 지도를 4절 크기로 작성한다.

- 큰 돌, 나무, 길 등 지형지물을 세밀히 표시해 둔다.
- 주변에서 자라는 풀 중에서 분포가 넓은 풀이 무엇인지 조사해 둔다.

② 지도를 보며 유아들과 이야기를 나눈다.

- 이 그림은 어디를 그린 것일까? 여기 집이 있고 놀이터가 있고 ...
- 지도에서 이 곳은 어디일까?

③ 풀지도를 만드는 방법에 대해 유아들과 의논한다.

- 어느 곳에서 어떤 풀이 자라는지 우리가 조사를 하려고 해.
- 앞 풀밭에서 민들레 본 사람 있니? 어디에서 보았니? 지도에서 가리켜볼까?
- 풀이 있는 곳을 지도에 어떻게 표시를 하면 좋을까? (종류별로 다른 색깔 스티커)
- 그래, 풀 종류별로 다른 색의 스티커를 붙여보자.

예 민들레 – 노란색 스티커, 토끼풀 – 흰색 스티커, 괭이밥 – 초록색 스티커...

④ 지도를 보며 유아들과 각 지점을 얘기해 보고 밖으로 나가 지도에 표시한 곳을 찾아본다.

- 지도에서 여기는 어디일까? 한번 가서 서보자.

⑤ 한 종류의 풀이 많은 곳을 찾아보고 스티커를 붙인다.

⑥ 스티커를 정하지 않은 종류의 풀이 있으면 교사가 풀 이름을 써두거나 그림을 그린다.

⑦ 지도를 정리한 후 지도를 보며 이야기를 나눈다.

- 언제나 똑같은 풀이 그 자리에서 자랄까?

활동12. 자연 보물을 찾아요

목 표 : 유아교육기관에서 먼 곳에도 같은 종류의 풀이 있는지 알아본다.

준비물 : 활동지, 펜, 식물도감

방 법 :

① 유아교육기관에서 흔히 볼 수 있는 풀이 어느 만큼 멀리까지 퍼져 있는지 살펴보기 위해 소풍이나 견학을 갈 때 활용하기 좋은 활동이다.

② 유아교육기관 근처에서 흔히 보는 풀에 대해 이야기한다.

- 이 풀이 우리가 소풍갈 곳에서도 자라고 있을까?

③ 유아들이 확인하고 싶어 하는 몇 가지 풀로 활동지를 만든다.

④ 소풍가서 활동지에 있는 풀을 찾아보고 발견하면 표시를 한다.

⑤ 다음 날 풀이 얼마나 멀리까지 퍼져 있는지에 대해 이야기를 나눈다.

- 소풍간 곳에도 민들레가 있었니? 괭이밥은?
- 어떻게 그렇게 먼 곳에도 똑같은 풀이 자라고 있을까?

⑥ 식물도감에서 풀이 어느 곳에서 자라고 있는지 찾아서 이야기해 준다.

- 이 풀은 우리나라 산과 들 어디에서나 자란대.
- 바다 건너 섬에서도 자란다는데 어떻게 바다를 건너 그 풀이 갈 수 있었을까?

『민들레 꽃씨』(최정심 시)를 함께 감상해 보세요.

보 물 찾 기

민들레	질경이	냉이

활동13. 씨앗이 멀리멀리 퍼져요

목 표 : 씨가 퍼지는 경이로운 방법에는 하나님의 지혜가 숨어 있다는 것을 안다.

준비물 : DVD 「놀라운 하나님의 창조」 중 '신비의 땅 지구' (기독교 TV영상사업단에서 구입) 「식물의 사생활」 중 '소리없는 여행자' (KBS영상사업단－이 비디오에는 씨앗이 이동하는 과정과 3개월간의 식물의 성장과정을 빠르게 보여주는 장면이 나온다)

방 법 :

① 교사는 미리 비디오를 보며 유아들과 보아야 할 부분을 정한다.

② 비디오를 본 후 이야기를 나눈다.

- 어떤 장면이 가장 많이 생각나니?
- 어떤 씨들을 보았니?
- 콩은 어떻게 퍼졌니? 얼마나 멀리 씨가 갔니?
- 민들레는 어떻게 퍼졌니?
- 바다를 건너는 씨도 보았니?
- 식물이 자라고 움직이는 것을 보며 어떤 생각이 들었니?

③ 씨앗이 퍼지는 다양한 방법과 아울러 하나님께서 씨로 온 땅에 번성하라고 하신 이야기를 들려준다.

○ 『씨앗들이 모여서』(문삼석 시)를 함께 감상해 보세요.

활동14. 멀리 멀리 퍼져라

목 표 : 풀이 자라고 번성한다는 것을 알고 기쁨으로 표현한다.

준비물 : 노래자료, 씨앗

방 법 :

① 씨앗을 심기로 한 날 노래를 배운다.

② 그 날 심을 씨앗을 가지고 이야기를 나눈다.

- 이 씨앗이 어떻게 되었으면 좋겠니?

③ 노랫말을 이야기해 준다.

④ 노래를 배워 불러본다.

멀리 멀리 퍼져라

서광일

풀 주제를 진행하며

기독교 교육은 함부로 혹은 대충 수업하면 안 된다는 부담을 많이 갖고 활동을 시작했다.
어린이집 주변의 풀꽃에서부터 시작해서 풀꽃의 이름, 풀꽃의 생김새, 또 풀꽃을 통해 하나님을 찬양한다는 것을 만 4세 아이들에게 어떻게 전해야 할까? 고민도 많이 되었지만 활동을 전개해나가면서 눈에 잘 띄지 않아서 지나쳤던 풀꽃을 자세히 관찰하고 탐색하면서 아이들은 물론이고 교사인 나 또한 하나님을 찬양하는 계기가 되었다.
어린이집 주변의 텃밭, 뒷산, 길가 등의 장소에서 풀꽃을 접할 수 있는 기회가 많아서 활동을 전개해 나가면 나갈수록 재미있었다. 풀꽃에 관련된 노래도 많았고 풀꽃의 종류도 다양했으며 풀꽃을 이용한 활동거리도 많고 직접 경험의 기회 또한 많아서 아이들이 참 재미있어했다.
특히 용지공원에서 '자연 보물찾기(풀을 찾아보는 활동)를 통해서 자세히 관찰해야만 찾을 수 있는 자연물 보물 9개를 찾으면서 작은 것 하나하나에도 이름과 의미를 주신 하나님께 감사했고 수많은 풀과 생물을 주신 하나님께 감사하는 기도를 드리자는 말을 아이들의 입을 통해서 듣게 되었을 때 정말 뿌듯했고 정말로 행복했다. 파송 받고 국내외로 나가는 사람만이 선교사는 아니란 생각을 처음으로 하게 되었으며 복음의 씨앗을 심기 위해 파송 받은 어린이집 선교사란 생각 또한 하게 되었다.

부산 YWCA 부설 어린이집 만 4세 반 교사

주제3 풀은 우리에게 기쁨을 준다

그가 가축을 위한 풀과 사람을 위한 채소를 자라게 하시며 땅에서 먹을 것이 나게 하셔서 사람의 마음을 기쁘게 하는 포도주와 사람의 얼굴을 윤택케 하는 기름과 사람의 마음을 힘있게 하는 양식을 주셨도다 (시편 104 : 14-15)

수많은 풀은 우리의 먹을거리입니다. 하나님께서 우리에게 먹으라고 주신 것입니다. 혀를 즐겁게 하는 색다른 맛과 코를 즐겁게 하는 향과 눈을 즐겁게 하는 아름다운 색깔, 건강을 지켜주는 각종 영양분을 지닌 수많은 종류의 풀을 먹을 수 있도록 하셨습니다.

창조의 섭리대로 풀을 먹고 자라는 소에게는 광우병이 없습니다. 조류 독감도 없습니다. 자연식품을 먹고 흙속에 어울려 자라는 아이들에게는 아토피 피부염이 없습니다. 현대인은 동물성 사료를 동물에게 먹여서 일어나는 인재를 겪고 있지만, 하나님의 섭리대로 풀을 먹고 자라는 만큼의 육축의 수량에는 욕심이 안 채워지나 봅니다.

풀은 많은 물건을 만들어내는 재료가 되어줍니다. 의복과 신발을 비롯한 장식물, 가구와 그릇 같은 도구들, 천을 색색으로 물들이는 자연염료들, 때로는 재미있는 놀잇감이 되기도 합니다. 플라스틱 놀잇감 때문에 아이들의 피부가 병이 나지만 그저 또 다른 약을 개발하느라 정신이 없습니다. 그리고 사람들은 풀을 이용하여 아름다운 연주를 할 수 있는 악기를 만들어내기도 합니다. 또한 시인들은 제각각의 풀들을 보며 시상을 떠올리기도 합니다. 시를 읽는 사람들은 풀로 인해 마음에 감동을 받습니다. 많은 풀은 노래로 불려집니다. 아름다운 것을 사랑하는 심성만은 다행히 사람이 하나님을 닮은 것입니다.

풀은 우리에게 기쁨을 주기도 합니다. 풋풋한 내음, 옷깃을 스치는 풀의 사각거리는 소리, 평안을 선사하는 풀들의 군무, 무엇보다 풀을 조심스레 그리고 신기하게 바라보며 감탄하고 여린 숨결로 '호' 불면 멀리 날아가는 민들레 씨앗을 우러러보는 유아들과 함께 하는 즐거움! 유아를 가르치는 교사가 아니면 누가 그 기쁨을 누릴 수 있겠습니까? 풀은 누구에게나 고맙고 소중한 좋은 교재이자 교구입니다. 지금 있는 바로 옆 풀밭으로 나가 보십시오. 풀로 인해 즐거움을 만끽하며 자연스레 하나님께 감사드리는 귀한 시간들이 될 것입니다.

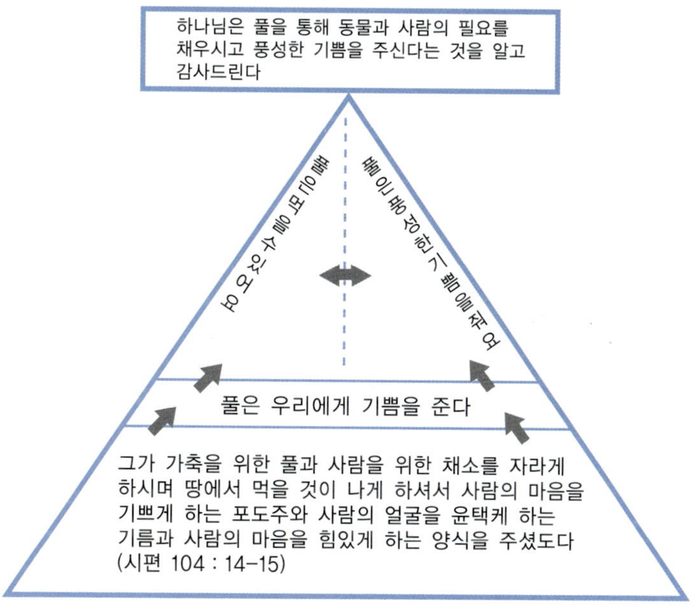

[그림 9] '풀' 주제3 활동 전개도

〈표 7〉 '풀' 주제3 활동목록

주제		활동명	활동분류
풀은 우리에게 기쁨을 준다.	어떤 풀은 먹을 수 있어요	먹을 수 있는 풀이 많아요	이야기 나누기
		풀은 여러 가지 맛이 있어요	조사
		풀밭에서 소꿉놀이를 해요	놀이
		먹을 수 있도록 잘 자랐어요	수확, 채취
		우리가 만든 음식이 맛있어요	요리
		호박고지를 만들어요	요리
		차향이 좋아요	요리
		약으로도 쓰여요	견학
	풀은 풍성한 기쁨을 줘요	풀꽃은 아름다운 색이 있어요	과학활동
		손톱에도 물이 들어요	작업
		풀로 만든 물건이 많아요	이야기 나누기
		풀을 가지고 노는 것은 즐거워요	놀이
		누른 풀꽃이 아름다워요	작업
		허브농장은 즐거워요	견학
		풀에게 고맙다고 전할래요	편지 쓰기
		풀잎, 풀꽃, 풀밭	노래

활동1. 먹을 수 있는 풀이 많아요

목 표 : 하나님이 우리에게 먹을 수 있는 풀을 많이 주셨다는 것을 알고 감사드린다.

준비물 : 식물도감, 풀 사진카드, 성경책

방 법 :

① 창세기 1장 29-30절을 읽어준 후 이야기를 나눈다.

- 하나님이 사람에게 무엇을 먹을거리로 주셨니?
- 동물에게 무엇을 먹을 것으로 주셨니?

② 유아들이 알고 있는 풀 카드를 한 장씩 보며 먹을 수 있는지 이야기해 본다.

- 이 풀은 무엇일까? "질경이요"
- 하나님께서 풀을 먹을거리로 주셨고 말씀대로 되었다고 성경에 있었는데 그럼 질경이는 먹을 수 있을까?
- 냉이는 먹을 수 있을까?

③ 식물도감에서 찾아 식용 여부를 알아본다. 대부분이 먹을 수 있다는 것을 알게 된다.

- 이 풀은 먹을 수 있는지 식물도감에서 한번 찾아보자.
- 식용! 먹을 수 있다는 뜻이야. 이 풀은 먹을 수 있구나.

④ 유아들이 모르고 있는 풀들도 먹을 수 있는지 알아본다.

⑤ 우리가 먹을 수 없는 풀 중에는 동물들이 아주 좋아하는 풀이 있음을 알려준다.

⑥ 우리에게 수많은 풀을 먹을 수 있도록 만들어주신 하나님께 감사드린다.

⑦ 교사가 준비한 창세기 1 : 29-30의 배경판 위에 유아들이 풀그림을 그려 게시한다.

활동2. 풀은 여러 가지 맛이 있어요

목　표 : 여러 가지 풀맛의 선호도를 조사한다.

준비물 : 풀맛 기록지, 스티커, 다양한 맛을 가진 풀들

방　법 :

① 풀밭에 나가서 먹을 수 있는 풀 몇 가지를 뜯어 깨끗이 씻는다.

② 풀을 조금씩 먹으며 그 맛을 음미하고 맛을 표현해 본다.

신맛이 강한 괭이밥, 독특한 향을 지닌 배초향, 쓴 익모초, 쌉싸름한 민들레 등 풀마다 맛이 다 다르다.

③ 익숙해지면 풀을 보지 않고 맛을 보기만 하면 무슨 풀인지 알 수 있다.

④ '풀맛 기록지' 를 게시한 후 좋아하는 풀맛을 스티커로 표시한다. 기록지에는 실제 풀을 붙이거나 그림, 사진 등을 붙인다.

♥♥♥♥♥♥♥	♥♥♥♥♥♥	♥	♥♥♥♥

괭이밥	냉이	익모초	질경이

내가 좋아하는 풀맛

활동3. 풀밭에서 소꿉놀이를 해요

목 표 : 풀을 재료삼아 소꿉놀이를 하며 즐거움을 누린다.

준비물 : 소꿉놀이 도구

방 법 :

① 실내에서 하던 소꿉놀이 도구를 풀밭으로 옮긴다. 또는 물, 모래놀이에서 쓰던 도구들을 풀밭으로 옮겨 놀이를 한다.

② 풀로 여러 가지 먹을거리를 만드는 놀이를 한다.

③ 돌로 풀을 찧기도 하고 자르기도 하며 자연과 어우러져서 놀이를 한다.

④ 유아들이 풀밭에서의 놀이가 익숙해지면 자유선택 활동을 풀밭에서 해도 좋다. 도서 및 작업 영역 등 옮기기 가능한 영역을 풀밭으로 옮겨 소꿉놀이와 병행한다.

교사를 위한 Tip

주제2를 통하여 유아들은 풀에는 생명이 있다는 것을 안다. 주제3에서 풀을 먹고 풀로 놀이를 하는 유아들은 생명을 해친다는 불편한 마음을 갖게 되는 경우가 있다. 하나님은 우리가 풀을 사랑하며 풀을 통해 마음껏 기쁨을 누리기를 원하신다. 그래서 마음껏 누릴 수 있는 수많은 풀을 주셨고 씨 하나를 통해 수백, 수천, 수만 개의 씨가 번성하여 또 다시 퍼뜨리도록 풀을 창조하셨다. 풀로 인해 다양한 기쁨을 누리고 삶을 윤택하게 하는 것이 하나님을 기쁘시게 하는 것이며 창조질서에도 맞는 것이다

그러나 욕심이나 힘에 의해 풀을 상하게 하는 것은 좋은 것이 아니다. 유아들이 이를 알고 감사와 사랑의 마음으로 풀을 누리도록 도와야 한다.

활동4. 먹을 수 있도록 잘 자랐어요

목 표 : 직접 키운 것을 수확하는 기쁨을 갖고 하나님께 감사드린다.

준비물 : 모종삽, 수확한 것을 담을 용기

방 법 :

① 유아들이 심었던 식물들을 수확한다.

- 처음엔 어땠었지?
- 어떻게 이렇게 잘 자랄 수 있었을까?

② 풀밭에서 먹을 것을 직접 채취하기도 한다.

- 풀밭에 오니까 먹을 것이 너무 많구나. 쑥, 돌나물, 배초향....
- 어떻게 이렇게 잘 자랄 수 있었을까?
- 누가 우리에게 이렇게 먹을 것을 주셨을까?

③ 자라게 하신 하나님께 감사드린다.

④ 그날의 요리에 따라 풀을 캐본다. 잎만 뜯어야 하는 것, 줄기를 함께 먹는 것 등 풀에 따라, 요리에 따라 채취할 부분이 다르므로 채취하는 방법을 알려준다.

활동5. 우리가 만든 음식이 맛있어요

목 표 : 직접 수확하거나 채취한 식물로 요리하여 먹는 즐거움을 느낀다.

준비물 : 수확하거나 채취한 식물

방 법 :

① 수확하거나 채취한 식물을 깨끗이 씻어서 먹을 수 있도록 손질한다.

② 유아들이 손쉽게 할 수 있는 요리를 직접 해본다.

- 여러 가지 잎 또는 꽃으로 전 부치기
- 돌나물을 먹기 좋은 크기로 잘라 소스를 끼얹어 무치기
- 쑥을 먹기 좋은 크기로 뜯어서 날콩가루에 묻혀 된장 푼 장국에 넣어 쑥국 끓이기
- 콩을 까서 깨끗이 씻어 콩밥하기
- 여러 가지 나물을 깨끗이 씻어 밥 위에 그대로 올려 비빔밥 하기
- 감자 등을 쪄먹기, 볶아먹기…

③ 유아들이 요리한 음식을 먹으며 즐거움을 나눈다.

④ 요리한 음식을 다른 사람들과 나누어 먹는 기회를 갖는다.

⑤ 유아들이 요리할 때마다 활동지를 정리해 둔다.

⑥ 활동지를 묶어 요리책을 만든다.

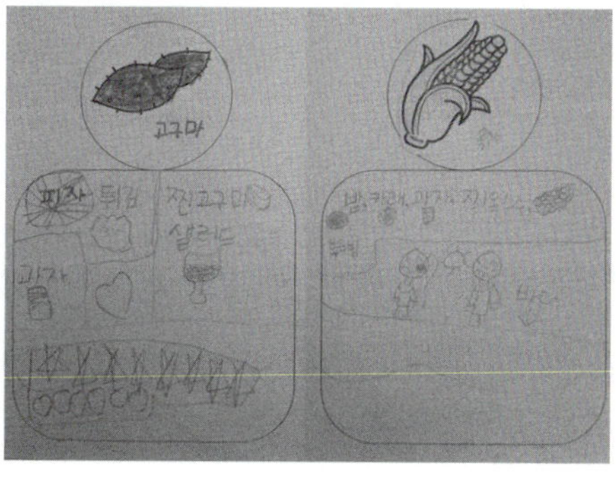

활동6. 호박고지를 만들어요

목 표 : 먹을거리를 오래 두고 먹을 수 있는 지혜로운 방법을 안다.

준비물 : 고구마, 호박, 빵칼, 채반, 여러 가지 저장식품과 건조식품

방 법 :

① 수확한 먹을거리들을 오래 두고 먹을 수 있는 방법에 대해 이야기 나눈다.

- 철이네 집에서 호박씨를 심었는데 잘 자라서 호박을 아주 많이 따게 되었대. 그래서 이웃집과도 나누어 먹었단다. 그래도 호박은 많이 남았고 추운 겨울에 호박찌개를 해 먹고 싶은데 어떻게 보관해 두면 좋을지 고민이래. 어떻게 하면 좋겠니?
  "냉장고에 둬요.", "그런데 우리 엄마는 냉장고에 둔 호박이 썩었다고 버려요."
- 다른 방법은 없을까?
- (호박, 무우 말린 것을 보이며) 이건 뭘까?
- 호박을 오래 두고 먹으려고 썰어서 바람이 잘 통하는 곳에서 말려 놓은 거란다.
- 이렇게 말려두면 추운 겨울에도 먹을 수 있단다.

② 호박, 가지 등을 저장식품으로 만들어본다.

- 호박, 가지 등은 깨끗이 씻어 빵칼로 적당한 두께로 썬다.
- 채반에 널어두고 바람이 잘 통하는 곳에서 말린다. 바람이 통하지 않으면 썩는다.
- 어느 정도 마르면 실에 꿰거나 양파망에 넣어 통풍이 잘 되는 곳에 걸어둔다.
- 찌개나 나물로 요리해서 먹는다.

③ 고구마를 저장식품으로 만든다

- 고구마는 쪄서 빵칼로 적당한 두께로 썬다.
- 채반에 널어두고 바람이 잘 통하는 곳에서 말린다.
- 고구마는 말린 상태에서 조리 없이 그대로 먹을 수 있다.

활동7. 차향이 좋아요

목 표 : 향기나는 풀로 만든 차를 마시며 즐거움을 느낀다.

준비물 : 산국화 사진, 국화차, 끓인 물, 예쁜 컵, 배경음악

방 법 :

① 국화차를 유아들에게 소개한다.

- 이건 우리가 마실 차인데 무엇으로 만든 걸까? 향기를 맡아보자.
- (산국화 사진을 보이며) 이 꽃으로 만든 차란다.
- 무슨 꽃일까? 산국화란다. 산국화 꽃을 따서 뜨거운 증기로 쪄서 말린 거야.
- 무슨 차라고 부를까?

② 컵에 적당량의 차를 넣은 후 뜨거운 물을 부어준다. 뜨거운 물을 주의시킨다.

- 뜨거운 물을 부으면 국화차가 어떻게 되는지 잘 보자.

"와! 꽃이 펴요"

③ 배경음악을 틀어놓고 여유롭게 차를 마신다.

- 향기가 나니? 맛은 어떠니?
- 기분은 어때?

"꼭 엄마가 된 것 같아요", "기분 좋아요"

④ 다른 날, 다른 차도 마셔본다.

- 『풀잎』(박성룡 시)을 함께 감상해 보세요.

참 고 : 차는 물에 넣었을 때 잎이나 꽃의 형태가 살아나는 것으로 선택한다. 국화차, 개나리꽃차, 매화차, 목련차, 아카시아차, 박하차 등의 차 종류가 좋다.

시 감상

국화차

임희옥

보세요
컵 속에
꽃이 피었어요

흐-음
국화향이 나네요

깊고 깊은 여름 안으로
가을꽃이
찾아왔어요

활동8. 약으로도 쓰여요

목 표 : 어떤 풀은 약으로도 쓰인다는 것을 안다.

준비물 : 한의원 견학 시 질문할 목록

방 법 :

① 가능한 한의원과 협력하여 활동을 한다. 미리 유아들이 가는 목적을 한의사 선생님께 알려드린다.

② 옛날에 병을 치료하던 방법에 대해 이야기를 나눈다.

- 병원이나 약국이 없었던 옛날에는 병이 생기면 어떻게 했을까?
- 아픈 곳을 낫게 하기 위해 여러 가지 식물을 사용했단다.
- 아플 때 엄마나 할머니가 이런 방법으로 약을 해 주신 적이 있니?
- 지금도 식물을 이용해서 병을 치료할까?
- 한의원에서는 식물로 많은 병을 고치고 있단다.

③ 한의원을 방문하기 전에 궁금한 것들을 이야기해 보고 질문목록을 만든다.

④ 의사선생님께 드릴 감사편지나 선물을 유아들과 함께 준비한다.

⑤ 한의원을 방문하여 궁금한 것을 여쭈어보고 병을 치료하는 데 사용하는 식물들을 살펴본다. 협조가 된다면 씹어서 맛을 보기도 한다.

"감기에 걸리면 어떻게 고쳐요?", "열이 나면 어떻게 해요?"

"풀을 먹으면 병이 고쳐진다는 걸 어떻게 알았어요?", "이건 어린이집 풀밭에도 있는데…"

⑥ 감사편지와 선물을 드리고 돌아온다.

활동9. 풀꽃은 아름다운 색이 있어요

목 표 : 풀꽃에서 나오는 색으로 여러 가지를 할 수 있다.

준비물 : 풀로 물들인 물건 혹은 사진 (한복, 전통문양 보자기), 여러 가지 풀꽃, 양파껍질, 종이, 펜, 헝겊

방 법 :

① 풀을 이용해서 물들인 물건들을 소개하며 이야기를 나눈다.

- 옛날에는 옷에 물들일 때 어떻게 했을까?
- 옛날에는 그림을 그릴 때 어떻게 색을 칠했을까?
- 식물에서 나오는 색을 이용해서 만든 것에는 어떤 것들이 있을까?

② 풀꽃을 따서 그림을 그린다.

- 색칠할 부분에 풀꽃을 놓고 돌로 살살 찧어서 색을 낸다.
- 절구로 찧어서 풀꽃 즙을 내서 칠하기도 한다.
- 주변에 애기똥풀이 있다면 가지를 꺾어서 직접 그림을 그릴 수도 있다.

(풀꽃의 색이 볼 때와 찧어서 칠했을 때 다른 경우가 있다. 교사는 미리 여러 풀꽃으로 실험한 후 활동에 임해야 한다.)

③ 헝겊에 물들이기를 해볼 수도 있다.

- 유아들과 함께 풀을 뜯어 믹서기로 간다.
- 풀즙을 끓인 후 흰 천을 넣고 함께 끓이면 풀물이 든다.
- 양파껍질을 모아서 끓여서 물을 들이면 노란색 물이 든다.
- 당근을 갈아서 즙을 이용해서도 물을 들일 수 있다.
- 포도껍질도 예쁜 보라색 물이 든다.
- 테이블보나 상보 등에 물을 들여 직접 교실에서 활용한다.

활동10 : 손톱에도 물이 들어요

목 표 : 풀의 예쁜 색으로 손톱에 물들이는 기쁨을 느낀다.

준비물 : 봉숭아 꽃과 잎, 명반, 절구, 비닐장갑, 실 또는 종이반창고, 애기똥풀

방 법 :

① 봉숭아 물을 들이기 전에 가정에 알리고 허락을 받는 것이 좋다.

② 유아들과 이야기를 나눈다.

- 꽃으로 우리 몸에 물을 들일 수 있을까?

③ 봉숭아 물을 들인다.

- 봉숭아 꽃과 잎 따기
- 절구에 넣고 찧기
- 명반 넣고 찧기
- 손톱에 올려놓은 후 비닐 씌우기(비닐장갑 손가락 부분만 자른 것)
- 실이나 종이테이프로 묶기 · 풀기

④ 애기똥풀로도 손톱에 물을 들인다.

- 애기똥풀 가지를 꺾어 나오는 노란 유액을 손톱에 바른다.
- 그대로 말리면 예쁘게 노란 물이 든다.
- 애기똥풀은 독성이 있으므로 입으로 대지 않도록 한다.

활동11. 풀로 만든 물건이 많아요

목 표 : 풀이 생활에 주는 유용함을 안다.

준비물 : 왕골가방, 바나나껍질 모자, 솜, 솜이불, 수수깡, 수수 빗자루, 조리, 바가지, 계란꾸러미, 짚, 짚신, 망태기, 새끼줄 등 풀로 만든 여러 가지 생활용품, 재료가 되는 풀의 사진

방 법 :

① 풀로 만들었던 생활용품들을 보며 이야기를 나눈다.

- 이건 무엇일까? 그래, 빗자루란다. 무엇으로 만들었을까? '수수'로 만들었어. 수수를 털고 나서 그 수숫대를 이용해서 빗자루를 만들었단다. 한번 쓸어보자.
- 이건 뭘까? 바가지란다. 무엇으로 만들었을까? 조롱박으로 만들었어. 박이 자라면 속을 긁어내고 삶아서 말린 거야. 어떨 때 쓸까?
- 이건 뭔지 아니? 벼가 다 익어서 쌀을 다 털고 남은 벼를 짚이라고 해. 한번 만져보자. 느낌이 어떠니? 이 줄도 짚으로 만든 거야. 새끼줄이라고 해. 짚을 꼬아서 만든 거지.
- 이건 새끼줄로 만든 공이야. 예전에는 이렇게 공을 만들어 놀았단다.
- 이건 무엇에 쓰는 물건일까? 그래 계란을 넣을 때 쓰는 거야. 지금은 이런 곳에 계란을 넣지만 예전에는 이렇게 짚으로 만들어서 계란을 넣었단다.

② 짚, 솜, 수수깡을 이용해서 조형활동을 한다.

③ 생활용품을 교실에서 사용해 본다.

- 바가지, 바구니, 빗자루, 망태기, ….

활동12. 풀을 가지고 노는 것은 즐거워요

목 표 : 풀이 우리에게 주는 다양한 기쁨을 누린다.

방 법 :

① 풀밭으로 나가 유아들과 풀을 이용한 놀이를 한다. 예를 들어 다음과 같다.

- 풀씨름 – 줄기가 억센 풀을 이용해서 서로 마주 걸고 잡아당기는 놀이이다.
- 냉이 딸랑이 – 냉이의 줄기에 난 줄기잎을 줄기에서 떨어지지 않을 만큼만 아래로 찢어서 두 손 바닥으로 잡고 앞뒤로 비비면 줄기 잎들이 서로 흔들리고 부딪히면서 소리를 낸다.
- 꽃반지 – 토끼풀, 제비꽃 이용
- 꽃핀 – 소나무 바늘잎(2개로 갈라져 있음)에 풀꽃 가운데 구멍을 끼워서 머리에 꽂는다.
- 강아지 부르기 – 강아지풀을 손바닥에 올려놓고 살짝 주먹을 쥐었다 놓았다 하면 강아지풀이 한 방향으로 움직인다.

② 그 밖에 풀을 이용한 새로운 놀이를 유아들이 발견해 보도록 한다.

(풀로 놀이를 하는 것은 자연과 친해지는 가장 좋은 방법이다. 계절별로 할 수 있는 풀놀이는 매우 다양하다. 계절과 주제와 관계없이 어느 때나 시행할 수 있도록 교사는 평소에 여러 가지 풀놀이를 알고 있어야 한다.)

『예뻐라』(노여심 시)를 함께 감상해 보세요.

시 감상

나는 풀이 좋아라

임희옥

나는 풀이 좋아라.

손끝에서 묻어나는
풀냄새가 좋아라.

들판 가득
초록빛이 좋아라.

눈 감으면 들리는
잎새 휘파람이 좋아라.

높새바람에
출렁이는
어깨동무가 좋아라.

활동13. 누른 풀꽃이 아름다워요

목 표 : 풀꽃을 통하여 아름다움을 느낀다.

준비물 : 압화 액자, 여러가지 사진 자료(꽃꽂이, 정원…), 압화, 핀셋, 투명 시트지, 색지

방 법 :

① 마음에 드는 풀꽃과 풀잎을 채집해서 두꺼운 책갈피 사이에 넣어 압화를 만들어 둔다.

② 풀을 이용해 장식해 놓은 액자나 사진 등을 감상한다.

- 어떤 느낌이 드니?
- 무엇으로 만든 걸까?

③ 유아들이 만들어 놓은 누른 풀꽃으로 여러 가지 작업을 한다.

- 풀꽃으로 어떤 모양을 만들지 한번 생각해 보자.
- 색지 위에 누른 풀꽃을 핀셋으로 집어 원하는 모양으로 올려놓자.

④ 편지지, 액자, 목걸이 등 여러 가지로 활용할 수 있다.

⑤ 압화 전시회에 가서 아름다운 작품을 감상하는 것은 유아들에게 좋은 경험이 된다.

교사를 위한 Tip

압화 만드는 법

풀꽃잎이 변색되지 않도록 잘 만들기 위해서는 전문적인 방법이 필요하지만 유아들이 손쉽게 하기 위해서는 전화번호부처럼 두껍고 수분의 흡수가 잘 되는 책 사이에 끼워서 무거운 물건으로 눌러 놓고 계속 끼운 위치를 바꿔주는 것이 좋다. 다리미를 저온으로 놓고 눌러서 수분을 제거하기도 한다. 일단 풀꽃잎이 마르면 밀폐용기에 흡습제 실리카겔과 함께 넣어둔다. 실리카겔은 여러 제품에 많이 들어 있으므로 잘 모아두었다가 사용한다. 실리카겔을 유아들이 먹지 않도록 주의시킨다.

활동14. 허브농장은 즐거워요

목 표 : 허브농장에서 만나는 많은 풀을 통해 다양하고 즐거운 경험을 한다.

방 법 :

① 유아들과 함께 허브농장에 견학을 간다.

② 허브농장 견학은 유아들에게 다양한 경험을 준다.

- 허브 향을 맡아본다.
- 허브 길을 맨발로 밟는다.
- 허브 꽃밥을 먹는다.
- 허브 차를 마신다.
- 허브의 다양한 용도를 알아본다.

③ 유아들이 원하는 허브를 구입하여 교실에서 함께 키운다.

④ 허브를 이용한 제품(비누, 로션 등)을 구입하여 유아들과 함께 사용한다.

⑤ 돌아온 후 그림으로 허브농장에서의 경험을 표상화한다.

(유아들은 자신들에게 이미 익숙한 향기와 맛을 허브에서 경험하고 매우 신기해 한다.

예 사과향 - 애플민트, 초콜릿향 - 헬리 오트로프, 레몬향 - 레몬타임 · 레몬밤, 파인애플향 - 파인애플세이지, 체리향 - 체리세이지, 박하향 - 라벤더)

교사를 위한 Tip

허브

허브의 어원은 라틴어의 '푸른 풀'을 의미하는 Herba에서 비롯되었다. 잎, 줄기, 뿌리,씨앗 등이 식용, 약용, 향료, 방향, 살균, 미용, 입욕제, 염료, 관상용 등으로 이용되는 식물의 총체를 말한다. 허브는 예로부터 인간과 밀접한 관계가 있으며 지금도 생활에 폭넓게 사용되고 있다. 허브농장은 유아들이 오감을 동원하여 매우 다양한 경험을 할 수 있는 장점이 있다.

활동15. 풀에게 고맙다고 전할래요

목 표 : 풀이 주는 유용함과 기쁨을 표현한다.

준비물 : 종이 또는 전지, 펜, 색연필

방 법 :

① 풀이 주는 유용함과 기쁨에 대해 이야기를 나눈다.

- 풀을 이용해서 어떤 것을 할 수 있었니?
- 풀을 보면 어떤 생각이 드니?
- 풀을 보면 왜 기쁘니?

② 풀에게 고마운 마음과 사랑을 전하는 편지 또는 그림편지를 쓴다.

③ 반 전체 유아들의 이름으로 편지를 한 장 작성해도 좋다.
이때는 유아들이 풀에게 하고 싶은 말을 교사가 정리하여 한 장의 편지로 만든다. 유아들에게 읽어준 후 전지에 기록하고 유아들이 같이 여백에 그림을 그린다.

④ 모두가 볼 수 있도록 게시한다.

⑤ 풀밭에 가지고 나가서 풀에게 직접 고마움을 표현한다. 또는 유아들의 편지를 읽어준다.

"풀아! 사랑해.", "고마워", "뽀뽀해 줄게"

예쁜 토끼풀처럼
맛있는 쑥처럼
고맙게 고맙게 자라나요
하나님 햇살 받으며
예수님 사랑 느끼며
쑥쑥 자라나요

샘물반 친구들

풀아 고마워
열매를 우리에게 주니까
꽃반지 꽃목걸이 만들게 해주니까
초록 풀밭을 만드신 하나님
따뜻한 하나님
고맙습니다

사랑반 친구들

활동16. 풀잎, 풀꽃, 풀밭

목 표 : 풀을 통해 느끼는 사랑과 기쁨을 표현한다.

준비물 : 풀밭에서 노는 유아 사진

방 법 :

① 유아 사진을 보며 이야기를 나눈다.

- 이 사진은 어떤 사진인지 아니?/풀밭에서 놀 때 기분이 어땠니?
- 이 풀꽃을 만났을 때 느낌이 어땠니? "풀밭에서 또 놀고 싶어요"

② 노랫말을 이야기해 준다.

③ 노래를 배워 부른다.

풀잎, 풀꽃, 풀밭

서광일

풀 주제를 진행하며

평소에 산에서 놀고 산책도 하며 텃밭에 돌 고르기, 잡초 뽑기, 씨앗 심기 등 가꾸는 활동을 통해 자연을 접할 수 있는 기회가 많아 '풀' 주제를 어렵지 않게 진행할 수 있었다.
주제를 전개하기 전에는 작은 들꽃이나 풀에는 관심이 없었으나 주제를 전개한 후 풀꽃의 이름에 관심을 가지고 생김새를 자세히 관찰하였다. 땅에 앉으라고 해도 옷이 더러워진다며 앉지 않던 아이들도 잔디밭과 자갈 위에서 맨발로 걸어다니고 뒹굴어 보기도 했다.

'풀을 이용해서 무엇을 할 수 있을까?' 라는 질문에 쉽게 답을 하지 못했던 유아들이 직접 풀을 이용해서 천에 염색도 해보고 녹차, 국화차를 마셔보고 풀을 이용한 놀이, 조형 활동 등을 통해서 풀이 우리에게 주는 고마움을 느낄 수 있었던 것 같다. 자연스럽게 '풀을 만들어주신 하나님께 감사해요' 라는 말이 나왔으며 하나님께서 만드시고 우리에게 가꾸라고 하셨다며 사랑하는 마음을 가지게 되었다.

유아들과 들꽃을 잘 가꾸기 위해 지켜야 할 약속을 정해 보았다. 그 약속을 정하던 중에 유아들이 '앞으로 꽃을 사랑해요' 라는 말을 했다. 활동 중에 '하나님' 에 관련된 직접적인 활동은 넣지 않았지만 활동을 하면서 활동 속에 하나님의 이야기를 들을 수 있었고 감사한 마음을 가질 수 있었다.

부산 YWCA 부설 어린이집 만 4세 반 교사

주제4 하나님의 창조질서에 감사드린다

산들과 모든 작은 산 과목과 모든 백향목이여... 청년 남자와 노인과 아이들아 다 여호와의 이름을 찬양할지어다 그 이름이 홀로 높으시며 그 영광이 천지에 뛰어나심이로다 (시편 148 : 9, 12–13)

숲 속에 들어가 보십시오. 큰 나무와 작은 나무, 큰 나무에 기대어 살아가는 풀, 큰 나무 아래 가지 틈새로 조금씩 보이는 햇살에 의지해 살아가는 풀, 풀은 그렇게 다른 창조물들과 관계를 맺음으로 살아갑니다. 작다고 무시하지도 않고 아름드리 팔을 가린다고 털어버리지도 않습니다. 같은 크기와 모양끼리만 맘 통한다고 모여 살지도 않습니다. 혼자 힘으로만 살아갈 수 없도록 창조하셨습니다. 흙, 공기, 물, 햇빛, 벌과 나비, 지렁이 등 많은 피조물들의 도움이 없다면 풀은 살 수가 없습니다. 하나님께서 풀을 통해 지상의 모든 피조물들은 서로 어울려 살아가야 한다고 말씀하시는 듯 합니다. 하나님께서 뭍을 드러나게 하시고 그 다음에 풀을 만드신 섭리가 아하! 하고 무릎을 치게 합니다.

하나님께서는 우리에게 이 모든 것을 맡기셨습니다. 번성하고 충만하게 되도록 정복하라 하셨습니다. 하나님께서 우리를 사랑하셔서 풀을 잘 다스리라고 하셨습니다. 풀을 통하여 얻는 유익과 기쁨, 하나님의 임재를 알게 되며 그 분의 솜씨를 찬양할 수 있으니까요. 그런데 인간의 이기심으로 풀은 죽어가고 있습니다. 경제의 논리 속에서 풀은 사람과 멀어지게 되었습니다. 이러한 삶이 초래하는 결과들을 보며 사람들은 회복하고 싶어합니다. 웰빙이나 참살이, 녹색혁명 등 여러 가지 이름으로 풀에 관심을 가집니다. 그러나 하나님을 모르는 사람들은 그저 좋은 풀을 더 많이 키워 더 많이 먹으려는 욕심으로 귀결됩니다. 하나님의 창조섭리를 알지 못한다면 또 다른 어려움을 초래할 뿐입니다. 하나님의 세상을 성경의 안목으로 보는 그 곳에서 사람을 평안하게 만드는 해결방법이 보일 것입니다.

너무나 작아서 꽃이라기보다는 점에 가까운 무수한 풀꽃들도 정갈하게 제 모양을 다하고 있고 그 속에 암술과 수술이 모두 다 제 자리에 있는 것을 보며 하나님의 오묘한 솜씨에 탄성이 나옵니다. 확대경을 통해서야 볼 수 있는 작은 풀씨 하나하나를 보며 생명의 질서를 주신 하나님께 절로 감사가 나옵니다. 수많은 풀이 제각각의 잎과 꽃으로 창조주 하나님을 선포하고 있습니다. 하나님께서는 고등식물과 하등식물로 분류하지 않으십니다. 아름드리나무와 풀 한 포기가 똑같이 귀하다고 말씀하고 계십니다. 그 하나님을 찬양합니다.

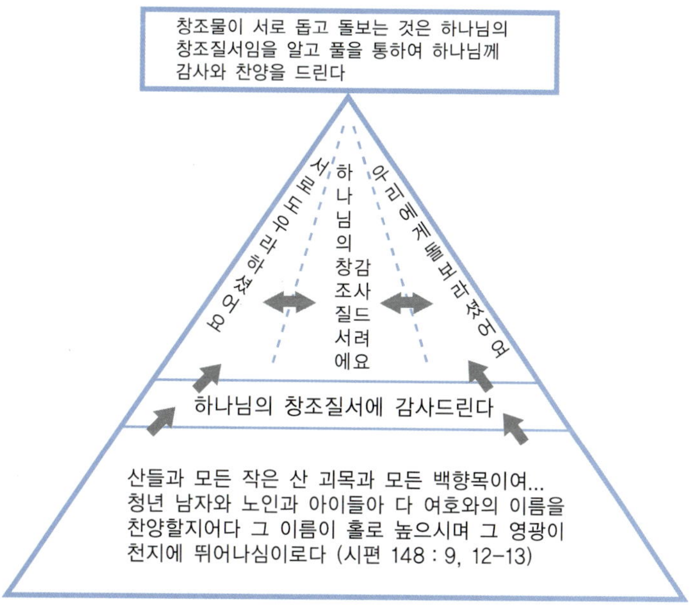

[그림 10] '풀' 주제4 활동 전개도

〈표 8〉 '풀' 주제4 활동목록

주제		활동명	활동분류
하나님의 창조 질서에 감사 드린다.	서로 도우라 셨어요.	초충도에는 많은 이야기가 있어요	감상
		풀과 벌레를 관찰해요	관찰
		서로 도와주며 살아요	이야기 나누기
		나의 초충도를 만들어요	작업
	우리에게 돌보라 셨어요.	우리에게 돌보라고 하셨어요	이야기 나누기
		채소를 가꾸는 사람들	견학
		작은 정원을 가꾸어요	실천
		풀밭을 돌봐요	약속 정하기
		풀 이름표를 달아주어요	작업
		우리에게 돌보라셨죠	노래
	하나님의 창조 질서에 감사 드려요.	내가 버린 씨앗	동화
		이 풀은 누가 키우나요?	이야기 나누기
		하나님이 하신 일을 둘러보아요	산책
		하나님이 하신 일을 표현해요	그리기
		누가 주나요	노래
		하나님이 하신 일에 감사드려요	연작시 짓기

활동1. 초충도에는 많은 이야기가 있어요

목 표 : 초충도를 감상하며 아름다움을 느낀다.

준비물 : 신사임당의 초충도 8폭 그림

방 법 :

① 초충도를 감상하며 이야기를 나눈다.

- 이 그림은 무엇을 그린 그림이니?
- 그림 속에 무슨 일이 일어나고 있는 것 같니?
- 이 그림은 어떤 이야기가 있는 그림일까?

② 초충도의 작가와 제목, 작품에 얽힌 일화를 소개한다.

- 신사임당이 그림을 그린 후 초충도를 말리려고 마당에 내놓자 살아있는 풀벌레로 알고 닭이 쪼아 먹으려고 해서 종이가 찢어질 뻔 했단다.

③ 그림을 감상한 후 초충도를 이용한 비디오(김해원, 신사임당의 초충도 ; 그림으로 엮은 풀벌레 이야기, 이미지 프레스, 2002)를 감상해도 좋다.

교사를 위한 Tip

초충도는 신사임당의 여덟폭 병풍인데 각 폭마다 각각 다른 풀과 벌레로 구성되어 있다. 1폭에는 가지와 방아깨비. 개미, 나방, 벌, 2폭에는 수박, 패랭이, 들쥐, 나비, 나방, 3폭에는 원추리, 개구리, 나비, 4폭에는 여뀌, 메꽃, 잠자리, 벌, 사마귀, 5폭에는 맨드라미, 산국화, 나비, 쇠똥벌레, 6폭에는 어숭이꽃, 도라지, 나비, 벌, 잠자리, 개구리, 메뚜기, 7폭에는 양귀비, 패랭이, 달개비, 도마뱀, 갑충, 8폭에는 오이, 강아지풀, 개구리, 땅강아지, 벌이 그려져 있다.

활동2. 풀과 벌레를 관찰해요

목 표 : 풀과 벌레가 함께 지내는 모습을 관찰한다.

준비물 : 사진기, 액자틀(A4 크기 정도의 우드락 가운데를 여러 모양으로 잘라 만든다), 휴대용 확대경

방 법 :

① 풀밭으로 나가 여러 가지 풀과 벌레를 찾아보고 여유 있게 관찰한다.

- 풀과 벌레가 함께 있는 것을 찾아보자
- 벌레는 어디에 있니?
- 벌레가 무얼 하고 있는 것 같니?
- 확대경으로 자세히 살펴보자

② 액자틀을 이용해서 풀과 벌레를 찾아보고 사진기로 찍어둔다

- 『풀잎』(한명순 시)을 함께 감상해 보세요.

교사를 위한 Tip

주제4는 주제2, 3과 다소 중복된다. 주제4의 일부는 하나님께서 창조물들을 다스리고 계시다는 내용을 다루고 있어 주제2와 중복되며, 일부는 하나님의 위임명령을 다루고 있어 주제3과 중복되는 면이 있다. 그런데 주제4를 따로 구성한 이유는 하나님, 인간, 자연 간의 관계를 집중적으로 살펴보기 위함이다.

시 감상

자장가

임희옥

손톱만한 조각달이
산모퉁이에서
살짜꿍 고개를 내밀어

풀벌레를 깨워
노래 부르라 한다.

선잠 든 아기 풀 깰까봐
나직나직 풀벌레 자장가를 부르고

조각달은 산자락에 머리를 기대었다.

활동3. 서로 도와주며 살아요

목 표 : 풀은 다른 피조물들과 서로 관계를 맺고 살아간다는 것을 안다.

준비물 : 나비, 벌 등 곤충과 꽃 사진, 흙속에 지렁이 사진, 민들레 씨가 날리는 사진, 도깨비바늘 씨를 털에 붙이고 가는 동물 사진

방 법 :

① 나비, 벌 등 곤충과 꽃 사진을 보며 이야기를 나눈다.
풀꽃과 곤충들은 서로 돕고 있다는 것을 발견하게 된다.

- 이 곤충은 무엇일까?
- 벌이 꽃 위에서 무얼 하고 있는 것 같니? 꽃이 벌에게 무엇을 주는 걸까?
- 벌은 꽃을 위해 무엇을 도와주는 걸까? 꽃은 벌과 나비가 없다면 어떻게 될까?

② 풀과 흙, 흙속의 지렁이들은 서로를 돕고 있다는 것을 이야기한다.

- 만약에 흙이 없다면 풀은 어떻게 될까?
- 풀도 흙을 도와줄 수 있을까?
- 흙속에 지렁이는 어떤 일을 하는걸까?

③ 풀씨가 퍼질 때도 바람이나 동물의 도움이 있어야 함을 이야기한다.

- 민들레씨가 땅에 떨어지려면 무엇이 필요할까?
  "바람이요", "우리가 '후' 불어줘도 돼요"
  바람이 불지 않는다면 민들레씨는 어떻게 될까?
- 도깨비바늘은 어떻게 씨를 퍼뜨릴까? 이 사진에서 도깨비바늘 씨를 찾아보자.
  동물이 씨를 옮겨주지 않는다면 도깨비바늘은 어떻게 될까?

- 바람이나 동물이 돕지 않는다면 씨는 밑으로 수북이 떨어져 온 세상에 퍼지지 못하지.

  하나님 말씀대로 풀이 온 세상에 번성할 수 있도록 바람과 동물들이 서로 돕는 거란다.

④ 그 밖에 풀이 자라는 것과 관련이 있는 것(햇빛, 공기, 비 등)들에 대해 이야기를 나눈다.

⑤ 서로에게 필요하고 잘 도우며 지내도록 풀과 곤충, 동물, 흙, 바람, 햇빛, 공기, 비 등을 조화롭게 창조하신 하나님의 놀라운 솜씨를 알고 감사드린다.

- 『흙』(김원석 시)을 함께 감상해 보세요.

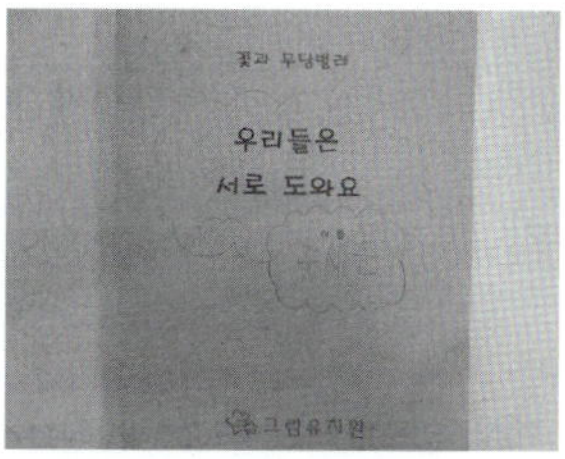

교사를 위한 Tip

- 풀이 퇴비가 되어 흙을 비옥하게 하고 풀뿌리가 흙을 부수어서 흙을 부드럽게 한다. 이렇게 되면 다른 식물이 수분과 영양분을 잘 흡수할 수 있다.
- 지렁이는 토양 속으로 파고 들며 토양층을 섞고 토양 속 공기와 물이 스며들도록 공극을 만든다. 지렁이의 분변토는 토양을 배수성, 통기성 등이 좋게 하고 유용미생물을 다량 서식하게 하며 유해균의 발생, 번식을 억제하는 등 토양환경을 개선한다. '자연의 쟁기'라 불리는 지렁이는 땅속 2.5m까지 팔 수 있다.

활동4. 나의 초충도를 만들어요

목 표 : 풀과 곤충의 관계를 생각하며 그림으로 표현한다.

준비물 : 압화 코팅한 것, 뚜껑없는 상자(코팅 크기보다 약간 작은 것, 압화 코팅한 것이 작을 경우에는 상자 위를 덮을 수 있는 투명비닐을 준비한다), 네임펜

방 법 :

① 신사임당의 초충도를 살펴보며 땅 위, 땅 속에 있는 벌레와 풀에 대해 이야기를 나눈다.

- 초충도에는 어떤 풀과 벌레가 있니?
- 풀과 벌레는 서로 어떻게 도와주고 있니?
- 그림에 나오지 않는 또 다른 풀들은 어떤 것들이 있니?

- 땅 위나 속에서 다니는 다른 곤충은 또 어떤 것들이 있니?

② 나의 초충도를 만든다.

- 유아들이 코팅한 압화와 상자를 하나씩 나눈다.
- 상자 밑바닥에 풀과 곤충을 그린다.
- 압화 코팅한 것에 곤충을 그린다.
- 상자 위에 압화 코팅한 것을 붙여서 완성한다.
- 풀과 곤충이 입체로 보인다.

③ 완성된 작품을 친구에게 소개한다.

④ 여러 가지 풀과 곤충들의 아름다운 관계를 계획하신 하나님께 감사드린다.

활동5. 우리에게 돌보라고 하셨어요

목 표 : 하나님께서 식물을 만드시고 잘 돌보도록 우리에게 맡기셨음을 안다.

준비물 : 식물도감, 성경책, 왕관

방 법 :

① 교사는 식물도감을 종이백에 넣어 준비한 후 유아들과 이야기를 나눈다.

- 이 속에는 선생님이 무척 아끼는 책이 들었단다.
  녀희들과 이야기를 나눌 때 누가 좀 맡아줬으면 좋겠는데,
  누가 선생님을 도와 선생님 책을 잘 맡아줄 수 있겠니?
- ○○야! 고맙다. 잘 부탁해! 선생님이 아주 좋아하는 책이거든.
  (잠깐 유아들 출석을 부르거나 다른 이야기를 나눈다.)
- 선생님 책을 맡아줘서 고마워. 무거웠지? 어디 보자.
  와! 책이 구겨지지도 않았고 찢어지지도 않았네.
  ○○가 선생님 책을 정말 잘 맡아주었구나.
- 하나님이 이 세상을 만드셨단다. 이 세상의 주인은 누구실까?
- 그런데 하나님께서 온 세상을 누구에게 맡기기로 하셨어.
  하나님의 세상을 하나님과 같이 사랑하는 마음으로 다스려줄 수 있어야 하는데
  누가 좋을까?
  그래 사람이야.
- 하나님께서는 우리에게 온 세상을 맡기셨단다.
  하나님이 선생님과 너희들에게 온 세상을 맡기셨는데 기분이 어떠니?
- 바로 이 식물도감에도 하나님이 만드신 것들이 있단다. 자 한번 보자.
  이 풀의 주인은 누구일까?
  그런데 하나님이 풀들을 누구에게 맡기셨다고?

우리가 어떻게 하기를 바라시며 맡기셨을까?

조금 전에 ○○가 선생님 책을 잘 맡아주어서 참 기뻤어.

그런데 만약 ○○가 선생님 책을 찢거나 구겼다면 선생님 마음이 어땠을까?

풀을 우리가 잘 돌보지 못한다면 하나님 마음이 어떠실까?

주님께서는 사람을 천사보다 조금 못하게 지으시고,
그 머리에 영광과 존엄의 왕관을 씌우셨습니다.
주님께서 만드신 모든 것을 사람이 다스리게 하시고,
모든 것들을 사람에게 맡기셨습니다. (시편 8 : 5–6 쉬운 성경)

② 성경 시편 8 : 5-6을 읽은 후 왕관을 가지고 이야기를 나눈다.

- 왕관은 누가 쓰는 것일까?
- 왕관을 쓴다는 것은 무슨 뜻일까?
- 하나님께서 우리 머리에 무엇을 씌워주셨다고 하셨니? (영광과 존엄의 왕관)
- 영광과 존엄의 왕관은 어떤 관일까?
- 왜 그렇게 멋진 왕관을 우리에게 씌워주셨을까?
- 하나님께서 우리에게 온 세상을 잘 다스리라고 세상의 왕이 되게 하신거야.
- 하나님께서 우리를 믿고 사랑하셔서 하나님의 세상을 돌보는 일을 맡기셨단다.
- 하나님의 세상을 잘 돌보고 싶니?
- 우리가 하나님의 세상을 잘 돌볼 수 있을까?

③ 하나님의 세상을 잘 돌보려면 무엇이 필요할지 이야기를 나눈다.

- 하나님의 세상을 잘 돌보려면 우리에게 무엇이 필요할까?
- 우리가 풀을 잘 돌보려면 우리가 무엇을 알아야 할까?
- 우리가 무엇을 잘 해야 할까?

④ 교사가 준비한 창세기 1 : 27-28 배경판에 줄로 남자와 여자를 연결하여 세상을 돌보는 역할을 이야기해 본다.

⑤ 우리가 하나님의 세상을 잘 돌볼 수 있도록 하나님께 기도드린다.

활동6. 채소를 가꾸는 사람들

목 표 : 식물을 사랑하며 가꾸는 사람들의 노력과 정성을 배운다.

준비물 : 질문할 목록

방 법 :

① 채소를 가꾸는 분들에 대해 이야기를 나눈다.

- 이웃에 계시는 OO는 채소를 아주 잘 가꾸신단다.
- 그분은 어떻게 식물을 돌보시는 것일까?
- 그분께 직접 여쭈어보고 싶은 것은 무엇이니?

② 집에서 채소를 잘 가꾸시는 ○○댁을 방문하여 채소밭을 구경하며 질문을 드린다.

"어떤 채소를 키우세요? 어떻게 이렇게 많이 키우세요?"

"언제 일하세요?", "힘은 안 드세요?"

"직접 키워서 드시면 맛있으세요?"

"어떻게 하면 이렇게 잘 가꿀 수 있어요?"

③ 채소를 가꾸는 분을 보고 느낀 것을 이야기한다.

시 감상

예슬이 일기

임희옥

유치원에 가다가
작은 노란 꽃을 보았어요.

블록 사이 좁은 틈새에 핀
작은 꽃을 보았어요.

얼굴도 조그맣고
키도 조그맣고
두 팔도 조그만
노란 꽃을 보았어요.

행여 너무 작아
발에 밟힐까봐
돌담을 쌓아주었어요.

행여 너무 작아
자전거에 치일까봐
아이스크림 막대를 세워주었어요.

"돌아가세요!"

활동7. 작은 정원을 가꾸어요

목 표 : 작은 정원을 사랑과 정성으로 가꾸며 기쁨을 느낀다.

준비물 : 물 주는 도구, 당번표

방 법 :

① 실내 적당한 위치에 화분을 키우는 작은 정원을 마련하기로 한다.

② 유아들과 함께 화원에 가서 유아들이 원하는 화분을 구입한다.
화분을 어떻게 하면 잘 키울 수 있는지 화분마다의 특징을 알아온다.

③ 유아들과 토의하여 정원의 이름을 정한다. (예 공기 좋은 꽃밭)

④ 유아들과 정원 가꾸기에 대해 이야기를 나눈다.

- '공기 좋은 꽃밭' 은 누가 돌볼까? "우리가 할 수 있어요 "
- '공기 좋은 꽃밭' 을 잘 가꾸려면 우리가 무엇을 해야 할까?
  "사랑해야 해요", "물을 줘야 돼요", "매일 매일 돌봐줘야 돼요 "

⑤ 유아들과 함께 정원 가꿀 약속을 정하고 당번표를 만들어 실천한다.

⑥ 정원을 돌보고 아름답게 가꾼다.

- '공기 좋은 꽃밭' 이 어떻게 되었니?
- 어떤 마음으로 물을 주었니?
- 하나님이 '공기 좋은 꽃밭' 을 보시면 뭐라고 하실까?
- 하나님이 '공기 좋은 꽃밭' 을 가꾸는 우리를 보시면 뭐라고 하실까?

활동8. 풀밭을 돌봐요

목 표 : 풀밭을 돌보기 위해 해야 할 일을 약속한다.

준비물 : 피조물들이 서로 돕는 사진

방 법 :

① 풀밭도 하나님께서 우리에게 맡기셨음을 이야기한다.

② 풀밭을 돌보는 하나님의 방법에 대해 이야기를 나눈다.

- 우리가 넓은 풀밭을 어떻게 가꿀 수 있을까?
- 교실에서 화분을 키울 때처럼 매일 넓은 풀밭에 물을 줄 수 있을까?
- 누가 풀밭에 물을 주실까? 풀이 햇빛을 좋아하니까 햇빛을 따라 풀밭 풀을 날마다 옮겨도 될까?
- 누가 풀밭에 필요한 햇빛을 주실까?
- 그럼 우리가 할 수 있는 일은 무엇일까?

③ 다른 피조물과의 관계를 사진을 보며 이야기한다.

- 풀이 잘 자라려면 무엇이 필요했었니? / 나비나 벌, 지렁이는 풀이 자라는 데 꼭 필요했지.
- 지렁이를 괴롭힌다면 풀을 잘 자라게 할 수 있을까?
- 풀밭에 벌레를 죽이면 풀이 꽃을 피울 수 있을까?

④ 풀밭을 돌보기 위해 우리가 할 수 있는 일을 이야기하고 약속한다.

"지렁이를 괴롭히지 않고 풀밭에 놓아줘야 해요", "벌을 죽이지 말아요 "

"풀을 밟지 않아요", "풀을 함부로 꺾지 않아요", "풀을 사랑해요", "풀 이름을 불러줘요"

교사를 위한 Tip

실내에서 식물을 가꿀 때 돌보는 방법에 대해 이야기를 하면 유아들은 주로 '물을 잘 주어야 해요', '햇빛이 잘 드는데 놓아야 해요' 등을 이야기한다.
풀밭의 풀을 돌보는 방법에 대해 이야기할 때 유아들은 '풀을 밟지 않아요', '풀을 꺾지 않아요'라는 이야기를 많이 하게 된다. 유아들이 가지고 있는 아름다운 마음이다. 풀은 생명을 가지고 있으므로 함부로 물리적인 힘을 가하면 풀이 상하게 된다. 풀을 어느 정도 밟는 것은 자생력에 의해 스스로 살아난다. 그러나 같은 장소를 거듭 밟았을 때의 문제는 답압지(토양이 밟혀 다져져서 돌같이 딱딱해진 흙)가 되어 씨가 떨어져도 흙속에 들어갈 수 없으며 흙 사이에 공극(빈 공간)이 없어지게 되면 흙이 수분저장 능력이 없어지므로 풀씨가 떨어져도 싹을 낼 수 없는 환경이 되어버린다는 것이다. 또한 여러해살이 풀의 경우 뿌리로 겨울을 나는 것이므로 뿌리만 건재하다면 또 다시 생명을 이어갈 수 있으나 뿌리가 상하게 뽑으면 살지 못한다. 이것 역시 약간 뜯는 것은 풀의 강한 번식력으로 번성할 수 있지만 무리하게 한 자리의 풀을 많이 뜯거나 뽑으면 그곳이 패이게 되는 것이다. 유아들이 놀이를 위해 풀을 뜯거나 풀밭에서 뛰어다니는 정도는 풀을 그다지 상하게 하지 않는다. 그러나 생명에 대한 경이로움과 감사한 마음, 사랑하는 마음으로 풀을 대해야 하며 욕심이나 무리한 힘으로 풀을 대하는 것은 좋지 않다는 것을 유아들이 알고 풀을 대하는 것은 중요하다.
하나님께서는 우리에게 풀을 먹을거리로 주셨으며 또한 기쁜 삶을 위해서도 주셨다. 기본적으로 자연을 사랑하고 하나님께 감사하는 마음의 바탕 위에 풀을 뜯어 나물을 해먹고 풀놀이를 하고 꽃반지를 만들어 끼고 풀꽃을 엄마에게 선물하며 풀을 즐기는 것은 하나님의 창조질서에 어긋난 것이 아니다. 자연을 즐거워하는 태도는 하나님께서 기뻐하시는 일이다. 하나님께서 풀 한 포기에 상상할 수 없는 많은 씨를 주신 것은 풀을 유용하고 기쁘게 감사함으로 사용하라고 주신 것이다. 또한 하나님의 창조질서를 생각한다면 풀과 흙, 곤충, 지렁이 등 다른 피조물과의 관계 속에서 풀 돌보는 방법을 유아들과 이야기해 보는 것도 좋다.

활동9. 풀 이름표를 달아주어요

목　표 : 풀 이름을 널리 알리고 소중한 풀을 잘 돌봐준다.

준비물 : 풀 이름표

방　법 :

① 우리의 이름과 풀의 이름에 관해 이야기를 나눈다.

- 누가 우리 이름을 부르지 않고 '야', '얘' 하고 부르면 기분이 어떨 것 같니?
  "기분 나빠요", "화 나요"
- 풀도 이름이 있는데 '이 풀', '저 풀' 하고 부르면 어떨까?
- 풀을 사랑하지만 풀 이름을 몰라서 부르지 못하는 사람들이 있단다.
- 풀 이름을 모르는 사람들에게 어떻게 알려줄 수 있을까?

② 주변 풀밭에 있는 풀을 조사하여 이름표를 달아줄 풀을 정한다.

③ 각자가 돌볼 풀을 정하여 이름표를 만든다.
풀의 이름과 돌볼 유아의 이름도 함께 이름표에 적는다.

④ 풀 이름표를 달아주고 관심을 갖고 돌봐준다.

⑤ 어느 기간 동안 이름표를 달아주어야 하는지를 정하고 그 기간이 지나면 풀 이름표를 회수한다. 방치해 두면 풀이름표도 환경오염이 된다.

활동10. 우리에게 돌보라셨죠

목 표 : 하나님이 만드신 식물을 우리에게 돌보라고 맡기셨음을 안다.

준비물 : 식물도감

방 법 :

① 식물도감을 보며 하나님이 만드신 풀이 얼마나 많은지 이야기한다.

② 이 모든 식물을 하나님께서 우리에게 맡기시고 돌보라고 하셨다는 것을 이야기한다.

③ 하나님이 돌보라고 맡긴 풀 중에서 아는 풀의 이름을 말해 본다.

④ 노래를 불러본다.

⑤ 풀의 이름을 아는 대로 바꾸어 부른다.

⑥ 모르는 풀도 도감에서 찾아서 노랫말로 넣어본다.

⑦ 손뼉을 치는 부분은 발 구르기 등으로 다양하게 변화를 주며 때로는 유아 한 명이 식물의 이름을 선창하면 모두 따라서 말해 보는 형식을 취하기도 한다.

우리에게 돌보라셨죠

서광일

활동11. 내가 버린 씨앗

목 표 : 하나님이 자라게 하시는 풀 이야기를 통해 하나님께 감사하는 마음을 갖는다.

준비물 : 동화 『내가 버린 씨앗』 그림자료

방 법 :

① 그림자료를 보며 동화를 듣는다.

② 동화내용에 대해 이야기를 나눈다.

- 소망이는 무슨 씨를 가지고 갔니?
- 그런데 왜 버렸을까?
- 소망이가 버린 씨앗을 누가 키워주셨니?
- 동화를 듣고 어떤 생각을 했니?

내가 버린 씨앗

김정준

내일은 어린이집에서 꽃씨 심는 날이에요.
선생님은 무슨 씨앗이든 좋으니까 식물의 씨앗을 가져오라고 하셨지요.
"엄마 , 내일 어린이집에 씨앗 가져가야 돼요"
소망이는 엄마가 예쁜 코스모스나 봉숭아 씨앗을 주실 거라고 생각했어요.
그런데 옆에서 듣고 계시던 할머니께서 "씨앗? 응 저 호박씨 가져가면 되겠네" 하셨어요.
"호박씨라구??…"
'호박이라면 외할머니 댁에 놀러 오는 눈 큰 아줌마가 맨 날 나를 놀릴 때마다 부르는 별명인데!!!'
하지만 소망이는 호박씨는 싫다고 말할 용기가 없었어요.

다음날 어린이집에 늦게 도착한 소망이는 신발장 앞에 한참 서 있었어요.
교실 안을 살짝 들여다보니 선생님과 친구들은 벌써 씨앗 심을 준비가 한창이었어요.
'어떡하지? 가뜩이나 늦었는데 호박씨를 가져가면 모두들 웃을거야'
소망이는 호박씨를 싸온 종이를 슬그머니 신발장 위에 올려두고, 교실로 들어갔어요.

소망이는 신발장 위에 올려놓은 호박씨 생각이 났지만
침을 한번 꼴깍 삼키고 선생님께서 준비해 놓으신 코스모스 씨앗을 골라들었어요.
그냥 씨앗을 가져오지 않은 척 했지요.

소망이는 씨앗을 심은 우유팩을 햇볕이 잘 드는 창가에 두고, 정성껏 물을 주었어요.
"꽃씨야, 잘 자라라, 하나님 꽃씨가 잘 자라게 해주세요, 예쁜 꽃이 피게 해 주세요"
소망이는 두 손을 모으고 기도했어요.

'그런데, 그 호박씨는 어떻게 되었을까?'
소망이는 가끔 자기가 버린 호박씨가 생각났어요.
신발장 위에 올려놓은 호박씨는 거기 있지 않았어요.
어디로 갔을까?

여름이 지나고 바람이 솔솔 부는 가을이 되었어요.
그런데 어린이집 담장에 처음 보는 커다란 풀이 담장을 타고 지붕까지 쭉쭉 뻗어 있었어요. 잎사귀는 동생이 가지고 노는 장난감 우산만큼 커다랬고요, 소망이 얼굴보다 더 큰 노란꽃이 여기 저기 피어있어요.

'저게 뭐지?'
소망이가 그 풀을 물끄러미 쳐다보는데 선생님께서 소망이 마음을 아시는 듯 말씀하셨어요.
"소망아, 이건 호박이란다."
"아, 이게 바로 호박이구나"
소망이 가슴이 콩콩 뛰었어요
"휴, 정말 잎사귀도 크고 꽃도 크네, 그래서 날 보고 호박이라고 하셨나봐.
내가 버린 씨앗도 땅에 심었으면 이렇게 커다랗게 자랐을까?"

가을이 점점 깊어가고 찬바람이 불었어요.
바람이 불고 날씨가 추워질수록 커다한 호박잎은 말라가고
호박은 점점 자라서 어느새 농구공처럼 커졌어요.

어느 날 간식으로 샛노란 스프 같은 것이 나왔어요.
"선생님 이게 뭐예요?"
"응 이건 호박죽이야, 너희 토끼장 지붕 위에 있던 그 호박으로 쑨거야"
노란 호박죽에 혀끝에 닿자마자 친구들의 눈은 모두 동그래졌어요.
"어! 맛있다"

"와, 정말 맛있다. 선생님 더 먹어도 돼요?"
마침 커다란 냄비를 들고 도우미 아주머니가 들어오셨어요.
"더 먹고 싶은 사람은 얼마든지 더 먹어라"
소망이는 친구들과 함께 달콤한 호박죽을 맛있게 먹었어요.

"아주머니, 호박죽 정말 맛있네요. 어쩜 이렇게 맛있게 끓이셨어요?"
"올해 햇볕이 좀 좋았어요? 호박이 워낙 맛있더라구요.
이 호박말예요,
올봄에 복도 청소하다가 이 반 신발장 옆에 휴지에 싼 게 떨어져 있지 뭐예요.
풀어보니까 호박씨더라구. 아마 누가 잃어버렸나봐,

그냥 버리려다, 마당 치우러 나가서 한 구석에 휙 뿌렸지요.
그런데, 그게 저 혼자 자란거야."

'어~ 그럼 이 호박은~ 내가 버린 씨가 자라서 열린거네~'
소망이는 속으로 생각했어요.

그 날, 선생님께서는 이런 말씀을 해주셨어요.
"애들아, 아주머니는 호박을 가꾸지도, 물을 주지도 않으셨대, 그런데 호박이 혼자 자랐대,
정말 호박이 혼자 자랐을까?"
"아니요."
"그럼? 어떻게 자랐을까?"

"하나님이 키우셨어요"
소망이가 작은 목소리로 대답했어요.

"그럼 우리 호박을 키워주신 하나님께 감사드릴까?"

"하나님, 우리가 심지도 돌보지도 않았는데, 호박을 자라게 해주셔서 참 감사해요, 그래서 오늘 저희가 맛있는 호박죽을 먹을 수 있었어요. 하나님은 정말 멋진 분이셔요.
하나님 아버지 감사합니다.
예수님 이름으로 기도드립니다."
"아멘"

그리고 그 호박씨가 소망이가 버린 씨앗이라는 것은 그 후에도 오래도록 아무도 몰랐답니다.

활동12. 이 풀은 누가 키우나요?

목 표 : 하나님께서 풀을 여러 방법으로 돌보고 계신다는 것을 안다.

준비물 : 사막 사진, 사막에서 자라는 풀 사진, 깊은 산 속 사진, 무인도 사진, 비디오 「식물의 사생활」 중 '최후의 생존자' (KBS영상사업단)

방 법 :

① 사막의 사진을 보여주며 이야기를 나눈다.

- 사막은 어떤 곳일까?
- 사막에도 풀이 있을까?
- 사막에서는 풀이 어떻게 자랄 수 있을까? *

② 깊은 산 속 사진을 보여주며 이야기를 나눈다.

- 사람이 가기 어려운 이렇게 험한 산 속에서도 풀은 자랄까?
- 우리가 물을 주지 않는데 어떻게 자랄 수 있을까?

③ 무인도 사진을 보여주며 이야기를 나눈다.

- 사람이 살지 않는 섬에도 풀이 있을까?
- 돌봐주는 사람이 아무도 없는데 어떻게 자라는 걸까?

④ 하나님께서 사람이 없는 곳에서도 풀의 필요를 알고 채워주신다는 것을 알게 된다.

⑤ 작은 풀도 귀히 여기시는 하나님께서 우리를 얼마나 더 귀히 여기실지 이야기하고 감사드린다.

활동13. 하나님이 하신 일을 둘러보아요

목 표 : 산책을 하며 하나님이 하신 많은 일을 둘러보고 감사한 마음을 갖는다.

준비물 : 교사 메모지(긴 종이로 아코디언 접기)

방 법 :

① 유아들과 편하고 여유로운 마음으로 산책을 한다.

② 하나님이 하신 일을 이야기해 본다.

"민들레도 하나님이 키우셨어요", "이슬을 주셨어요"

"하나님이 햇빛을 주셨어요", "벌레를 만드셨어요"

"풀밭을 돌보세요", "지렁이가 흙을 파고 들어가도록 만드셨어요"

③ 유아들의 이야기가 이어지도록 여유있게 시간을 사용한다.

④ 교사는 유아의 이야기를 긴 종이에 메모해 둔다.

교사를 위한 Tip

대표적인 사막식물인 선인장은 잎이 가시로 변해 물이 증발하는 것을 막고 물을 보존하고 있으며 두꺼운 큐티층으로 줄기가 덮여 있고 큰 세포에 물이 저장되어 있는 경우도 많다. 땅 위로는 겨우 몇cm 잎이 올라와 있으나 땅속으로 몇 십m나 뿌리가 내려가서 물을 흡수하는 식물도 있다. 봄에 우기 끝에 휴면종자들이 발아 후 빨리 성장하여 며칠 안에 한 세대를 마치는 식물도 많다. '사막땅빈대'는 꽃이 겨우 1mm 밖에 되지 않아 벌도 꽃을 발견하지 못하는데 사막 개미가 사막땅 빈대의 꿀을 먹기 위해 꽃에 다니며 꽃가루 수분을 하여 생명을 이어가게 된다. 사막식물인 '텀블위드'는 초록색 풀로 있다가 씨를 맺으면 마른 덤불들이 서로 엉켜있는 공모양으로 바람을 타고 사막을 튀기도 하고 데굴데굴 구르기도 하며 먼 곳에 씨를 퍼뜨리는 특이한 식물로도 흥미롭다. 이 모든 것은 하나님이 사막에서도 풀이 생존할 수 있도록 이미 창조 때 계획하신 하나님의 멋진 방법이다.

활동14. 하나님이 하신 일을 표현해요

목 표 : 하나님이 하신 일을 표현하고 감사하는 마음을 갖는다.

준비물 : 그림 그릴 도구, 교사 메모지

방 법 :

① 교사 메모지를 길게 펼치며 이야기를 나눈다.

- 산책 갔을 때 너희들이 말한 것을 선생님이 다 적어두었단다.
- 하나님께서 하신 일을 너희들이 얼마나 많이 말했는지 한번 펼쳐 볼게

"와! 길어요", "너무 많아요"

② 교사가 유아들의 이야기를 읽을 때마다 유아들은 '하나님 감사합니다' 로 화답한다.

- 민들레를 하나님이 키우셨어요.

"하나님! 감사합니다."

- 햇빛을 주셨어요

"하나님! 감사합니다."

③ 하나님이 하신 일을 그림으로 표현한다.

④ 그림 설명과 함께 게시한다.

활동15. 누가 주나요

목 표 : 하나님이 하신 일을 감사함으로 표현한다.

방 법 :

① 하나님이 하신 일에 대해 유아들과 이야기를 나눈다.

② 노랫말로 이야기를 나눈다.

- 누가 풀에게 따뜻한 햇빛을 주실까?
- 누가 풀에게 촉촉한 단비를 주실까?
- 누가 풀에게 시원한 바람을 주실까?
- 하나님께 어떻게 감사를 표현할까?

③ 노래를 부른다.

누가 주나요

서광일

활동16. 하나님이 하신 일에 감사드려요

목 표 : 시를 통해 하나님께 감사드리는 마음을 전한다.

준비물 : 교사 메모판, 띠종이, 매직

방 법 :

① 유아들이 둥글게 앉아서 하나님이 하신 일을 이야기한다.

② 교사는 메모판에 유아의 이름과 말한 내용을 기록한다.

③ 모든 유아가 다 이야기하도록 한다.

④ 하나님이 하신 일을 보면 어떤 생각이 드는지 이야기한다.

"참 신기해요", "놀라워요", "어떻게 그런 일을 하시는지 모르겠어요"

"하나님은 바쁘실 것 같아요", "하나님이 일하는 걸 보고 싶어요"

⑤ 띠종이에 유아 각자가 한 이야기를 적는다

이때 하나님은 어떤 분이신지 이야기한 것도 사이 사이에 넣어 적는다.

⑥ 제일 마지막에는 무슨 말을 넣으면 좋을지 의논한다.

"하나님! 감사해요", "하나님! 사랑해요"

⑦ 띠종이를 붙여서 연작시를 완성한다.

⑧ 유아들과 함께 시를 읽어본다.

⑨ 하나님께 감사기도를 드린다.

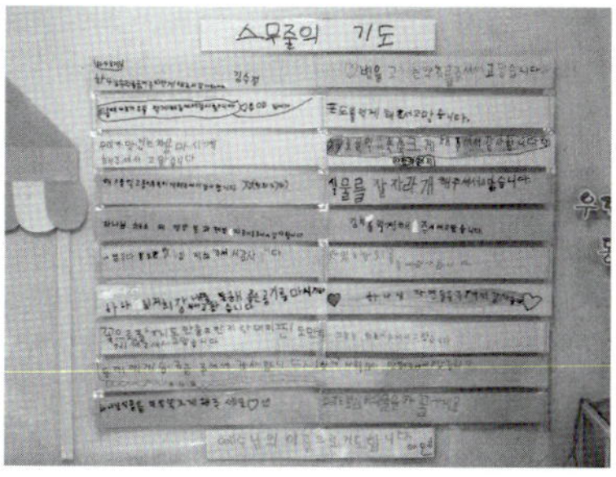

풀 주제를 진행하며

풀을 통해 하나님을 찬양하게 되기까지의 수업전개를 하면서 이 세상의 작고 작은 것 하나를 통해서도 찬양을 받으시는 하나님께 감사를 드린다. 매년 들꽃에 대한 주제를 전개하면서 풀의 소중함, 보호까지 이야기를 전개해 갔었는데 기독교 교육과정을 위한 전개를 하게 되면서 하나님을 찬양하게 되는 나의 모습을 보며 반성하는 기회가 되었다.

아이들은 움직이는 작은 생물에는 관심이 많지만 들에 무수히 피어 있는 풀은 그냥 지나쳐 버리기 일쑤다. 풀에 대해 알아가면서 아이들도 신기해 하고 좋아했지만 나부터 풀에 흠뻑 빠져 모양이 다른 풀만 봐도 이름이 뭘까? 어떻게 여기까지 와서 피고 지는 걸까? 궁금해 하고 알아보기 시작했다.

풀을 찾아 이곳 저곳을 다니면서 처음엔 움직이는 개미, 거미 등에 관심을 보이던 아이들이 점점 풀에 관심을 가지고 알아가고 친해지기 시작했다. 어느 새 풀과 함께 자연스럽게 놀고 있는 아이들의 모습을 볼 수 있게 되었다. '여기 꽃이 있어요', '이건 뭐예요?', '씨가 있어요', '꽃잎의 모양이 길쭉해요', '맛이 없어요', ' 씁쓸해요', '너무 예뻐요' 들꽃과 풀에 대한 생각과 느낌들이 쏟아져 나오기 시작했다.

풀의 이름에만 관심을 가지던 유아들이 점점 생김새와 구조에 대해서도 관심을가지게 되었고 풀꽃의 세밀한 모습까지 그림이나 여러 가지 작품으로 표현해냈다. 특히 풀꽃을 이용한 놀이에 흠뻑 빠져 요리도 해보고 화관 만들기, 반지 만들기. 풀피리 불기 등의 다양한 놀이를 즐겼다.

풀꽃으로 새로운 놀이를 만들어내기도 했다. 여기 저기 각기 다른 모습으로 피어 있는 풀들의 생김과 특징, 살아있음을 알아가면서 하나님의 솜씨, 위대하심, 세심함 등 찬양할 것들이 많이 있음을 깨달았다. '들꽃을 주신 하나님 감사해요', '풀들이 잘 자랄 수 있도록 도와주세요', '우리가 풀을 아끼고 사랑할 수 있도록 도와주세요' 등 여러 가지 기도 제목들이 아이들 입에서 흘러 나왔다. 모든 삶 속에서 함께 하시는 하나님을 느끼고 발견하며 아이들과 나누는 교사가 되어야겠다.

부산 YWCA 부설 어린이집 만 5세 반 교사

자 원 목 록

사진 및 세밀화 관련 책

김태정 글 · 사진(2009). 쉽게 찾는 우리 꽃 봄. 서울 : 현암사.
김태정 글 · 사진(2008). 쉽게 찾는 우리 꽃 여름. 서울 : 현암사.
김태정 글 · 사진(2007). 쉽게 찾는 우리 꽃 가을,겨울. 서울 : 현암사.
도토리 기획(2003). 무슨 꽃이야?. 도토리 주머니도감 3. 서울 : 보리.
도토리 기획(2003). 무슨 풀이야?. 도토리 주머니도감 2. 서울 : 보리.
신현득 글 · 송훈 그림(2006). 우리가 정말 알아야 할 우리꽃 세밀화. 서울 : 현암사.
안경자 외 그림 · 김창선 외 글(2008). 세밀화로 그림 보리 어린이 풀도감. 서울 : 보리.
와시타니 이즈미 글 · 하니 샤보우 사진(2006). 씨앗은 어디에서 왔을까?. (김창원 역). 서울 : 진선출판사.
이성아 글 · 송훈 그림(2009). 우리가 정말 알아야 할 우리 꽃 세밀화. 서울 : 현암사.
이유미, 서민환 글 · 이원규 사진(2003). 어린이가 정말 알아야 할 우리풀 백과사전. 서울 : 현암사.
허북구, 박석근 글 · 나문심, 박재욱 그림(2005). 재미있는 우리꽃 이름의 유래를 찾아서. 서울 : 중앙생활사.

동화

김경미 글 · 그림(2009). 봉숭아 하나 둘 셋. 서울 : 시공주니어.
김해원 글 · 신사임당 그림(2002). 신사임당의 초충도 그림으로 엮은 풀벌레 이야기. 서울 : 이미지프레스.
클레어 A. 니볼라 글 · 그림(2004). 숲 속에서. (김기택 역). 서울 : 비룡소.
수잔 마리 스완슨 글 · 마거릿 초도스-어빈 그림(2008). 해를 품은 씨앗에게. (이상희 역). 서울 : 시공주니어.
엘사 베스코브 글 · 그림(2003). 엄마의 생일선물. 김상열 옮김. 서울 : 비룡소.
이명희 글 · 김명길 그림(2002). 밤섬이 있어요. 서울 : 마루벌.
이미숙 글 · 황연주 그림(2001). 동백꽃과 동박새. 서울 : 마루벌.
헬렌 프로스트 글 · 레오니드 고어 그림(2008). 제왕나비와 박주가리. (이윤선 역). 서울 : 마루벌.

히라야마 가즈코 글 · 그림(2003). 민들레. 네버랜드 과학그림책 9. (이선아 역). 서울 : 시공주니어.

동시

문삼석 외 시 · 이동진 그림(2008). 봄 여름 가을 겨울. 서울 : 위즈덤 북.
오늘의 동시문학 엮음(2008). 한국 동시 100년에 빛나는 동시 100편. 서울 : 예림당.
이기철 시 · 남주현 그림(2009). 나무는 즐거워. 서울 : 비룡소.
정두리 시 · 짐민정 그림(2008). 애기똥풀꽃이 자꾸 자꾸 피네. 경기 : 파랑새.

영상물

놀라운 하나님의 창조 전 3편. 크리스천 미디어 출판.
1편 : 신비의 땅 지구
2편 : 동물의 세계
3편 : 창조의 꽃 사람
생명의 여행. 무디 사이언스. 크리스천 미디어 출판.
식물의 사생활 전6편. 영국BBC 제작. KBS영상사업단
1편 : 소리없는 여행자
2편 : 저 높은 곳을 향하여
3편 : 아름다운 유혹
4편 : 삶을 위한 투쟁
5편 : 함께 사는 세상
6편 : 최후의 생존자
신사임당의 초충도 그림으로 엮은 풀벌레 이야기. 김해원 저. 이미지프레스.
잡초는 없다. 특선MBC특선 다큐멘터리 226회. 2007년 6월 29일 방영분

부록 1. 성경의 구성

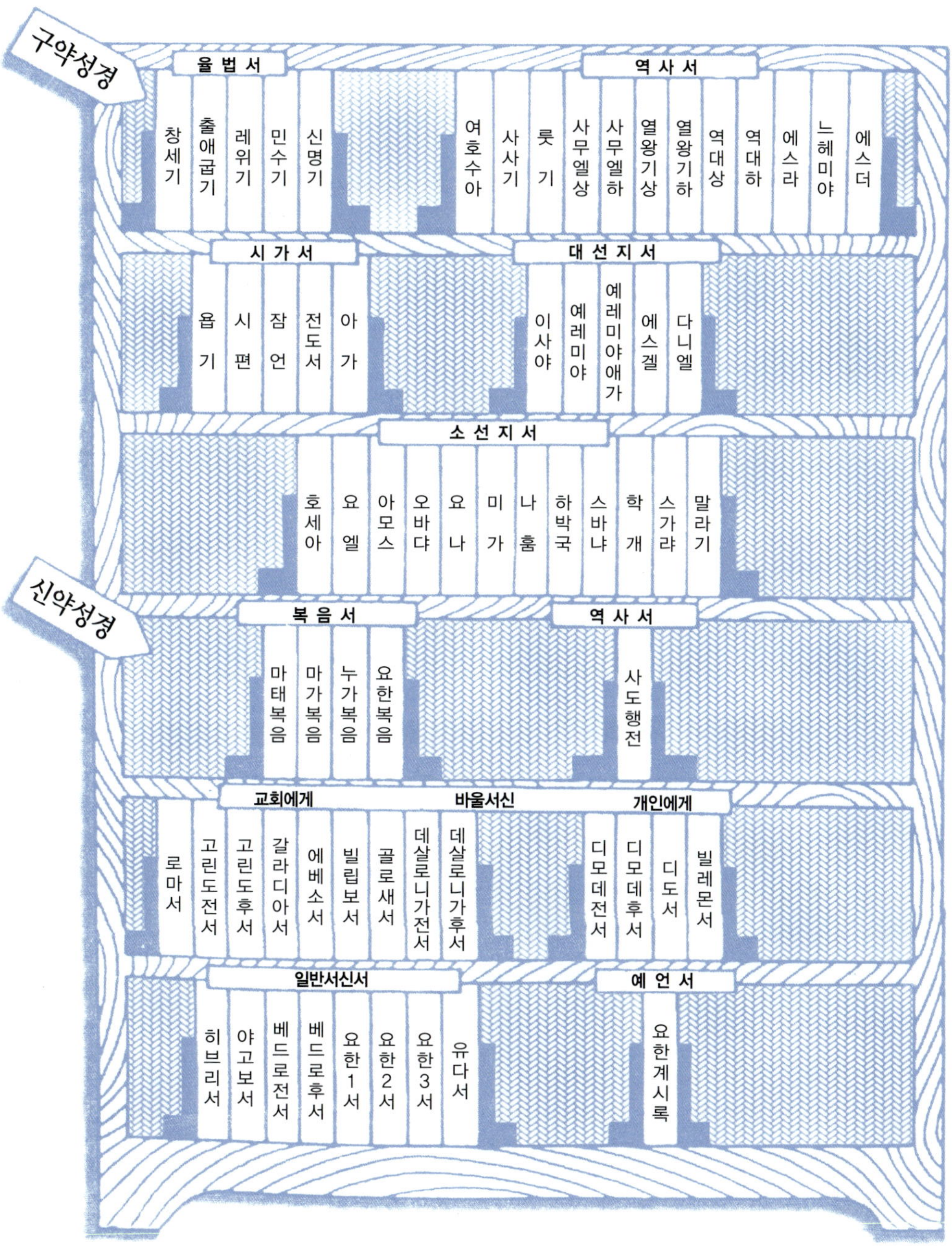
구약성경
율법서
창세기
출애굽기
레위기
민수기
신명기
역사서
여호수아
사사기
룻기
사무엘상
사무엘하
열왕기상
열왕기하
역대상
역대하
에스라
느헤미야
에스더
시가서
욥기
시편
잠언
전도서
아가
대선지서
이사야
예레미야
예레미야애가
에스겔
다니엘
소선지서
호세아
요엘
아모스
오바댜
요나
미가
나훔
하박국
스바냐
학개
스가랴
말라기
신약성경
복음서
마태복음
마가복음
누가복음
요한복음
역사서
사도행전
교회에게
바울서신
개인에게
로마서
고린도전서
고린도후서
갈라디아서
에베소서
빌립보서
골로새서
데살로니가전서
데살로니가후서
디모데전서
디모데후서
디도서
빌레몬서
일반서신서
히브리서
야고보서
베드로전서
베드로후서
요한1서
요한2서
요한3서
유다서
예언서
요한계시록

성경은 여러 권의 책을 한데 모아놓은 작은 문집과도 같으며, 그림에서 보는 것처럼 구약과 신약은 어떤 의미에서 비슷한 구조를 가지고 있다.

39권의 구약(舊約)은 다음과 같이 구성되었다.

(1) 율법서 : 모세5경 (창세기, 출애굽기, 레위기, 민수기, 신명기)

① 특징 : 모세5경은 인류의 기원과 선택된 이스라엘민족 그리고 이와 관련된 율법과 제사의식 등이 기록된 역사적인 책으로 모세가 기록하였다고 보는 5권의 책.

② 내용 : 하나님의 창조, 인류의 기원과 타락, 믿음의 조상 아브라함의 가계, 애굽 이주, 애굽 정착과 모세의 출현 그리고 출애굽과 가나안 입성 직전의 하나님과 인간의 언약관계 이야기.

(2) 역사서 : 이스라엘의 역사 12권
(여호수아, 사사기, 룻기, 사무엘 상하, 열왕기상하, 역대상하, 에스라, 느헤미야, 에스더)

① 특징 : 율법서에 이어 구약성경의 두 번째 부분. 특히 사사기를 통한 선지자들의 활동과 사무엘 상하, 열왕기상하, 역대상하를 통해 유대민족의 역대 임금과 선지자들의 얽힌 역사.

② 내용 : 가나안 정복과 하나님의 나라, 왕국의 건설과 멸망, 포로생활 속에서도 역사하시는 하나님의 약속을 이루어 가시는 섭리의 역사

(3) 시가서 : 5권 (욥기, 시편, 잠언 ,전도서 ,아가서)

① 특징 : 시적 운율을 사용하여 하나님을 찬양. 종교적인 교훈을 주로 담고 있음. 노래와 운율로 지혜와 교훈의 말씀들이 함축되어 삶의 지혜를 담고 있기 때문에 지혜서라고도 함.

② 내용 : 이방인 중의 의인 부자 욥의 이야기와, 다윗과 솔로몬왕을 비롯한

많은 작가들의 시가서, 솔로몬을 비롯한 지혜의 조언인 잠언과 솔로몬의 노경의 고백인 전도서, 남녀 간의 사랑을 비유하여 신과 인간 간의 사랑을 노래한 아가서 등.

(4) 선지서 : 17권

① 특징 : 백성의 죄악, 선지자의 출현, 회개와 회복의 선지자들의 예언서.

② 내용

– 대선지서 5권 (이사야, 예레미야, 애가, 에스겔 ,다니엘)

– 소선지서 12권 (호세야, 요엘, 아모스, 오바댜, 요나, 미가, 나훔, 하박국, 스바냐, 학개, 스가랴 ,말라기)

하나님의 명령에 대한 이스라엘의 불순종의 역사, 선지자를 통한 회복촉구. 주전443년경 기록된 말라기를 끝으로 예수님 탄생 전까지 침묵의 기간.

27권의 신약(新約)은 다음과 같이 구성되었다.

(1) 4복음서

(마태복음, 마가복음, 누가복음, 요한복음으로 기록한 사도의 이름)

① 특징 : 그리스도의 탄생과 공생애, 십자가 고난과 죽음, 부활의 기록. 복음이란 사람들에게 주시는 하나님의 메시지로서 그 중심은 예수그리스도.

② 내용 : 예수의 탄생과 복음전파 사역, 십자가 고난과 부활로서 죄악 가운데 있는 인간을 구원하시려는 하나님의 은혜의 역사. 탄생과 공생애의 시작, 열두제자들을 부르시고 훈련시키시고 유대종교 지도자들과 로마정부의 총독 빌라도의 정치적 야망으로 인해 십자가 고난을 당한 후 죽었으며 사흘 후에 부활하였으며 세상의 마지막에 다시 오시리라고 약속하였음.

(2) 역사서 (사도행전)

그리스도의 승천 이후 복음을 전파하는 사도들의 역사, 초대교회들의 역사.

(3) 바울서신 : 12권

① 특징 : 예수님의 부활, 승천 이후 기독교인들을 탄압하던 바리새인이며 종교적 지도자였던 사울의 회심 이후 사도 바울이 되어 기록한 편지들.

② 내용 :

– 사도 바울이 교회로 보낸 편지 (로마서, 고린도전후서, 갈라디아서, 에베소서, 빌립보서, 골로새서, 데살로니가전후서)

– 사도 바울이 개인에게 보낸 편지 (디모데전후서, 디도서, 빌레몬서)

(4) 일반서신(=공동서신)
: 8권/(히브리서, 야고보서, 베드로전후서, 요한 1, 2, 3서, 유다서)

바울 이외의 사도들이 쓴 편지로 대상이 특정한 개교회가 아니라 보편적인 독자를 대상.

(5) 예언서 : 요한계시록

예수의 제자였던 사도 요한이 밧모섬에 유배되어 있던 중 세상의 종말에 대해 하나님이 보여주신 환상과 이야기를 기록한 책.

부록 2. 성경이야기 연간 계획*

1학기	성경 내용	성경
1주	천지창조 아담과 하와	창 1–2
2주	선악과, 에덴동산에서 쫓겨남 가인과 아벨, 아담에서 노아까지 계보	창 3–5
3주	노아의 방주, 홍수 무지개 언약	창 6–9
4주	바벨탑 아브람과의 언약, 아브람과 롯	창 11–13
5주	아브람에서 아브라함으로 천사들의 방문, 소돔과 고모라	창 17–19
6주	이삭의 출생, 아브라함의 순종 이삭의 결혼, 에서와 야곱	창 21–24
7주	장자권을 판 에서 축복받은 야곱, 야곱의 꿈	창 25–28
8주	야곱의 결혼, 야곱이 하나님과 겨룸 에서와 야곱의 화해	창 29–33
9주	요셉의 꿈, 구덩이에 던져진 요셉 팔려간 요셉	창 37–39
10주	감옥에 갇힌 요셉, 바로왕의 꿈 총리대신이 된 요셉	창 40–41

* 연간 계획은 1학기 20주, 2학기 20주, 총 40주로 구성되어 있다.

1학기	성경 내용	성경
11주	형제와 아버지를 만난 요셉 애굽으로 이주, 왕을 축복하는 야곱	창 42-50
12주	물에서 건진 아이 모세 도망간 모세, 불붙는 떨기나무	출 1-3
13주	애굽에 간 모세 애굽에 내린 재앙, 강퍅한 바로왕	출 4-11
14주	유월절과 출애굽 구름기둥, 불기둥, 갈라진 홍해	출 12-14
15주	마라의 쓴 물, 만나와 메추라기 반석에서 난 물, 십계명	출 15-20
16주	금송아지, 두 번째 돌판, 성막 열두 명의 정탐꾼	출 32-34 민 13-14
17주	아론의 싹난 지팡이, 모세의 죽음 여리고성 정탐꾼	민 17, 21 신 34, 수 1-2
18주	언약궤를 앞세움, 갈라진 요단강 여리고성이 무너짐, 태양이 멈춤	수 3-10
19주	기드온의 양털, 300명으로 이긴 전쟁 힘센 삼손	삿 6-8 삿 13-16
20주	삼손과 드릴라, 삼손의 최후 부르심 받은 사무엘, 빼앗긴 언약궤	삿 16 삼상 1-6

2학기	성경 내용	성경
21주	첫 왕 사울, 기름부음 받은 다윗 다윗과 골리앗, 다윗과 요나단	삼상 8-18
22주	사울의 시기와 쫓기는 다윗 사울과 요나단의 죽음	삼상 18-31 대상 10, 삼하 4
23주	왕이 된 다윗, 언약궤를 옮겨옴 요나단의 아들을 돌보는 다윗	삼하 2-6 대상 13-16, 시편
24주	솔로몬 왕의 지혜, 성전건축 갈라진 나라, 그릿 시냇가의 엘리야	왕상 1-12, 17 대하 6-10, 잠언
25주	사르밧 과부, 불을 내리신 하나님 불수레와 불말을 타고간 엘리야	왕상 17-19 왕하 2
26주	선지자 엘리사, 기름이 많아진 기적 수넴여인, 나아만 장군의 문둥병	왕하 4-5
27주	물고기 뱃속의 요나, 니느웨의 회개 북이스라엘과 남유다의 멸망, 포로	욘 1-4 단 1
28주	느부갓네살의 꿈, 풀무 속의 세 사람 벽에 쓴 글씨, 사자굴 속의 다니엘	단 2-6
29주	포로 귀환, 메시아를 기다리는 사람들 요한의 출생, 예수님의 탄생	마 1, 막 1 눅 1-2
30주	목자들의 방문, 시므온과 안나 동방박사들의 방문, 12살의 예수님	마 2 눅 2

2학기	성경 내용	성경
31주	세례받으신 예수님, 광야의 시험	마 3-4, 9, 막 1-2
	가나의 혼인잔치, 성전의 예수님, 어부 베드로	눅 3-5, 요 2
32주	12제자, 산상수훈, 지붕 위의 친구들	마 5-9, 막 1-2
	베데스다 병자, 백부장의 믿음, 열 문둥병자	눅 5-7, 17, 요 5
33주	바다를 잔잔케 하심, 귀신 들린 자	마 8-9
	옷가에 손댄 여인, 야이로의 딸	막 4-5, 눅 8
34주	씨뿌리는 자, 선한 사마리아인	마 13, 18
	선한 목자, 부자와 나사로, 용서 모르는 종	눅 10, 15-16
35주	오천 명을 먹이심, 물위를 걸으심	마 14-17, 막 9
	변화하신 예수님, 마리아, 마르다, 나사로	눅 9-10, 요 11
36주	어린 아이를 축복하심, 삭개오를 부르심	마 19, 21, 26
	예루살렘 입성, 성전을 정화, 과부의 동전	막 10-12, 14, 눅 18-19, 22
37주	마지막 유월절, 제자의 발을 씻기심, 체포	마 26-27, 막 14-15
	부인하는 베드로, 십자가에서 돌아가신 예수님	눅 22-23, 요 18-19
38주	부활하신 예수님, 승천하신 예수님	마 28, 막 16
	성령받은 제자들	눅 24, 요 20, 행 1-2
39주	예수님을 증거하는 베드로와 제자들	행 3-9
	스데반의 순교, 바울의 회심	
40주	바울의 전도여행, 로마로 호송되는 바울	행 13-16, 21-28
	바울의 편지, 새 하늘과 새 땅, 대위임	계 19-21, 마 28

부록 3. 미리암 이야기

– 다른 화자를 통해 듣는 일인칭 이야기 –

모세의 출생으로부터 애굽에 내린 재앙과 출애굽 후 홍해를 건너는 이야기까지 유아들에게 들려주는 기간은 약 3주 정도 걸린다. 이 기간 동안 모세라는 인물을 중심으로 이야기가 전개된다.

하지만 홍해를 건너는 이야기까지 마치고 나서 유아들은 같은 이야기를 모세가 아닌 누나 미리암의 입장에서 다시 듣게 된다. 미리암이 80년 전 동생 모세의 출생부터 회상하는 1인칭 화법으로 이야기를 듣는 것이다.

바로의 딸이 모세의 이름을 지어주기 전 이야기까지는 미리암의 동생 이름이 모세라는 것을 말하지 않고 '내 동생', '아기' 등으로만 지칭한다. 이는 익숙한 이야기를 낯설게 만들어 이야기에 더 몰입하게 하고 성경이야기를 더 견고하게 받아들이게 하는 기회를 제공하기 위함이다. 교사들도 성경을 묵상하며 이렇게 상상해 보기를 권한다. 유아들은 처음에는 낯선 이야기로 듣지만 이야기가 진행되는 과정에서 미리암의 동생이 모세라는 것을 알게 되는 순간 더욱 흥미 있어 한다. 미리암이 동생 이야기를 시작할 때 그 동생이 모세라는 것을 이미 아는 유아들도 있는 데 이들은 '모세' 라고 작은 소리로 말하곤 한다.

유아들은 3주간 동안 이야기를 들었기 때문에 지금 이야기를 들려주는 미리암보다 더 많은 것을 알고 있기에 더 흥미롭다. 이야기를 하는 미리암은 모세가 애굽에서 도망하여 살게 된 40년의 기간에 대해 전혀 모른다. 그러나 유아들은 그 사이 모세가 결혼을 했고 양치기로 살아가며 불타는 떨기나무에서 하나님의 부르심을 받게 된 이야기를 이미 알고 있다. 그래서 유아들은 미리암에게 그 사이 모세가 어떻게 지냈는지 알려주려 한다.

유아들은 이야기를 들려주는 미리암과 함께 이야기를 나누고 싶어한다. 유아들은 동생이 담긴 상자를 따라가며 안타까와하는 미리암과 이야기를 나누고 싶어서 애가 타는 청자가 된다. 또한 모세가 80세에 애굽 땅에 다시 왔을 때 미리암이 모세를 아래의 예문처럼 '그 사람', '하나님의 사람' 등으로 지칭하여 이야기할 때 몹시 안타까워한다. 이야기를 듣는 청자가 화자처럼 몰입이 되는 것이다.

예화 : 미리암 할머니의 이야기

(교사는 긴 스카프를 머리에 쓰고 목에서 한번 감아 두르고 할머니처럼 천천히 걸어서 의자에 앉은 후 할머니 음성과 말투로 이야기를 시작한다.)

나는 이스라엘 사람이예요. 내 나이는 90살이 다 되었구요. 내 이름은 미리암이라고 해요. 이렇게 기쁜 날이 내 평생 오리라고는 생각도 못했어요. 이렇게 기쁜 날 나는 (손을 들어올리며) 하나님께 찬양을 드리고 감사드리며 (느린 어조로) 아주 어릴 때부터 있었던 일을 생각해 보았어요.

지금으로부터 80년전 일이예요. 세월이 참 많이 지났네요. 우리는 애굽 땅에 살고 있었어요. 어머니와 아버지 그리고 남동생과 나. 이렇게 4식구가 행복하게 살고 있었지요. 애굽땅에는 우리 이스라엘 사람들이 점점 많아졌어요. 그러자 애굽왕은 이스라엘 사람들을 미워하기 시작했고 아주 무서운 명령을 내렸지요. (두렵고 떨리는 어조와 표정으로) 이스라엘 백성 중에서 남자아이가 태어나면 강물에 던져버려라!

그런데 우리 어머니가 아기를 나으신거에요. 너무나 예쁜 남자 아기였어요. (빠르고 낮은 목소리로) 문 밖에는 애굽 사람들이 왔다 갔다 하고 있어요. 왜냐구요? 이스라엘 집에서 아기 울음소리가 들리면 들어와서 남자 아기면 강물에 던져버리려구요. 너무 무서웠어요. 내 동생 울음소리가 문밖에 들리면 내 동생은 강물에 던져져서 죽고 말거예요. 우리 식구들은 모두 하나님께 기도했어요. 내 동생을 지켜달라구요. 그리고 내 동생 울음소리가 문밖으로 들리지 않도록 창문도 꼭 닫고 커튼도 치고 방문도 꼭 닫고 있었어요. 그런데 점점 자라면서 내 동생은 울음소리도 더 커졌어요. 석 달 동안 방에 꼭꼭 숨겼지만 더 이상은 키울 수가 없었어요. 우리는 갈대상자에 내 동생을 담아 강물에 띄우기로 했어요. 갈잎을 엮어 상자를 만들고 역청을 꼼꼼하게 칠했어요. 상자 안에도 밖에도 이쪽에도 저쪽에도... 그래야 강물이 상자 안에 들어오지 않을테니까요. 내 동생을 갈대상자에 태우고 강물에 띄웠답니다. "하나님! 내 동생을 지켜주세요." 나는 하나님께 기도하며 내 동생을 태

운 상자를 따라 갔답니다....(중략)

내 동생 모세는 멀리 다른 나라로 갔다고 해요. 그 후로 오랫동안 내 동생 소식을 못 들었어요. 누가 내 동생이 어떻게 지냈는지 알고 있나요? 알고 있다면 내게 이야기 좀 해 주세요. (슬프게) 다시 내 동생을 볼 수 없다고 생각하니 가슴이 너무 아팠어요. 애굽에서 사는 건 점점 더 힘들었어요. 애굽왕이 우리 이스라엘 사람들을 더 미워하면서 일을 아주 많이 시켰거든요. 너무 힘들어도 쉬지 못하게 했고 때리기도 했어요. 나도 이런 힘든 일을 하며 어느새 할머니가 되었지요. 우리는 날마다 날마다 하나님께 기도했어요. "하나님! 우리가 너무 힘들어요. 우리를 애굽땅에서 나가게 해주세요."

그러던 어느 날 하나님께서 우리에게 어떤 사람을 보내주셨어요. (기쁨으로 점점 더 고조되는 목소리로) 하나님께서 우리 기도를 들으시고 우리를 애굽땅에서 나가게 해주실거라고 하나님의 사람이 말했을 때 우리는 얼마나 기뻤는지 몰라요. 놀라운 사실은 그 사람의 이름이 '모세' 라는 거예요. 모세! 그 이름은 내 동생 이름이예요. 애굽의 공주가 강물에서 내 동생을 건졌을 때 지어준 이름이예요. 몇 십 년간 소식이 없어서 죽은 줄만 알았어요. 그런데 내 동생 모세가 하나님의 사람이 되어 다시 돌아온거예요. 할렐루야! ...(중략)

홍해를 마른 땅으로 건너며 하나님이 행하신 놀라운 일을 보았어요. 오늘같이 기쁜 날 하나님을 찬양합니다. (소고를 치며 찬양한다.) 오! 이 기쁨 주님 주신 것 / 오! 이 기쁨 주님 주신 것 / 오! 이 기쁨 주님 주신 것 / 주께 영광 할렐루야! 주만 찬양해~~ / 지극히 높으신 하나님을 다 같이 찬양해요 (유아들과 함께 찬양을 드린다.)

참고문헌

구본억(2006). 기독교 영성 훈련의 4가지 요소-기도 사색노동 예배. 침례신학대학교 신학대학원. 석사학위논문.

김소영(2007). 예수 그리스도의 복음 영성에 관한 연구. 경안신학대학교 대학원 석사학위논문.

김영진(2009). 구약성서의 세계. 서울 : 하늘기획.

김종석(2003). 영성과 전문성을 겸비한 교회학교 교사교육방안 연구. 목원대학교 신학대학원 석사학위논문.

김희정(2004). 교회학교 유년부 어린이를 위한 '영성교육'의 이론 및 실제, 장로회신학대학교 대학원 석사학위논문.

노암 촘스키(2001). 실패한 교육과 거짓말. (강주헌 역). 서울 : 아침이슬.

노오만 디 종(1985). 진리에 기초를 둔 교육. 서울 : 생명의 말씀사.

니콜라이 · 아맨드 M.(2002). 루이스 vs. 프로이트 신의 존재 · 사랑 · 성 · 인생의 의미에 관한 유신론자와 무신론자의 대논쟁. (홍승기 역, 2004). 서울 : 홍성사.

대한성서공회(2001). 성경전서. 서울 : 생명의 말씀사.

데이비드 R. 쉐퍼(2007). 발달심리학. (송길연 외 역). 서울 : 시그마프레스.

로렌스 크랩(1997). 성경적 상담학 개론. (전요섭 역). 서울 : 총신대학교출판부.

로이 B 쥬크(1995). 예수님의 티칭 스타일. (송원준 역). 서울 : 도서출판 디모데.

루이스 C. S.(1952). 순전한 기독교. (장경철 역). 서울 : 홍성사.

리차드 미들톤 · 브라이안 왈쉬(2000). 그리스도인의 비전. 서울 : IVP.

리처드 니버(1998). 그리스도와 문화. (김재준 역). 대한기독교서회.

리처드 에들린(2004). 기독교 교육의 기초. 기독교학문연구회 교육학분과. 서울 : 그리심.

리처드 포스터(1995). 영적 훈련과 성장. 서울 : 생명의 말씀사.

마홍락(2006). 헨리 나우웬의 '낮아짐의 영성' 연구. 한남대 학제신학대학원 석사학위논문.

바바라 니자(1996). 학령전 어린이 교육을 위한 성서적 기초[*A Biblica Foundation for Early*

Childhood Education. Kailua-kona]. Hawaii : University of the Nations. (구옥 모 역, 2002). 수원 : 도서출판 창조.

제1권. 교사지침서 : 교사를 위한 성서적 원칙과 실제적 기술의 소개.

제2권. 하나님 우리 아버지를 알자 : 구약성서시대가 주는 성서적 원칙들.

제3권. 예수님을 알자, 우리와 함께하시는 하나님 : 예수님의 삶에서 나온 성서적 원칙들.

제4권. 예수님을 알자, 성령님의 도우심으로 : 첫 번째 성탄절이 주는 성서적 원칙들.

제5권. 의로 훈계하다 : 어린이들의 갈등을 다루는 성서적 훈계지침서.

박상진(2006). 기독교 학교 교육론. 서울 : 예영

신국원(2002). 변혁과 샬롬의 대중문화론. 서울 : IVP.

신국원(2002). 신국원의 문화이야기. 서울 : IVP.

신국원(2005). 니고데모의 안경. 서울 : IVP.

안서원(2006). 사이먼 & 카너먼. 서울 : 김영사.

알버트 그린(2000). 기독교 세계관으로 가르치기. (정희영 외 역). 서울 : CUP.

알버트 월터스(1992). 창조 타락 구속. (양성만 역). 서울 : IVP.

양승훈(2000). 기독교적 세계관. 서울 : CUP.

양창삼 편저(2006). 헨리 나우웬의 실천하는 영성. 서울 : 예찬사.

옥성호(2007). 심리학에 물든 부족한 기독교. 서울 : 부흥과 개혁사.

윌리엄 섀넌 · 오방식(2007). 목회와 신학, 2007년 9월호. 서울 : 두란노.

이경우 · 이혜상(1988). 유아를 위한 기독교 교육의 이론과 실제. 서울 : 창지사.

이기숙(2000). 유아교육과정. 서울 : 교문사.

이명구(2006). 한국개신교 내의 비기독교적인 영성비판. 숭실대기독교학대학원. 석사학위논문.

이상욱 · 홍성욱 · 장대익 · 이중원(2007). 과학으로 생각한다. 서울 : 동아시아.

이상이(2004). 기독교영성교육에 관한 한 연구. 서울신학대학교 대학원 석사학위논문.

이은화 · 배소연 · 조부경(1995). 유아교사론. 서울 : 양서원.

장경철(2007). 믿는다는 것의 행복. 서울 : 두란노.

장찬익 외(2006). 교육의 역사와 철학의 이해. 서울 : 백산출판사.

잭 L. 세이무어(2001). 기독교 교육의 지도 그리기. (고용수 역). 서울 : 한국 장로교출판사.

전광식(1998). 학문의 숲길을 걷는 기쁨. 서울 : CUP.

정준모(2001). 기독교 교육과 교사 영성. 한국만나 셀 목회 연구원. 서울 : 은혜출판사.

정희영(2000). 기독교 유아교육론. 서울 : 교육과학사.

제임스 사이어 (1994). 지성의 제자도. (정옥배 역). 서울 : IVP.

조지 R. 나이트((1995). 철학과 기독교 교육. (박영철 역). 서울 : 침례신학대학교 출판부.

존 반다이크(2003). 가르침은 예술이다. (김성수 역). 서울 : IVP.

총신대부속유치원(1999). 기독교 유치원 교육과정. 서울 : 창지사 · 도서출판 이레서원.

최기준 (2003). 교사 교육 이제는 영성이다. 한국만나 셀 목회 연구원. 서울 : 은혜출판사.

카슨 D. A · 우드브리지 존 D.(2001). 하나님과 문화. (박희석 역). 크리스천 다이제스트.

케네스 보아(2002). 기독교 영성, 그 열두 스펙트럼. (송원준 역). 서울 : 도서출판 디모데.

코데스키 · Ronald, L.(1980). 심리학의 기독교적 이해. (한기태 역, 1999). 서울 : 소망사.

토마스 쿤(2002). 과학혁명의 구조. (김명자 역). 서울 : 까치글방.

파스칼(1995). 팡세. (김형길 역). 서울 : 서울대학교 출판부.

파커 팔머(2000). 가르칠 수 있는 용기. (이종인 역). 서울 : IVP.

파커 팔머(2000). 가르침과 배움의 영성. (이종태 역). 서울 : IVP.

프란시스 쉐퍼(2006). 이성에서의 도피. (김영재 역). 서울 : 생명의 말씀사.

필립 메이(1992). 어떤 교사가 될 것인가?. (정애숙 역). 서울 : IVP.

필립 얀시 · 폴 브랜드(2006). 육체 속에 감추어진 영성. 서울 : 그루터기 하우스.

한국기독교유아교육연구회(1999). 기독교 유아교육과정. 서울 : 다음세대.

해로 반 브루멜른 (2006). 기독교 교육과정 디딤돌. (이부형 역). 서울 : IVP.

해로 반 브루멜른(1996). 교실에서 하나님과 동행하십니까?. (기학연 교육연구모임 역). 서울 : IVP.

헤르만 호온(1999). 예수님의 교육방법론. (박영호 역). 기독교문서선교회.

현은자 · 이기숙 · 서광일 · 추태화(1999). 기독교유아교육을 위한 시편활용방안에 관한 연구. 서울 : 창지사.

Alta Vista Curriculum Team(1991). *Alta Vista Curriculum : The Foundations of Christian Education*. Seattle, WA : unpublished.

Carter & Narramore(1979). *The Intergration of Psychology and Theology*. Grand Rapids : Zondervan.

James Jeans(1930). *The Mysterious Universe*. The MacMillan Company.

중앙대학교 사범대학 부속유치원 홈페이지 http : //www.caukindergarten.or.kr/

샘물기독초등학교 유치원 홈페이지 http : //smcs.or.kr/

브리태니커사전.

저자소개

1. 임희옥

이화여자대학교 사범대학 유아교육과 졸업
이화여자대학교 대학원 교육학과(유아교육전공)졸업
서울여자대학교 대학원 박사과정
이화여자대학교 부속 유아원 교사, 기독교 방송 부설 보육교사교육원 교수
아이코리아 연수원 원장, 연구개발팀장 역임
저서 및 역서 :
공역 : 놀이로 자라는 우리 아이, 첫돌에서 두 살까지(2000,이화여대출판부)
놀이로 자라는 우리 아이, 두 살에서 세 살까지(2000, 이화여대출판부)
저서 : 놀이지도의 실제(1992, 도서출판 서원)
다문화가정동화집 우리 엄빠 외 7권(2008, 육영닷컴)
2007개정 유치원교육과정 교사용 자료집(2008, 육영닷컴)
현재 : 한국기독교유아교육학회 회장, 분당 갈보리 교회 권사,
칼빈대학교 전임대우교수, 서울여자대학교 외래교수.

2. 유혜숙

이화여자대학교 사범대학 유아교육과 졸업
이화여자대학교 교육대학원 유아교육학과 졸업
홍익대학교 미술대학원 산업미술대학원 졸업
색동유치원 원장 역임
저서 및 역서 :
공저 : 기독교 유아교육과정(1999, 다음세대), 조형활동의 통합적 접근(2001, 창지사)
조형활동의 이론과 실제(2001, 양서원), 동화를 통한 도덕교육 활용집(2000, 보육사)
유아를 위한 명화감상 활동자료(2005, 교육인적자원부)
주5일 근무에 따른 유아주말 프로그램(2005, 교육교육인적자원부)
교수공학과 매체(2001, 형설출판사)
현재 : 한국기독교유아교육학회 총무, 의정부 중앙 침례교회 권사,
의정부 그림유치원 원장, 신흥대학교 겸임교수.

3. 서광일

이화여자대학교 사범대학 유아교육과 졸업
이화여자대학교 대학원 교육학과(유아교육전공)졸업
이화여자대학교 교육대학원 음악치료교육 석사과정
기전여자대학 교수, 산성교회 부속 선교원 원감 역임.
저서 및 역서 :
공저 : 설교는 재미있고 활동은 신나요(1995, 파이디온)
기독교 유아교육과정(1999, 다음세대)
기독교 유아교육을 위한 시편 활용방안에 관한 연구(1999, 창지사)
현재 : 한국기독교유아교육학회 회원, 반포 남서울교회 집사,
안산1대학 외래교수, 이화여대 사회복지전문대학원 외래교수.

4. 김정준

이화여자대학교 인문과학대학 영어영문학과 졸업
이화여자대학교 대학원 교육학과(유아교육전공) 졸업
이화여자대학교 대학원 교육학과 유아교육전공 졸업(문학박사)
일본 오차노미즈여자대학 객원교수, 이화여자대학교 교육과학연구소 선임연구원 역임.
저서 및 역서 :
공저 : 구성주의 이론에 기초한 유아과학교육(1999, 양서원)
한국 근대 초등교육의 발전(2005, 교육과학사)
유아에게 적합한 125가지 놀잇감(1999, 창지사)
공역 : 자녀와 더불어 성장하는 부모(1992, 서원)
구성주의 이론, 관점, 실제(2001, 양서원)
현재 : 한국기독교유아교육학회 출판부장, 반포 남서울교회 집사,
성균관대학교 외래교수.

기독교 세계관으로 조명한
유아 교육하기

초판 1쇄 인쇄 2010년 3월 20일
초판 1쇄 발행 2010년 3월 30일

지 은 이 | 임희옥 · 유혜숙 · 서광일 · 김정준
펴 낸 이 | 김기섭
책임편집 | 박연순
펴 낸 곳 | 창지사 www.changjisa.com
121-809 서울시 마포구 대흥동 161
전화 (02) 719-2211~3
팩스 (02) 701-9386
등 록 | 1977년 4월 28일 · 제1-421호

ISBN 978-89-426-0557-6 (93370)

값 18,000원